진보정당은
비판적 지지를 넘어설 수 있는가

진보정당은 비판적 지지를 넘어설 수 있는가

ⓒ 주대환, 2002

지은이 주대환
펴낸이 이일규
펴낸곳 도서출판 이후
편 집 김정한 이재원
디자인 현희경
마케팅 김현종

첫번째 찍은 날 2002년 7월 5일

등록 1998. 2. 18(제13-828호)
주소 121-818 서울시 마포구 동교동 176-1(2층)
        http://www.e-who.co.kr
        e-mail : ewho@e-who.co.kr
전화 02-3143-0915(편집) 02-3143-0905(영업)
팩스 02-3143-0906

ISBN 89-88105-55-9 03340
값 10,000원 / 잘못된 책은 바꿔 드립니다.

진보정당은
비판적 지지를 넘어설 수 있는가

주대환 지음

E
2002

차례

사회민주주의자는
노무현 바람을 어떻게 바라보는가

노무현 바람을 황사 바람에 비유한 사람들이 있었다. 주로 노무현 바람을 싫어하고 마음속 깊이 두려워하는 사람들이 그렇게 불렀다. 그런데 노무현 바람은 진짜 황사 바람이었는지 봄이 지나가자마자 사라지고 말았다. 나타날 때만큼이나 갑자기 사라져서 우리를 어리둥절하게 만들고 있다. 물론 바람이란 것이 항상 불 수는 없다. 그리고 '노풍'은 이미 많은 것들을 변화시키고 많은 이야깃거리를 남겨 놓았다. 아마도 황토 먼지보다는 더 많은 것을 남겨 놓았을 것이다. 그래서 모든 것이 '노풍' 이전으로 돌아가지는 않았다. 아니 돌아갈 수가 없다. 그러나 '노풍'의 갑작스런 나타남과 사라짐은 또한 이해하기 쉬운 문제가 아니다.

　이제 지방 선거와 8·8 재보선이라는 전초전을 거쳐 연말 대통령 선거 본선이라는 대회전(大會戰)으로 모든 정치 세력들이 이를 악물고 달려가고 있다. 한국이라는 나라의 진로에 대해 많은 이야기들과 논쟁이 있을 것이다. 각자의 정치철학을 드러내고 주장을 펼칠 것이다. 그리고 각 진영에서는 대표 선수를 내보내어 세력을 과시하고 국가 권력을 쟁취하려 들 것이다. 노무현 민주당 대통령 후보는 두 강자

중의 한 사람이다. 그래서 그의 정치 철학을 점검하고 다른 후보들과 비교하고 그가 쏟아내는 말들의 의미를 분석하고, 그리고 그에 대한 태도를 결정할 필요는 대한민국 국민이라면 누구에게나 있다.

더욱이 연말 대통령 선거에서 진보정당은 후보를 내지 말고 노무현을 지지해야 한다는 주장, 이른바 비판적 지지론 또는 신(新)비판적 지지론을 안고 또는 넘어 가야 하는 우리 입장에서는 노무현과 노무현 바람을 보다 자세히 분석하고 그에 대한 입장을 결정할 필요가 있다. 그것은 우리가 대통령 선거라는 일대 정치투쟁을 대중적 진보정당을 만들어 가는 과정의 하나로 십분 활용할 필요가 있기 때문이다. 또한 우리가 지금까지 취했던 그리고 앞으로 취하게 될 태도를 좀더 널리 알리고, 우리의 정당성에 대해 홍보하고 설득할 필요도 있다. 이 책을 쓰게 된 동기와 목적은 이렇게 소박하다.

본격적으로 이야기를 풀어놓기 전에 우선 나 개인의 정치적 입장을 먼저 분명히 해야 하겠다. 내가 어떤 입장에 서서 사물을 바라보는지를 분명히 해야 독자들이 내 이야기를 이해하기 쉬울 것이기 때문이다. 나는 민주노동당 당원이다. 지구당 위원장으로, 고위 당 간부는 아니고 전투 일선에 있는 소대장급이니 오히려 정서는 평당원에 가깝다. 그리고 민주노동당 당원이지만 다른 진보정당에 대해 비판적이기보다는 우호적이며 사회당, 녹색평화당과 민주노동당이 하나로 통합되기를 바라는 사람이다.

그리고 정치사상적으로 나는 사회민주주의자다. 나는 중도 좌파며, 자유주의자나 극우 파시스트나 극좌 공산주의자가 아니며 아나키스트도 아니다. 그런 의미에서 나는 사회주의자다. 나의 사상에 대해서는 좀더 자세히 설명하여 오해의 여지를 다소라도 줄이고 싶다.

내가 주머니에 넣고 다니는 작은 수첩에는 십 수년 전에 찍은 아내의 사진이 들어 있다. 그 낡고 작은 흑백사진에는 지금보다는 한참 젊은 시절의, 아니 더 구체적으로 말하면 30대 초반 노동운동 하던 시절의 내 아내의 얼굴이 있다. 거기에는 비록 지금은 반쯤 잊고 살아가지만, 하나의 정신과 삶의 자세가 담겨 있는 것이다. 아니 이미 내가 잃어버린 청춘이 거기 있다. 그래서 나는 그 사진을 소중하게 간직하고 다닌다.

그 사진과 함께 작은 종이조각을 역시 아직 버리지 못하여 간직하고 다닌다. 그 종이조각에는 1990년대 초 채 마흔이 되기 전의 내가 갈겨 쓴 한 마디가 적혀 있다.

"사회주의는 곧 합리주의요, 인간 이성에 대한 믿음이다."

이 말은 단순한 신조의 표현이 아니다. 내 조국에 대한 항변이며 나의 동포들에 대한 읍소였다. 나는 당시에 국가보안법으로 구속되어 재판을 받았다. 나는 폭력을 사용하여 국가를 전복하고 사회를 혼란에 빠트릴 위험이 있는 자로 기소되었다. 그리고 조선로동당을 비판하는 글을 수도 없이 쓴 나를 두고 국가보안법에 반국가단체라고 규정되어 있는 북한을 이롭게 했다고 검사는 주장했다. 나는 검찰 조사를 받으면서, 재판을 받으면서 내가 사회주의자라는 진술 한 마디로 인하여 이렇게 엄청난 혐의를 다 덮어써야 하는지 생각하면 할수록 미칠 지경이었다. 도대체 말이 통하지 않았다.

나는 답답한 심정을 풀 길이 없어 어느 날 종이조각에다 '사회주의는 곧 합리주의요, 인간 이성에 대한 믿음이다'라고 휘갈겨 써 놓았던 것이다. 그래서 그것은 차라리 절규라고 해야 할 것이다. 그리고 10년이 지난 아직도 그 절규를 그만둘 수 없는 것이 암담한 대한민국의 현실이다. 그럼에도 나는 아직 사회주의자라는 나의 정치적 자아를 포기하지 못하고 있다. 그것은 양심의 문제이고 세계관의 문제이기 때문이다.

물론 그 사이에 나의 신조가 흔들린 적이 없는 것은 아니다. 아니, 거꾸로 나의 사상에 대한 회의는 나날이 찾아왔다. 나는 데카르트주의자를 자처하는 만큼 회의(懷疑)에 대해 개방적이고 적극적이다. 특히 10년 전, 국가보안법 위반 혐의로 기소되어 종이조각에 뭔가를 휘갈기기라도 해야 했던 그 시절이 바로 내가 사상적으로 가장 크게 흔들렸던 시기였다. 결국 그 때 나는 크게 생각을 바꾸었다. 말하자면 사상적으로 전향을 했다. 누군가 '아니, 전향을 했다면서 아직도 사회주의 타령인가?'라고 물으실 것 같아서 조금 길지만 처음부터 다시 설명을 해야겠다.

나는 중학교 2학년 때 책 한 권을 잘못 읽었다. 나는 학교 도서관에서 부처님 전기를 읽고 '잘못된' 인간관과 가치관을 가지게 되었다. 나는 이 때 이미 인류의 구원에 관심을 가지고 사회가 제대로 되어야 개인이 행복할 수 있다고 생각하는 좌파적 성향을 띠게 되었으며, 그 후 나름대로 복잡다단한 사상적 편력을 거치기는 했지만 자연스럽게 20대 중반에 이르러 맑스-레닌주의자가 되었다. 그리고 맑스-레닌주의자로서 충실하고자 했던 한 시기, 사상의 선전, 투쟁과 저항, 지하조직 활동의 시기가 20대 후반, 30대 초반이라는 인생의 5월과 함께 했던 1980년대를 거치고 1990년대 초를 맞이하게 되었다.

1989년 가을 베를린 장벽이 무너지고 독일이 통일되고 동유럽 공산주의 정권들이 전복되고 루마니아의 차우세스쿠는 봉기한 인민에 의해 총살되었다. 곧이어 1990년 여름 73년간이나 일당 독재로 소련을 통치해온 소련 공산당이 정권을 잃고 야당이 되었다. 1917년 볼셰비키

혁명은 인민과 역사에 의해 부정된 것이다. 솔직히 말해서 당시의 나와 나의 동료들은 세계 정세가 이렇게 크게 변하는 원인과 이유를 몰랐다. 우리에게는 당시에 흔히 공산권이라고 불렸던 현존하는 사회주의 나라들에 대한 정보가 거의 없었던 것이다. 사실을 말하면 우리의 맑스-레닌주의는 1917년에 머물고 있었다. 시대에 뒤떨어져도 한참을 뒤떨어진 것이었다.

한꺼번에 밀려든 70년의 세월, 세계사적 경험, 세계적 차원에서 벌어진 사회주의의 실험과 그 결과를 놓고 우리는 공부하고 토론하고 고민했다. 나의 동료들뿐만 아니라 한국의 좌파 지식인들 거의 대부분이 정신적으로 커다란 충격과 혼란을 경험했다. 그리고 한 차례의 빅뱅이 수많은 별과 은하들을 낳듯이 다양한 사상적 분화와 모색이 나타났다.

이런 혼란의 와중에 나의 사상적 모색은 리영희 선생의 길을 따라갔다. 그 분은 1991년 봄에 연세대 장기원 기념관에서 우리나라 지성사에 전환점이 되는 강연을 했다. 그는 동유럽 사태를 예측하지 못한 자신의 한계를 인정하고, 또 그 사태 앞에 느낀 지식인의 고뇌를 담담하게 진술하면서 인간관의 재검토라는 근본적인 철학적 문제를 제기했다. 그리고 그는 인간이란 결국 이기적인 존재, 유전자로부터 이기적인 동물이 아닌가라는 씁쓸한 결론을 말씀하셨다. 또 지금까지 자신의 사상의 토대가 되어온 인간관이 성선설에 치우쳤음을 인정했다. 성선설에 치우친 인간관을 재검토한다는 것은 곧 공산주의의 실현 가능성을 의심하는 것이다.

나는 리영희 선생을 따라 성선설을 포기하면서 더 이상 공산주의자가 아니게 되었다. 그렇지만 좌파로는 남았다. 이 또한 리영희 선생과 같은 내용의 전향이었던 셈이다. 나는 공산주의자가 아닌 좌파, 즉 사회민주주의자로 남았는데, 리영희 선생도 여러 잡지나 방송과의 인터뷰에서 '나는 사회민주주의자이고 서유럽형의 진보정당이 만들어지기를 바란다'고 말했다.

또 다른 사실을 말하면 이 당시에 내가 존경하는 학자 중의 한 분이었던 안병직 선생은 일부러 나를 불러서 좌파를 벗어나서 우파로 넘어가기를 권유하기도 하셨다. 후배 제자가 '잘못된' 사상 때문에 고생하는 모습이 안타까웠던 것이다. 일찌감치 김문수는 안병직 선생의 권유를 받아들여 우파로 넘어갔지만 나는 계속 좌파에 남아 고생(?)을 하고 있다. 그러나 누구나 자기의 인생은 자기가 더 옳거나 보람되거나 행복하다고 느끼는 쪽으로 스스로 선택하는 것이 아닌가?

90년대를 살면서 나는 일 년에 한 번은 리영희 선생의 그 강연 원고를 읽었다. 그리고 점점 더 가까이 그 분의 생각에 나의 사상이 다가감을 느꼈다. 그리고 그 분이 스스로 '중도 좌파, 사회민주주의자'라고 자신의 정치사상적 입장을 규정하실 때의 뜻 그대로 나 역시 사회민주주의자가 되어감을 느꼈다. 사회민주주의라고 하면 어떤 특정한 정치적 목적이나 수단 방법을 지칭하는 것이 아니다. 그것은 공산주의가 아닌 다양한 좌파, 즉 사회주의인터내셔널(SI)에 가입해 있는 여러 나라 좌파 정당들을 모두 포괄하는 폭넓은 사상적 경향을 일컫는 말이다. 다만 실험과 관찰, 경험과 실용을 중시하는 현실주의적 좌파, 합리주의적 좌파라고 할 것이다.

주제에 벗어난 말이지만 꼭 말하고 싶은 것이 있다. 사회주의는 사회민주주의와 구별되거나 그에 대립되는 말이 아니다. 우리나라에서는 국가보안법 때문에 혁명을 변혁이라고 말하고 공산주의를 사회주의라고 말해온 습관이 있다. 그러나 세계적으로 통용되는 일반적 언어로 말하면 이미 1920년대 이후 공산주의와 사회주의는 완전히 다른 사상을 말한다. 즉 유럽에서 '나는 사회주의자다!'라고 말하면 그것은 곧 '나는 공산주의자가 아니다!'라는 뜻인데, 우리나라에서는 '나는 사회주의자다!'라고 말하면 '나는 공산주의자다!'라는 뜻으로 받아들여진다. 그러나 사회주의자는 곧 사회민주주의자다. 다만 자유주의자와 대립시켜 말할 때에는 19세기부터 해온 대로 사회주의자라고 말해야 운(韻)이 맞는 것이다. 이제 21세기도 되고 했는데 우리나라 지식인들도 세계 수준으로 언어 습관을 고치자.

그리고 공산주의자들이 자기들이 만든 나라를 사회주의 나라라고 했던 탓으로 우리나라에서는 사회주의라고 하면 곧 그런 국가 사회주의 체제부터 떠올리고 사회주의자를 그런 체제를 만들려고 하는 사람들이라는, 즉 공산주의자라는 뜻으로 받아들인다. 이런 언어 습관을 바로 잡아야 한다는 주장을 하기 위해서 나는 민주노동당 기관지 『진보정치』(23호, 2000년 9월 22일)에 「나는 사회주의자다」라는 제목으로 이런 글을 쓰기도 했다.

존경하는 이선근 동지가 당 기관지 20호에 좋은 글을 썼는데 그 제목이 하필 "나는 사회주의자가 아니다"라 했다. 그러나 사람들이 쉽게 알아들을 수 있도록 하려면 제목을 "나는 공산주의자가 아니다"라고 하든지 아니면 "나는 사회주의자다"라고 해야 한다. 그가 추호도 긍정적으로 생각하지 않는 그 사회 체제를 만든 사람들은 바로 공산주의자들이었기 때문이다. 그렇기 때문에 "나는 공산주의자가 아니다"라고 말해야 이선근 동지가 말하고자 하는 바가 제대로 전달될 것이다. 이선근 동지의, 추호도 사회주의를 긍정적으로 생각하지 않는다는 말도 좀더 세련되게 표현해야 할 것이다. 이선근 동지가 추호도 긍정적으로 생각하지 않는 것은 사회경제 체제로서, 나아가 정치 체제로서 국가 사회주의 체제(본질을 정확하게 표현했지만 또한 그 체제를 세운 공산주의자들에게는 엄청난 욕설이 아닐 수 없는 규정이다)를 말하는 것이다. 이를 사회주의라고 표현하고 또 나아가 사상으로서 사회주의와 혼용하게 되면 혼란이 오고 만다.

"나는 제3인터내셔널의 공산주의자들과는 완전히 다른 이념과 이론을 가진 또 다른 공산주의자다"라고 하는 것이 이선근 동지가 말하는 방식이지만, 언어는 사회적 약속이며 역사적인 규정을 받는다. 그렇다면 일단은 사회주의자라고 하는 좀더 넓은 좌파의 규정을 스스로에게 해놓고 봐야 할 것이다. "나는 지금도 스스로 사회주의자라고 느끼고 있다"고『쎄느강은 좌우를 나누고 한강은 남북을 가른다』에다 써놓은 홍세화의 뜻도 바로 그러할 것이다.

같은 책에서 홍세화는 국회의원 이해찬이 교육부 장관 시절 어느 신문과의 인터뷰에서 젊었을 때부터 이미 사회주의에 이끌리지 않았다고, 사회주의가 한국 현실에 맞지 않는다는 것을 일찍부터 알았기 때문이라고 말한 것을 흥미롭다고 했다. 그리고 그는 이미 그 당시부터 사회주의가 한국의 현실에 맞지 않는다는 것을 알았을 만큼 사회주의에 대하여 잘 알고 있었던가 보다고 감탄하고 있다.

그러나 홍세화가 한국 사회에 오래 살지 않은 탓으로 알지 못하는 것은 한국 사회에서의 언어의 혼란과 그 혼란의 방치 내지는 조장이며, 초록은 동색이라는 식의 반지성주의와 무식의 권장이다. 이해찬이 말한 사회주의가 무엇인가. 그 역시 소련이나 북한에 공산주의자들이 만든 사회경제 체제를 말한다.

그러나 그는 그 순간 일국의 교육부 장관 답지 않은 무식함으로 손을 내저으며 사회주의에 이끌리지 않았다고 말함으로써 '나는 어떤 종류의 좌파도 아닙니다'라고 선언을 했던 것이다. 그래서 그 사회주의는 금새 모든 종류의 좌파들의 이상, 모든 종류의 진보적 사상과 이념을, 모든 종류의 평등주의적 가치관을 뜻하게 된 것이다.

1980년, 그리고 1987년 건방지게도 '선생님'을 따르지 않아 교육부 장관이 되지 못한 나는 90년대 초 작은 종이에 볼펜으로 써놓은 한마디를 지금도 수첩 표지에 내 처의 사진과 함께 가지고 다닌다. "사회주의는 곧 합리주의요, 인간 이성에 대한 믿음이다." 그러나 10년이 지난 오늘 이선근 동지마저 "나는 사회주의자가 아니"라니!

혹시라도 독자들께서는 이 글에서 내가 비판했던 이선근을 가볍게 보시면 안 된다. 그는 80년대 초 그 무시무시한 전두환 군부독재 시절에 1심에서 10년형, 2심에서 7년형을 받아놓고서도 시간이 아까워서 점심을 안 먹으면서 감방에 앉아 공부를 했던 사람이다. 그는 3년에 걸쳐 한 가지 책만 봐서 결국 고대문자로 가득 찬 일어판 세계사 책 48권을 독파한 사람이다. 그는 어려운 여건 속에서 몇 년 동안 줄기차게 활동하여 상가임대차보호법을 만들고 이자제한법을 제안하는 활동을 하여 민주노동당을 정책 정당으로 널리 알리는 데 가장 공이 큰, 뚝심 있는 활동가다. 그는 어떤 비생산적인 논쟁에도 끼이지 않고 오직 자기 맡은 바 일, '경제민주화 운동'만 하는 사람이다. 그래서 한때 나는 그를 민주노동당에서 유일하게 생산적인 활동을 하고 있는 사람이라고 평가한 적도 있다. 내가 비판한 것은 다만 하나의 말을 쓰는 그의 독특한 용법이었다.

여하튼 나는 여전히 좌파로 남아 있다. 그러나 사회민주주의는 공산주의에 비하면 그렇게 진한 '주의'가 아니다. 그렇게 강한 이데올로기가 아니다. 나의 삶과 정서와 행동을 규정하는 정도가 약하다. 그만큼 나는 여러 가지 의미에서 현실주의자가 되고 대중화되었다.

그럼에도 불구하고 나는 여전히 한국 사회의 일반적 분위기로부터는 고집스런 좌파로 규정되어 빨갱이라는 편견과 선입견에서 벗어나지 못한다. 이 땅에서는 빨갱이라는 올가미를 벗어나지 못하는 한 도대체 인정받을 수도 없고 활동할 수도 없다. 그러면서도 내가 속한 좌파 진영 내에서는 의심이나 경멸의 대상인 사민주의자(!)요 개량주의자니, 때때로 생각하면 나의 처지가 얼마나 한심한지 모른다.

　나 같은 사회주의자는 노무현을 어떻게 바라보는가? 우선 근본적으로 노무현은 자유주의자로서 이 나라를 경쟁에서 이기는 강자들만이 판칠 수 있는 미국식 자본주의 나라로 만들려고 하는 정치인이라고 본다. 어쩌면 우리의 이런 판단에 대해 그는 '사람 잡지 말라!'고 펄쩍 뛸지도 모른다. 그러나 노무현의 주관적인 자아가 중요한 것은 아니다. 문제는 객관적인 모습이다. 그리고 만약 노무현이 자유주의자라는 것이 사실이라면, 우리의 동지라기보다는 경쟁자라는 말이 된다. 따라서 그의 정치철학의 한계와 소박함을 비판하지 않을 수 없다.

　그러나 노무현은 전투적인 개혁파다. 아니 진보적이라고까지 말할 수도 있다. 내가 여기서 말하는 진보는 학자들 사이에서 통용되듯이 반자본주의적 태도, 또는 '사회주의'를 대신하는 말이 아니다. 사람들의 정치적 태도를 나타내는 일반적인 의미, 반동-보수-진보라는 세 가지 정치적 태도 중의 하나라는 뜻으로 쓰는 말이다. 우리나라의 언론이나 대중의 생활 세계에서 쓰이는 통속적 언어로서 '진보'는 반자본주의라는 뜻을 가진 말이 아니다. 인간의 정치적 태도로는, 현재가 좋다는 보수, 과거가 좋았다는 반동, 미래가 좋다는 진보가 있어서 자본주의 시대에 보수는 부르주아지, 반동은 몰락한 귀족과 봉건 지주, 진보는 프롤레타리아트, 이렇게 되어 있지만 그것은 세계사 책에서나 그러하다.

『중앙일보』가 한국정당학회와 공동으로 국회의원 237명과 국회의원이 아닌 대통령 예비 후보 3명의 정책, 이념 좌표를 조사하여 지난 2월 1일자 신문에 발표했다. 『중앙일보』는 그 당시 10대 쟁점에 대한 국회의원들의 생각을 물어 그것을 기준으로 판단을 했다. 그런데 그 쟁점들을 보면 반자본주의적인 정책, 평등 가치 추구를 둘러싼 쟁점도 있지만 그와 무관한 쟁점들이 훨씬 더 많다. 국가보안법 개정 문제, 호주제도의 폐지 문제, 사형제 폐지 문제는 자본주의가 초래하는 사회경제적 불평등을 해소하는 문제와는 아무 연관이 없다. 오히려 그런 문제들은 대부분의 현대 국가들에서는 이미 기본 인권을 침해하는 잘못된 제도와 법률로 인정되어 없어진 것들을 뒤늦게 우리나라에서도 폐지하자는 주장을 둘러싼 쟁점들이다. 이런 쟁점들은 자유주의자와 사회주의자가 공히 찬성할 문제들이니 진지한 학자들이 쓰는 단어로서, 반자본주의라는 의미로서 '진보'인가 아닌가를 판단할 근거가 되지 못한다. 대북 지원 문제는 민주당과 한나라당, 자민련 국회의원들이 가장 크게 달리 답한 문항인데, 이 역시 자유주의자와 사회주의자는 같은 태도를 취할 문제이고 극우 반공주의자만이 다른 태도를 취할 문제다. 그리고 김대중 정권이 가장 큰 성과를 거둔 정책으로서 '햇볕정책'에 대한 평가를 내포하고 있기도 하다.

재벌 규제, 복지 예산의 규모, 고교 평준화 제도 등의 문항은 그나마 자유와 평등의 원칙이 충돌할 경우에 어느 것을 우선시하는가를 묻고 있다. 그러나 가장 중요한 복지 정책에 대해서 예산 규모를 늘려야 하는가 줄여야 하는가라고 매우 추상적으로 묻고 있을 뿐이다. 지금 우리나라의 복지 예산이 얼마나 적은가? OECD 나라들 중에서는 말할 것도 없고 우리보다 경제적으로 훨씬 낙후한 나라들보다도 적다.

그런 사정을 감안한다면 복지예산의 규모를 줄이자는 주장은 나올 수가 없다. 그런데 복지 예산을 늘려야 한다고 답하면 '진보'라고 분류했으니 이 때의 진보의 의미를 알 수 있는 것이다. 또 재벌 규제의 필요성에 대해서도, 웬만한 상식을 가진 사람이라면 찬성하게 되어 있을 정도로 재벌의 비대화가 심하다는 사정을 고려한다면 뚜렷한 이념적 지향을 드러내는 문항이라고 말하기 힘들다. 엄청나게 비대한 재벌, 형편없는 복지 예산은 바로 박정희, 전두환 개발 독재의 유산이요, 김영삼-김대중 정권이 다소나마 청산하기 위해 노력하고 있으니 바로 그러한 길로 더 나아가자고 하면 진보요, 이쯤해서 그만두자고 하면 보수요, 개발독재의 유산이야말로 아름다운 것이라고 주장한다면 반동이라고 할 것이다.

자본주의적 자유경쟁과 그로 인한 사회경제적 불평등을 해소하는 문제를 둘러싼 사고방식의 차이와 이념적 지향의 차이를 제대로 드러내려면 세금제도와 복지제도에서 구체적인 문제를 들고 나와서 물어야 하고, 정리해고제에 대해서 물어야 할 것이다. 그러나 『중앙일보』는 그렇게 하지 않았다. 그런 점에서는 『한겨레』도 크게 다르지 않다.

『한겨레』는 한국 사회과학데이터센터에 의뢰하여 우리나라 국민들의 이념 성향을 조사하여 지난 6월 3일자 신문에 발표했다. 그런데 설문의 문항을 보면 『중앙일보』의 국회의원 이념 조사와 대부분 비슷하고 몇 가지가 추가되었을 뿐이다. 공무원 노조 허용 문제, 국가 기간산업 민영화 문제, 시위의 자유 제한 문제, 사회개혁의 필요성 등을 추가로 물었지만 국가 기간산업 민영화 문제를 제외하고서는 사회주의자와 자유주의자의 의견이 특별히 달라질 문제는 없다.

조사 문항들이 이렇게 된 것은 두 신문이 무언가를 잘못한 것이 아니라 우리나라의 언론이나 대중의 언어 생활에서 쓰이는 '진보'의

의미가 그러하기 때문이다. 다만 우리는 두 가지 다른 의미의 '진보'를 잘 구분해야 한다. 그래서 노무현이 '진보'이면서도 '진보정당'을 하지 않고 보수정당을 하는 이유에 대해 혼동하지 말아야 한다. 노무현의 진보와 진보정당들의 진보는 다른 것이다. 노무현의 진보는 사회주의자와 자유주의자가 한통속일 수 있는 진보이고, 진보정당의 진보는 사회주의자가 자유주의자와 함께 나눌 수 없는 진보이다.

현재 우리나라에서 보수라면 누가 뭐래도 현재가, 김영삼─김대중 시절이 좋다는 사람들이고, 반동이라면 군사독재 시절을 그리워하는, 박정희 향수를 떨치지 못하는 사람들일 테고, 진보는 구체적 내용이야 어떠하든 '개혁'이라는 것을 더 해서 앞으로 나아가 보자는 사람들일 것이다. 그래서 여론조사를 하면 '나는 진보!'라는 사람들이 엄청나게 많이 나온다. 또 보수라고 답하는 사람들 가운데 상당한 수는 반동인 것이다. 반동은 아예 질문 문항에도 들어 있지 않겠지만, 박정희 향수를 느끼는 많은 사람들은 반동이다. 그렇기 때문에 실제로 진정한 보수는 적다.

보수가 적은 것은 우리나라가 여전히 빠른 속도로 변하고 있는 사회이고 여러 가지 측면에서 과도기를 거치고 있기 때문이다. 반동이나 진보에 비해 보수가 적은 것은 그만큼 현재에 대한 불만을 가진 사람들이 많다는 것이고 사회가 불안정하다는 뜻일 것이다. 즉 현재라고 하는 것이 없는 것이다.

그래서 사실은 진보 가운데에 자유주의적 진보가 있고 사회주의적 진보가 있는 것이다. 노무현은 진보다. 자유주의적 진보다. 그래서 반동적인 극우파와 싸우는 반파쇼 전선에서 우리의 중요한 연대 세력이기도 하다. 노무현의 진보는 미국식 자본주의 나라를 만들자는 것이지만 그렇게 하기 위해서는 근대화를 하고 합리화를 해야 하니 극우파들의 저항을 물리치고 개혁을 하자는 데에는 우리 이상으로 단호하다. 다만 우리는 그의 길이 새로울 것이 없는 신자유주의의 길이며 이미 김영삼, 김대중이 이 나라를 그런 방향으로 많이 끌고 온 그 길이라고 생각한다. 물론 김영삼보다는 김대중이, 김대중보다는 노무현이 보다 극우파에 대해 공격적이며 또 그럴 수 있을 만큼 이 나라가 빠른 속도로 민주화, 자유주의화되고 있다.

그래서 우리는 노무현이 이회창에 이겨서 대통령이 되기를 바란다. 민주화의 속도가 다소라도 늦춰지는 것을 원치 않기 때문이다. 그래서 실로 충정 어린 마음으로 자유주의자들을 응원하고 그들의 선전(善戰)을 기대한다. 그러므로 우리가 노무현과 그의 지지자들을 비판하는 것은 그들을 공격하여 이회창이나 이회창 뒤에 숨은 극우파를 돕고자 하는 의도에서 나온 행동이 결코 아니다. 우리는 우리와 자유주의자를 구분 짓는 데 필요한 만큼만 노무현을 비판한다. 실제로 우리는 노무현에 대해 겉으로 보이는 만큼 적대적이지 않으며 아직은 그럴 이유가 없다.

그러나 우리의 길과 노무현의 길은 다르며, 우리는 우리의 길을 간다는 점은 분명하다. 사회주의와 자유주의라는 두 정치철학이 하나가 될 수는 없다. 우리는 자유주의자들에게 국정을 맡겨 이대로 계속 가면 아름다운 나라가 만들어질 것이라고 생각하지 않는다. 그러므로 이 나라에 사회주의자들이 대중정당을 만들고 하나의 현실적 정치 세력으로 등장하는 일은 전혀 다른 차원의 문제이고 커다란 역사적 의미를 가지고 있다고 생각한다. 그래서 우리는 한창 열심히 진보정당을 만들고 있다. 이념적 기초를 세우고 조직적 토대를 만들고 있다. 다시 말하지만 우리가 노무현을 비판하는 것은 대중정치의 차원에서 표를 뺏어오기 위한 것이 아니다.

예측하지는 못했지만 우리는 노무현 바람을 크게 환영한다. 이런 변화는 바로 우리가 바라던 것이다. 다만 우리는 이런 바람 속에 나타난 변화의 흐름을 읽어서 민주당도 한나라당도 자민련도 진보정당들도 잘하기를 바란다. 그래서 이번 대선을 통해 이 나라의 정치가 한 걸음 나아가기를 바란다. 한나라당 대통령 후보 경선 주자였던 이상희 전 과학기술부 장관이 이렇게 말했다고 한다. "노무현 바람은 바람직하지만 노무현은 바람직하지 않다." 물론 우리는 그런 말장난에 찬성하지 않는다. 그러나 노무현 바람이 노무현만의 것이 아니라는 점, 노무현 바람으로 나타난 변화의 열망과 흐름은 앞으로 누구나 정확히 대변한다면 자기의 것으로 만들 수도 있다는 생각은 맞는 것이라 하지 않을 수 없다.

사회민주주의자는 오랜 숙원을 이루어 진보적 대중정당을 만들어야 한다. 올해 대통령 선거는 우리의 역사적 과업에서 중대한 고비가 될 것이다. 이 고비를 잘 넘겨야 2004년 총선까지 순조롭게 성장해 마침내 원내 진출의 숙원을 이룰 수 있을 것이다. 우리는 혼신의 힘과 성의를 다하여 이 고비를 넘어야 한다. 그렇게 하기 위해서는 우리의 입장과 대의명분이 분명해야 한다. 깃발은 선명해야 한다. 그런 맥락에서 노무현에 대한 우리의 원칙은 중요하다.

사람들은 흔히 우리에게 묻는다. "이번 대통령 선거에서 민주당과 손을 잡을 의향은 없는가? 민주당 대통령 후보는 노무현이 되었는데?" 그러나 이런 질문은 잘못된 질문이다. 잘못된 질문이 아니라면 우리에게 할 질문이 아니다. 왜냐하면 연대를 하고 말고는 우리가 선택할 수 있는 것이 아니기 때문이다. 그것은 먼저 노무현과 민주당이 선택할 수 있는 것이다. 유감스럽게도 그들은 그런 자유를 가지고 있지만 우리는 그런 자유를 가지고 있지 못하다. 그들은 김종필의 자민련과도 연대할 수 있고 김영삼의 한나라당 내 민주계와도 연대할 수 있고 진보정당과도 연대할 수 있다. 노무현은 일단 김영삼과의 연대를 시도했다가 실패하고 커다란 정치적 타격을 입었다. 왜 노무현은 영남권의 지방선거 대책을 위해서 김영삼을 만날 생각은 하면서 권영길을 만날 생각은 하지 않았는가? 우리로서는 이해할 수 없다.

우리는 김대중을 무조건적으로 지지했다가 '너희들 때문에 떨어졌다!'고 욕이나 먹고 천덕꾸러기가 되었던 1992년의 전국연합처럼 되기는 싫다. 우리의 지지가 그들에게 득이 되는지 아닌지, 이회창을 이기는 데 꼭 필요한지 아닌지는 수십 억 원의 예산을 들여 일상적으로 여론조사를 하여 전략과 정책을 결정하는 민주당이 더 잘 판단할 것이 아닌가? 그러므로 이번 대통령 선거에서 민주당과 진보정당이 연대를 할 것인지 아닌지는 민주당 쪽에 물어 보라. 그들의 제안이 있을 때 우리도 우리의 이해득실을 따지고 우리의 전략을 재검토하고 판단할 것이다. 다만 분명한 것은 모든 연대는 상대의 존재를 인정한다는 전제에서 출발한다는 점이다. 그래서 현 시점, '존재를 인정하라! 그러면 얼마든지 함께 할 수 있다!'가 우리의 답이 될 수도 있다. 그러나 우리는 아직 노무현이 어떤 정책을 취할지에 대해 아는 바가 없다. 그가 과연 진보정당을 철저히 무시해온 김대중의 전략적 노선을 답습할지 아니면 다른 정책을 취할지에 대해 아는 바가 없다.

이 책은 새천년민주당의 대통령 후보 경선이 시작될 때 쓰기 시작하여 지방 선거가 한창일 때 서둘러 마무리했다. 그래서 책은 앞부분과 뒷부분이 시차가 나며 전반적으로 정리가 되지 않았다. 그러나 흘러가는 시간과 급변하는 정세 속에 모자란 능력으로 무언가를 깔끔하게 정리한다는 것이 불가능하다는 것을 실감하고 포기하고 말았다.

독자들의 용서를 구한다. 그리고 빈약한 내용을 보충하기 위하여 민주노동당 정책이론지『이론과 실천』에 썼던 세 편의 글을 부록으로 올렸다. 이 책이 그나마 이런 정도의 모습이라도 가질 수 있었던 데에는 출판사 <이후>의 도움이 컸다. 깊은 감사를 드린다.

2002년 6월 5일,
지방선거 운동이 한창인 초여름날, 마산에서 주대환

1

비판적 지지는 있는가

나는 작년 가을, 민주노동당 정책이론지 『이론과 실천』(2001년 11월)에 「비판적 지지는 없다」는 글을 쓴 적이 있다. 그 후 한동안 나는 이 문제를 다시 생각할 필요를 느끼지 못했다. 그런데 올해 2002년 2월 21일자 『한국일보』에 고종석이 쓴 칼럼 「'비판적 지지'에 대한 참견」을 읽고 이 문제를 자세히 다뤄볼 필요를 느끼게 되었다. 그래서 작년 가을에 쓴 그 글을 다시 읽어보니 내가 문제를 너무 단순하게 다뤘다는 점을 인정하지 않을 수 없었다. 변명하자면 민주노동당 당원이나 진보정당 지지자들만을 위해 글을 쓰다 보니 너무 단순하게, 가벼운 마음으로 그 문제를 다뤘던 것이다. 물론 강준만을 비판하는 데 주안점을 두었기 때문에 그렇게 되기도 했다. 그가 주장하고 강조하는 바는 내가 거듭 말할 필요를 느끼지 않았던 것이다.

이제 나와는 다른 사고방식과 정치철학을 가진 독자들까지 염두에 두고 글을 쓴다면 이야기는 좀더 길어지고 복잡해지지 않을 수 없다. 다시 말해서 '비판적 지지는 없다'는 단순 명쾌한 명제에 머물러서는 서로 대화가 되거나 설득이 되지 않을 것이다. '비판적 지지는 없다'는 명제뿐만 아니라 '비판적 지지는 있다'는 명제 또한 인정하고 이야기를 전개할 필요가 있을 것이다.

그런 생각을 하고 있는데 다시 정치 상황은 급변했다. 이른바 노풍이 황사와 함께 불어닥친 것이다. 노무현 바람이 거세게 불면서 민주당 대선 후보 경선은 엄청난 흥행의 성공을 거두고 불가능하게 보였던 '노무현 대통령'은 현실의 일부로 다가왔다. 이제 작년에 쓴 나의 글은 잘못된 전제를 깔고 있는 것으로 밝혀졌다. 노무현이 민주당의 대통령 후보가 될 가능성은 전혀 없다는 전제는 틀렸다. 그러니 그러한 이유 때문에라도 비판적 지지라는 문제를 다시 검토하지 않을 수 없게 되었다.

솔직하게 말하자면 나는 비판적 지지라는 말 자체가 지긋지긋하다. 그냥 누군가를 지지하고 싶은 사람은 지지를 하면 되지 왜 굳이 '비판적' 지지라고 하는 것인가? 나의 정서는 그렇지만 현실은 나의 기분에 맞추어 주지 않는다. 기어코 그 지긋지긋한 비판적 지지가 대를 잇다니, 나로서는 경악할 일이지만 이 또한 시대의 흐름이라 인정하고 이해하기 위해 노력하지 않을 수 없다.

상대의 입장에서 바라보자. 한국 사회의 진보를 바라는 사람의 입장에서는 누구든 당선가능한 대통령 후보 중에서 상대적 진보성을 가지고 있는 후보가 있다면 그를 지지하는 것이 당연하다. 그리고 노동자의 입장에서는 누구든 좀더 친노동자적인 당선 가능한 후보가 있다면 그를 지지하는 것이 당연하다. 또한 정치개혁과 언론개혁을 원하는 사람의 입장에서는 누구든 정치개혁과 언론개혁에 강한 의지를 가진 당선 가능한 후보가 있다면 그에게 일정한 기대를 거는 것이 소박한 정서라고 할 수 있다. 지역감정의 극복과 지역주의 정치구조의 타파를 열망하는 사람이라면 지역감정의 극복을 외치는 당선 가능한 후보에게 어떤 희망을 거는 것이 또한 자연스럽다. 그러니 '비판적 지지는 있다'고 말하지 않을 수 없다.

그들이야말로 나 같은 사람의 사고방식이나 행동방식을 이해하기 힘들 것이다. 당선 가능성도 없는 후보를 지지해본들 아무 소용이 없는 짓이 아닌가? 왜 무의미한 행동을 하는가? 왜 허무한 정치적 실천을 하는가? 문제는 당선 가능성인 듯이 보인다. 물론 일단은 그렇다. 그러나 문제가 그렇게 단순하지는 않다.

왜 굳이 비판적인 지지인가? 여기서 비판적이라는 말은 조건부라는 말과 비슷한 느낌을 준다. 즉 무슨 단서나 조건을 단, 그리고 언제든지 마음이 바뀔 수 있는 한시적인 지지라는 그런 느낌을 준다. 그러나 실상은 그렇지 않다. 흔히 비판적 지지를 선언하는 사람들 대부분은 상당히 안정적이며 장기적인 지지자, 거의 무조건적인 지지자들이다. 그러면서 말로만 비판적으로 지지를 하고 있는 것이다. 그들을 나는 진정한 비판적 지지자가 아니라고 생각한다. 그럼에도 그들은 스스로를 비판적 지지자로 인식하고 있다. 그래야 마음이 편한 것이다.

물론 소수지만 진정한 비판적 지지자들도 있을 것이다. 그들은 진보정당의 당원이나 지지자들로서 실제로 일시적, 전술적으로 당선 가능한 후보 중에서 상대적으로 진보적인 후보를 지지한다. 가장 고민이 많은 사람들은 그들이다. 바로 그들 옆에 비판적 지지를 거부하는 사람들이 있다. 그들은 소박한 정서에 머물지 않는 사람들이다. 그들의 관점에서 보면, 이른바 상대적으로 진보적인 후보를 지지하는 짓은 환상을 좇는 행위이다. 왜 확실한 길이 있는데 알지 못하는 길을 가는지 모르겠다는 것이다. 그들에게 여전히 비판적 지지는 없다.

그래서 한편으로 비판적 지지는 있지만 다른 한편으로는 비판적 지지는 없다. 아주 가까운 친구 사이에도 한 사람에게는 비판적 지지가 있고 다른 한 사람에게는 비판적 지지가 없다. 심지어 한 사람의 내면에서도 비판적 지지가 있으면서 없다. 정녕 논리와 정치철학의 영역으로 깊이 들어가면 비판적 지지는 없을지도 모른다. 그러나 눈에 보이는 현상의 세계에서는, 그리고 대중적 정서에서는 비판적 지지가 분명히 있다. 투표소 바깥에서는 비판적 지지가 없지만 투표소 안에서는 비판적 지지가 있다. 공식회의에서는 비판적 지지는 없지만 술자리에서는 비판적 지지가 있다.

그러나 고종석은 쉽고 편안한 마음으로 "비판적 지지는 있다"는 사실을 인정하고 이야기를 풀어간다. 고종석으로서는 어느 한 당파에 연연하거나 그의 성패에 집착하지 않는다. 그래서 그는 나처럼 공연하게 복잡하게 생각하지 않는다. 고종석이 『한국일보』의 고정 칼럼에 「'비판적 지지'에 대한 참견」(2002년 2월 21일)이라는 제목으로 써놓은 경쾌한 글을 감상해보자.

한국 사회에서 비판적 지지라는 말은 1987년 대통령 선거 때 민통련을 중심으로 한 재야의 민족민주운동 세력이 당시의 김대중 후보에 대해 취한 입장에 그 연원을 두고 있다. 김대중 씨의 민중지향성이 비록 만족스러울 정도는 아니지만, 유력한 후보들 가운데서는 민족자주와 민주주의라는 가치에 그가 가장 우호적이라는 판단이 비판적 지지론의 근거였다.

올해 대통령 선거를 앞두고 다시 비판적 지지라는 말이 다시 회자되고 있다. 이번에는 지지의 대상이 민주당의 노무현 상임고문이다. 비판적 지지론자들의 주장은 민주당의 개혁적 예비 후보 가운데 득표력이 가장 큰 노 고문을 중심으로 개혁세력이 단합함으로써 민주정부의 정통성을 이어가야 한다는 것이다.

득표력 문제가 아니더라도 사실 노 고문은 개혁적 후보로 거론되는 사람 가운데 우리 사회의 지역주의와 극우세력의 기득권에 맞서 가장 단호한 태도를 견지해 왔으므로, 그를 개혁세력의 중심으로 삼아야 한다는 주장은 자연스럽다.

이런 비판적 지지론에 대해 민주노동당을 중심으로 한 진보적 정치권의 반발도 거세다. 이들의 주장은, 김대중 대통령이 집권 후반기에

2002년 2월 21일 목요일 42판 ⓗ한국일보

이런 생각

고종석 논설위원

'비판적 지지'에 대한 참견

기성 정치인 한계 뻔해

진보정당 후보밀면 그만

kromach@hk.co.kr

드러냈듯 기성 정치권에서 성장한 노 고문의 민중지향성 역시 그 한계가 뻔하다는 것이다.

지금 비판적 지지론자들에게 가장 바람직한 상황은 민주당의 경선 후보 등록일(22~23일) 이전에 개혁 세력의 후보가 단일화하는 것일 터이다. 일단 예비 주자들이 모두 경선 후보 등록을 하고 나면 경선 과정의 원심력 때문에 단일화가 더 힘들어지는 데다, 권역별 경선이 시작되고 난 뒤 사퇴하면 그 때까지 사퇴 후보가 얻었던 표는 모두 무효가 돼 단일화의 효과도 줄어들 수밖에 없기 때문이다.

경선 후보 등록 일이 고작 하루 남은 지금, 개혁세력이 그 사이에 극적으로 연대에 합의할 가능성은 없어 보인다. 비판적 지지론자들의 마음이 조급할 법도 하다.

그러나 기자는 이 조바심이 불필요한 것이라고 생각한다. 우선 민주당원을 포함한 국민 경선 참여자들이 노 고문이든, 아니면 김근태 상임고문이나 정동영 상임고문이든 개혁적 인사를 민주당 후보로 선출할 경우, 비판적 지지자들은 편한 마음으로 그 후보를 밀 수 있을 것이다.

대통령 중심제에서 대통령 개인의 세계관은 집권당의 정책에 짙게 투영되기 마련인데, 민주당의 개혁적 후보들이 예컨대 한나라당의 이회창 총재에 비해 민주주의와 민족자주 문제에서 훨씬 더 진취적이라는 것은 그들의 지금까지 행적에서 뚜렷하다.

만약에 현재의 여론조사가 가리키듯 이인제 상임고문이 후보로 선출될 경우에도 그것이 비판적 지지론자들의 고민거리가 될 수는 없다. 비판적 지지론자들은 이인제 상임고문이 본선에서 이회창 총재를 누를 수 없을 뿐만 아니라 설령 이긴다고 하더라도 이인제 대통령과 이회창 대통령 사이에는 차이가 거의 없다고 판단하고 있을 것이다.

그렇다면 그 판단에 충실해 비판적 지지라는 굴레를 벗고, 민주당에 대한 지지를 철회하고, 진보정당의 후보를 밀면 그만이다. 민주당의 후보 선출 뒤에 지방선거가 치러지므로, 그들은 지방선거에서부터 진보정당의 후보를 밀 수 있을 것이다. 그것은 그들의 본적 곧 민족민주 운동권으로 돌아가는 길이기도 하다.

그들의 이런 선택은 우리 사회의 정치지형을 선진국형으로 정상화하는 긴 여정의 첫걸음이 될 것이다. 선진국형이란 물론 건강한 보수정당과 진보정당이 주류를 이루고 좌우의 극단파들이 잔류 수준에서 변두리에 포진하는 지형이다.

선진국형의 정상적 정치지형 속에서는 진보정당이 꼭 집권할 필요도 없다. 진보정당은 강력한 야당으로서 입법 활동을 통해서 진보적 가치들을 구현할 수 있고, 또 집권 보수당의 정책을 민중 친화적으로 견인해낼 수도 있다. 지금 우리 사회의 비판적 지지자들은 낙관적이어도 좋을 것 같다.

고종석의 글에서 흥미로운 대목은 "이인제 상임고문이 후보로 선출될 경우에도 그것이 비판적 지지론자들의 고민거리가 될 수 없다"
고 한 부분이다. 아마 이인제가 민주당 대통령 후보가 될 경우에도
아무 걱정을 할 필요가 없는 사람들은 내가 소수의 진정한 비판적
지지자라고 한 사람들뿐일 것이다. 대다수의 거짓 비판적 지지자들은
이인제가 대통령 후보가 될 경우에 그를 지지할 것이다. 아마도 비판
적 지지를 '비판적으로' 하려고 들 것이다. 비판에 무게를 좀더 실은
비판적 지지를 하려고 할 것이다.

고종석은 진정한 자유주의자답게 아무런 거리낌 없이 객관적 입장
에서 논리적으로 잘라 말하고 있다. 짐짓 모른척하고 거짓 비판적 지
지자들을 놀리고 있는지도 모른다. 그렇지 않다면 그는 실상을 잘 모
르고 있는 것이다. 현실에서는 많은 사람들이 무척 고민하고 있다.
그러므로 차분하게 따져서 어디서 생각이 갈라지는지를 알아야 한다.

고종석이 간과하고 있는 사실은 비판적 지지를 하는 사람들 가운
데 상당수가 비판적 지지를 하기 전에 진보정당은 안 된다는 전제를
가지고 출발한다는 점이다. 그래서 비판적 지지론자들은 이인제가 민
주당 대통령 후보가 되더라도 그 지지를 거두어 되돌려줄 진보정당이
없는 것이다. 그래서 문제는 그렇게 단순하지가 않다.

비판적 지지론을 주장하는 사람들이 진보정당의 존재를 인정한다
면 비판적 지지론자와 그 반대자들이 서로를 좀더 쉽게 이해할 수
있을 것이다. 그러나 비판적 지지론자와 진보정당 당원들은 지금까지
서로를 인정하지 않았다. 대부분의 비판적 지지론은 "진보정당은 없
다"에서 출발한다. 그리고 "진보정당은 있다"는 사람은 최소한 논리로
서의 비판적 지지론을 인정하지 않았다.

물론 앞에서 말했듯이 간혹 비판적 지지론자 가운데에서도 "진보
정당은 있다"는 사람이 있다. 그는 진보정당은 있지만, 또는 멀지 않은

미래에 존재하게 되겠지만 당장에는 비판적 지지를 할 수도 있다고 생각한다. 그는 말 그대로 비판적 지지론자요, 진정한 비판적 지지자다. 그는 고종석의 말대로 이인제가 민주당 대통령 후보가 되었을 때 비판적 지지라는 굴레를 벗고, 민주당에 대한 지지를 철회하고, 진보 정당의 후보를 밀면 그만이라고 생각할 수 있는 사람이다. 그러나 그런 사람들은 소수다. 왜 그런가? 이런 정황은 역사적 맥락에서 살펴야만 이해가 될 수 있다. 이야기는 어쩔 수 없이 과거로 돌아간다.

비판적 지지란 무엇인가

고종석도 이야기했지만 원조 비판적 지지는 1987년 김대중을 지지한 운동권 일부의 이론, 주장과 정치적 행위였다. 나는 지난 가을 『이론과 실천』(2001년 11월)에 기고한 「비판적 지지는 없다」에서 비판적 지지에 대해 이렇게 썼다.

비판적 지지라는 이상한 단어와 정치적 태도는 1987년에 있었으며, 오늘 그런 것은 없다. 비판적 지지는 어디서 왔던가? 15년이나 계속되었던 군사독재 시절 사회주의자와 자유주의자는 반파쇼 투쟁을 오랫동안 함께 해왔다. 아니 서로 구분이 안 될 정도로 한 덩어리로 뭉쳐서 투쟁했다. 그 한 덩어리를 운동권이라는 이상한 용어로 표현했다. 말하자면 반파쇼 운동을 같이하는 사람들의 문화권이라는 뜻일 터인데 군사독재가 길어지면서 상당히 붉은 빛깔로 물들어가기도 했다.

그러나 실제로는 여전히 자유주의자들이, 아니 혁명적 민주주의자들과 혁명적 민족주의자들이 다수를 이루었다. 즉 운동권은 원래 겉만 붉은 사과가 많은 과일 바구니였던 것이다. 사과들, 자유주의자들이 사회주의자들과 결별하고 지금까지 정치권에 있던 자기 동지들과 합류하면서 명분을 세울 수 없으니까 궁색하게도 비판적 지지라고 했던 것이다. 대표적 비판적 지지론자였던 김근태와 이해찬의 언행을 보면 잘 알 수 있다.

또한 운동권이 민주화 운동을 주도하면서 보수 정치인들을 아주 우습게 보는 경향이 생겨났다. 그 이유는 있지만 근거는 없는 집단적 자존심이 김대중이든 김영삼이든 보수 정치인에 대한 절대적, 무조건적 지지는 용납할 수 없었다. 그래서 차선을 선택한다는 논리가 등장했다. 세상에 차선을 선택하는 바보가 어디 있나? 사람은 누구나 그 시점, 그 상황, 그 조건에서 최선을 선택한다. 그런데 자기가 최선이라고 생각한 것을 최선이라고 표현하지 못하고 차선이라고 부를 수밖에 없었던 것이다. 사람은 분위기에 맞추어 생각하고 이야기하는 것이다.

또 하나 역사적 사실을 있었던 그대로 이야기한다면 비판적 지지의 원천이 하나 더 있다. 역사적 사실로서 북한의 대남 정책이라는 것이 있었고 그들의 시대착오적 50년대식 정세 인식이 있었고 그들의 소박한 반제 반파쇼 연합전선 전략이 있었다. 그리고 북한의 김대중에 대한 과대 평가, 또는 과대 기대가 있었다. 장차 등장할 김대중 정부를 자주적 민주정부라고 칭하고 김대중 정권이 서면 그와 더불어 남북한 평화 공존 체제, 국가연합 정도는 만들 수 있을 것이라고 본 것이다. 김대중이 70년대 초반에 들고 나온 공화국 연방제라는 통일 방안을 북한에서는 60년대 그들의 통일 방안인 고려연방제나 1980년에 발표한 고려민주연방공화국 창설 방안과 근접할 수 있는 것으로 오해한 것이다. 북한의 오해는 다시 남한 극우반공 세력의 오해가 되었다. 즉 남한의 극우 반공주의자들은 북한이 사랑한 김대중을 필요 이상으로 미워하고 적대시했던 것이다. 김대중은 분단국의 비극의 주인공이 되었다.

실제로 북한은 남한 내의 조선로동당 지지자들로 하여금 김대중을 지지하도록 지시했다. 그렇다면 조선로동당이나 남한의 조선로동당 지지 세력들이야말로 어떻게 보면 진정한 김대중에 대한 비판적 지지자들이다. 왜냐하면 자기의 진정한 정치 사상적 소속은 조선로동당이면서 전략적으로 김대중을 지지하는 것이었으니 범(汎) 김대중 당의 일원이 김대중을 지지한 것과는 사정이 다른 것이다(159~161쪽) .

나는 여기서 보통 사람들이 잘 말하지 않는, 조선로동당과 남한 내의 조선로동당 추종 세력들의 김대중에 대한 과대 평가와 지지라는 사실을 언급하고 있다. 물론 극우파들은 이 사실을 말하는 정도가 아니라 누누이 강조하고 과장한다. 김대중이 조선로동당한테서 지지를 받고 있다는 사실을 한편으로는 김대중의 약점으로, 다른 한편으로는 그들의 레드콤플렉스를 자극하는 무서운 환상 또는 공포스런 소문으로 생각하는 것이다. 그래서 극우 반공주의자들은 아예 이를 근거로 김대중은 빨갱이라고 단정짓고 있다. 김대중이 눈에 보이지 않게 조선로동당과 연결되어 있다고 우선 생각하다가 급기야 김대중은 빨갱이라고 생각하게 된 것이다.

이런 정황 때문에 민주진영의 고참들은 조선로동당 및 주사파의 김대중 지지라는 사실 자체를 알면서도 애써 모른 척해왔다. 이 사실을 인정하게 되면 김대중에 대한 사상 시비를 방어해줄 수 없다고 느끼기 때문이다. 그러다 보니 민주진영의 신참들, 아니 대부분은 이 사실 자체를 잘 모른다. 이것을 극우파들이 날조한 헛소문으로 생각하는 교육된 버릇이 있는 것이다. 그래서 이 문제와 관련하여 순수하게 사실(fact)을 누가 더 말하고 있었던가를 두고 말한다면 극우파가 정확했다.

북한은 60년대에는 공식적 통일방안을 고려연방제라고 했다. 그러면 고려연방을 함께 만들 남한의 정권은 어떤 정권인가? 그것은 민족해방인민민주주의 혁명 이후에 성립된 인민민주주의 정권이다. 60년대에 그것은 아마도 통일혁명당의 집권과 동일한 것이라고 해야 할 것이다. 그러나 70년대를 거치면서 북한의 통일방안과 남한혁명론은 크게 바뀐다. 그것은 1980년에 발표된 북한의 공식 통일방안, 고려민주연방공화국 제안으로 나타난다. 이러한 변화는 구체화, 현실화 또는 우경화라고 할 수 있다.

고려민주연방공화국 제안에서 북한과 함께 고려민주연방공화국을 만들 남한의 정권은 자주적 민주정부라고 명시되었다. 여기서 자주적 민주정부라는 탄력적인 말을 잘 이해할 필요가 있다. 그것은 반드시 인민정권이어야 하는 것은 아니다. 부르주아 정권일 수도 있는 것이다. 아니 그것은 사실상 공산당의 헤게모니가 관철되는 인민정권이 아니라 민족자본이 주도하는 부르주아 정권인 것이다. 그리고 당시에 북한이 염두에 둔 자주적 민주정부는 곧 김대중 정권이었다. 북한은 70년대를 거치면서 남한에서 기대할 수 있으면서 의미 있는 유일한 정치적 변화, 현실 가능한 혁명으로 김대중의 집권을 생각하게 된 것이다.

물론 누가 뭐래도 분명한 것은, 조선로동당은 김대중을 민족해방인민민주주의 혁명론에서 말하는 민족자본의 대변자쯤으로 규정하여 크게 기대한 것이지, 김대중 자신이 사회주의자이거나 반자본주의적인 입장을 가진 빨갱이는 결코 아니며, 조선로동당식 스탈린주의자는 더더욱 아니다. 그럼에도 불구하고 조선로동당의 김대중에 대한 오랜 짝사랑은 사실이었다. 그 사실을 부인하면서 이야기를 할 수는 없다.

북한의 대남 정책의 한 축을 형성한 김대중 지지가 결과적으로 김대중을 도와주었는지 방해했는지는 엄밀하게 따져보기 전에 쉽게 판단하기 힘들다. 그러나 우리는 지금까지 김대중을 따라다닌 용공분자라는 의심이 김대중 씨가 대통령이 되는 데 큰 장애가 되었다는, 김대중과 그 지지자들의 호소를 주로 들었기 때문에 우리는 흔히 김대중을 분단체제의 희생자로, 비극의 주인공으로 인정한다.

그러나 진정한 비극의 주인공은 김대중 자신이 아니다. 조선로동당에 대해 소속감을 느끼거나 정서를 같이 하는 남한의 친북 좌익인사들이 더욱 불쌍한 사람들이었다. 그들은 김대중에 대한 짝사랑으로 한평생을 보내고, 김대중의 집권 가능성에 그나마 희망을 걸고 위안을 삼았다. 김대중이 집권하는 것이 곧 자주적 민주정부의 수립이요, 이 자주적 민주정부와 북한은 연방제 통일을 할 수 있다고 믿었으니 얼마나 불쌍한가? 김대중이 그나마 남북정상회담이라도 한 번 성사시키지 못했다면 그 순진한 사람들의 김대중에 대한 실망은 더욱 컸을 것이다.

지금까지 오랜 세월 김대중을 짝사랑하여 이제 실망하고 상처받은 사람들은 갈림길에 섰다. 그들은 고민하던 끝에 새로운 사랑을 찾았다. 그들은 다시 노무현을 짝사랑하려고 한다. 그러나 나는 그 글에서 비판적 지지의 역사에 대해 쓰고 난 후에 오늘날 비판적 지지는 없다고 주장했다. 그러한 주장의 의미는 우선 원조 비판적 지지와 같이 절박하고 진지한 비판적 지지는 없다는 뜻이고, 또한 노무현은 김대중과 같은 비판적 지지의 대상이 되지 못한다는 뜻이었다. 그러한 주장의 밑바탕에는 노무현이 민주당 대통령 후보가 될 수 없다는 생각도 깔려 있었다.

그러나 이제 사정이 바뀌었다고 인정해야 할 것이다. 이제 원조 비판적 지지는 물론 없다고 하더라도 신판 비판적 지지는 있음을 인정하지 않을 수 없게 되었다. 노무현이 민주당 대통령 후보가 되고 당선 가능한 대통령 후보가 됨으로써 비슷한 양상이 되풀이되고 있기 때문이다. 자세히 들여다보면 원조 비판적 지지와는 성격이 많이 다르지만, 2002년 판·노무현 판 비판적 지지가 존재한다는 사실을 부인할 수가 없다.

그러면 비판적 지지자의 입장에 좀더 가까이 다가가서, 새로운 비판적 지지의 대상이 되는 노무현은 과연 비판적 지지의 대상이 될 만한가를 좀더 구체적으로 따져 봐야 하겠다. 다시 말해서 노무현은 과연 실제로 진보적이고 개혁적이며 친노동자 또는 친서민적인가를 검토해야 한다. 그리고 비판적 지지를 해서 과연 노무현을 대통령으로 만들 수 있거나 한국 사회를 크게 진보시키거나 개혁할 수 있을 것인가를 살펴봐야 한다.

그리고 비판적 지지라는 전술이 2002년의 정세 속에서 타당한가도 살펴야 한다. 평소에는 진보정당을 지지하던 사람이 대통령 선거에서 노무현을 지지한다면 그것은 틀림없는 비판적 지지라고 할 수 있다. 그런 진정한 비판적 지지의 경우에는 그것이 순전한 전술적인 개념인 만큼 전술적 타당성을 따져야만 하는 것이다.

문성근이 노무현을 지지하는 이유

영화배우 문성근이 노무현을 지지한다. 우리나라 배우 중에서 가장 지적인 이미지를 가지고 있는 문성근, 고 문익환 목사의 아들, SBS의 『그것이 알고 싶다』라는 보기 드물게 무게가 있으면서도 인기 있는 프로그램의 진행자로 널리 알려진 문성근이 노무현을 지지한다. 대단한 일이 아닐 수 없다. 그뿐인가? 수천, 수만 명의 네티즌으로 구성된 <노무현을 사랑하는 사람들의 모임>, 이른바 노사모가 결성되고 영화배우 명계남이 회장을 맡고 문성근은 고문이 되었다. 노사모와 별도로 노무현을 지지하는 문화예술인 모임도 발족되었다. 정말 대단한 일이다.

문성근이 전남대학교에서 노무현 지지를 호소하는 모습을 보라. 얼마나 열정적인가? 그 녹화된 강연을 보고 나는 문성근의 마음을 알 수 있었다. 그는 참으로 순수하고 아름다운 마음으로 노무현을 지지하고 있다. 그리고 열정적으로 자신의 마음을 표현하고 있다. 그가 고백하는 바에 따르면 그는 원래 김대중을 열렬히 지지했다. 열렬한 김대중 지지, 김대중주의는 그의 집안 분위기였고 선친인 문익환 목사에게서 물려받은 것이다. 1980년 그는 김대중 내란 음모사건 재판을 방청하고 그 과정을 기록하여 세상에 알리는 일을 했다. 그러면서 철저한 김대중주의자가 되었다.

또한 문성근이 김대중의 후계자로서 노무현을 지지하는 것이 아버지의 유지(遺志)를 받드는 것이라고 생각하고 있다는 것을 이런 말에서 알 수 있다.

제가 노무현을 지지하고 노사모에 가입한 것은 영화인 문성근 한 사람이 지지하고 가입한 것이 아닙니다. 우리 가족이 회의를 소집하고 흔쾌한 찬성 속에 이것을 결정하고 제가 가족의 대표로 참석하고 있는 것입니다(『노무현, 상식 혹은 희망』, 행복한 책읽기, 2002, 380쪽).

1980년 당시에 그는 인생에서 가장 절실하게 기도했다고 고백한다. 그는 날마다 "저 사람을 살려주십시오!"라고, 간절하게 김대중을 살려달라고 하느님에게 기도했다. 그러는 가운데 그는 김대중을 마음 깊이 사랑하게 되었다. 이렇게 마음 깊이 사랑하고 지지하는 사람들은 어떤 상황에서도 김대중의 마음을 이해할 수 있다. 예를 들면 1987년 대통령 선거에서 김대중이 막판 단일화의 약속을 지키지 않아도 그를 이해하고 용서할 수 있다. 왜 그런가? 그를 사랑하기 때문이다.

문성근은 말한다. 김대중에게는 한이 두 가지 있다고 말한다. 김대중의 첫 번째 한은 그를 평생 따라 다닌 빨갱이라는 비난, 용공분자라는 모함이라고 한다. 그 모함은 스스로 극복했다고 한다. 북한을 방문하여 남북정상회담을 하고 6·15 공동선언을 이끌어냄으로써 풀었다고 한다. 평생 그를 괴롭히던 용공분자라는 모함을 넘어서고 그로 인한 한을 풀었다고 문성근은 주장한다. 『노무현, 상식 혹은 희망』이라는 책에 수록된 문성근의 강연 원고에서 이 대목을 보면 그는 다음과 같이 표현하고 있다.

인간 김대중이 6·15 선언을 하면서 국민 여러분에게 어떤 이야기를 하고 싶었겠습니까? 여러분은 그 얼굴에서 못 느끼셨습니까? 저는 느꼈습니다.

그건 국민 여러분, 저더러 빨갱이라 그러셨죠? 아닙니다. 저 빨갱이 아닙니다. 이제 믿어주시겠어요? 제가 하고 싶어했던 것은 바로 이겁니다. 민족의 앞날을 위해서, 민족의 번영을 위해서 이렇게 화해와 교류 협력을 해나가야 합니다. 그것을 이야기하고 계셨던 겁니다.

그러니까 김 선생의 첫 번째 한인 용공조작은 김 대통령 스스로 6·15 선언으로 극복해내고 있다는 말입니다.

그런데 다른 하나의 한을 아직 풀지 못했다. 그것은 지역감정으로 인해 가슴에 맺힌 한이라는 것이다. 지역감정의 희생자인 김대중 대통령, 지역감정으로 인해 대통령이 되지 못하고 오랜 세월 고생한 사람, 그런데 그가 이제 지역감정에 대해서만큼은 자기 자신도 책임이 없다고 말할 수 없는 처지라는 것이다. 의외로 문성근은 지역감정의 피해자이기도 한 김대중 자신이 때때로

지역감정을 이용하기도 했던 사실을 솔직하게 인정하는 듯한 말을 하고 있다. 그래서 김대중 자신은 지역감정이라는 문제를 해결할 수 없다고 문성근은 말한다.

그런데, 가슴에 손을 얹고 생각해봅시다. 87년 이후 이 지역감정이 악화되는 과정에서 인간 김대중이 난 책임 없다라고 자신 있게 이야기할 수 있습니까? 정말이지 평생 그 자신이 피해자였는데, 그만 지난 15년 역사에서는 나, 책임 없다고 말할 수 없게 되어버렸다는 데 인간 김대중의 눈감을 수 없는 한이 있는 것입니다(같은 책, 224쪽).

그러니 이제 그 김대중의 한을 풀 수 있는 사람은 노무현뿐이라고 말한다. 사람들이 말하는 망국적 지역감정을 해결할 사람은 노무현뿐이다. 결국 우리는 문성근이 노무현을 지지하는 이유는 노무현이야말로 지역감정을 해결할 수 있는 유일한 정치인이라고 생각하기 때문이

라는 사실을 알 수 있다. 그렇다면 과연 노무현이 지역감정을 해결할 수 있을 것인가? 무슨 근거로 그렇게 판단할 수 있는가? 그는 노무현이 야말로 지금까지 지역감정에 정면 대결해온 유일한 정치인이기 때문이라고 말한다.

노무현이 지역감정에 정면 대결함으로써 얻은 열렬한 지지자는 문성근뿐이 아니다. 많은 네티즌들로 구성된 노사모가 있고, 또 정력적인 저술가 강준만도 있다. 강준만은 진작에 『노무현과 국민사기극』 (인물과 사상사, 2001)이라는 책까지 써서 노무현에 대한 지지를 공개적으로 표명하고 있다. 강준만은 지역감정 또는 호남 차별주의에 대해 가장 강렬하게 반대하여 많은 글을 쓰고 있는 사람이다. 그는 모든 사람과 그 사람의 언행에 대한 선악의 기준을 호남 차별주의에 대해 어떤 태도를 보이는가에 둘 정도로 전투적인 반 호남 차별주의자이다. 호남 차별주의라는 타파해야 할 목표가 분명하기 때문에 그 문제에 대한 인식이 있는가 없는가, 실천이 적극적인가 소극적인가가 가장 중요한 척도가 되는 것이다. 그는 분명 노무현에게 큰 우군이다.

그래서 문성근이나 강준만은 노무현을 비판적으로 지지하는 것이라기보다는 무비판적으로 지지한다. 그들에게 노무현은 차선이 아니라 최선이다. 그들이 노무현을 지지하는 가장 큰 이유는 노무현이 지역감정을 해결할 수 있는 유일한 대통령 후보이기 때문이다. 그래서 문성근은 이렇게까지 말한다.

지금은 민족사의 최대 위기다. 정치는 지역구도로 갈려지고 민주화세력은 소수 정파로 나뉘어 움직일 기력을 회복하지 못하고 있다. 동학혁명 이후 투쟁 끝에 만족스럽지는 못하지만 민주정권이 탄생했는데도 별다른 진전이 없다. 현 정권은 부패한 정권으로 낙인찍혔고 국민은 민주주의에 대한 희망을 포기한 상태다. 이러한 상태가 굉장히 복잡하고 절망적인 것처럼 보이지만 사실은 단순한 지역감정 때문이다(이광호, 「노무현 문제의 답은 민주노동당이다」, 『노무현, 상식 혹은 희망』, 244쪽에서 재인용).

문성근의 인식은 놀랍도록 단순하다. 모든 문제의 답을 지역감정에서 찾고 있으며 나아가 노무현에게서 찾고 있다. 이런 단순한 인식이야말로 그의 정열적인 실천의 에너지가 나오는 원천이지만 그만큼 뚜렷한 장단점이 있는 것이다. 그의 단순한 인식은 노무현이야말로 민주당 예비후보들 가운데 지역감정의 해결이라는 문제와 관련하여 상징성을 가진 인물이라는 상식을 넘어서, 노무현이 대통령이 되어서 할 수 있는 바에 대해 과도한 기대를 걸게 하고 지역감정을 해결할 수 있는 좀더 근본적인 방법에 대해서 상상력의 문을 닫아버리게 할 수도 있다.

노무현은 김영삼의 3당 합당에 따라 가지 않았다. 1992년에는 김대중과 이기택이 공동대표인 민주당 후보로 부산 동구에서, 1996년에는 김대중이 정계 복귀를 하여 국민회의를 창당한 후에 이기택의 민주당과 장을병의 개혁신당이 통합하여 만든 통합민주당의 후보로 서울 종로구에서, 2000년에는 다시 김대중 대통령을 총재로 하는 새천년민주당의 후보로 부산 강서을에서 출마하여 세 번 낙선하고, 1995년 부산시장 선거에서도 민주당 후보로 낙선했다. 1998년에는 서울 종로구 보궐 선거에서 민주당 후보로 당선되었으니 부산에서 한 번 서울에서 한 번 당선되고, 부산에서 세 번 서울에서 한 번 낙선했다. 노무현이 지역감정과 정면 대결했다고 하는 것은 부산에서 세 번 낙선한 사실을 두고 하는 말이다.

이런 실천을 통해서 노무현은 지역감정에 대해서 상징성을 획득하게 되었다. 그러나 무엇보다도 노무현은 부산 사람이다. 그러므로 주로 호남에 지지기반을 가진 민주당에서 노무현을 대통령 후보로 선출하는 것은 민주당이 지역감정을 벗어나기 위해 노력하는 모습을 보일 수 있는 좋은 방법이다. 아니 실제로 노무현을 대통령 후보로 선출한 것은 민주당이 호남당이라는 굴레를 벗어날 수 있는 좋은 방법이다. 이런 방향으로 노력하면 차츰 우리나라의 보수 양당이 지역 정당이 아닌 정책 정당이 될 수도 있을 것이다.

이렇게 하여 노무현이 민주당 대통령 후보가 된다면 이회창을 이길 수 있을 것이라는 선거 전략적 차원의 이야기는 좀더 큰 대의명분과 결합하게 되었다. 그러나 노무현이 대통령 후보가 되고 대통령이 되면 지역감정을 해결할 수 있을 것이라는 이야기는 어느 한계 안에서만 옳다. 보수정당들이 만들 수 있는 정책적 대립구도는 지역적 이해관계와 지역감정을 넘어설 수 없다. 그러므로 노무현은 기껏 지역적 안배, 지역적 탕평책 같은 방법에 의지하여 지역감정을 해결하고자 할 수밖에 없다. 그런 방법으로는 지역감정을 넘어서지 못하고 그 안에서 헤맬 수밖에 없다. 그래서 우리는 항상, 지역감정을 넘어설 수 있는 대립구도로 나아가기 위해서는 훨씬 근본적인 대립 구도, 보다 높은 차원의 쟁점들로 이루어진 진보와 보수의 대립구도로 나아가야 한다고 주장한다. 계급적 단결과 이념적 유대감이야말로 지역주의를 넘어서는 것이다.

여기서 한번 생각해볼 것은 노무현의 지역감정에 대한 '정면 대결'이 얼마나 처절한 투쟁인지, 얼마나 진지한 대결인지는 보는 관점에 따라 생각이 조금 다를 수도 있다는 점이다. 만약 돈 없는 진보정당 후보가 네 번씩 낙선하면 무어라고 말할 것인가? 안 되는 줄 알면서 왜 자꾸 출마하여 주위 사람들에게 민폐를 끼치느냐고 할 것이다. 물론 노무현은 민폐를 끼치지는 않았을 것이다. 중요한 점은 그러한 거듭된 정면 대결이 문제 제기일수는 있지만 문제 해결은 아니라는 것이다.

솔직히 말해서 부산은 서울 다음의 대도시이고 영남에 있지만 서울 비슷한 인구 구성이나 정당 지지도를 보이는 곳이다. 즉 전국 각지에서 온 사람들이 살고 있으며, 호남 사람들도 많이 살고 있다. 거기다 젊은 층에서 노무현의 명분에 공감하는 사람들도 많이 있다. 그래서 노무현에게는 김영삼을 따라가지 않더라도 상당한 지지도가 나와서 2등은 할 수 있는 것이다. 그러나 이길 수는 없다. 왜냐하면 보통 사람들에게 새로운 길을 제시하지 않았기 때문이다. 그의 거듭된 낙선은 한국 정치가 지역감정에 사로잡혀 있는 답답한 현실로부터 탈출할 수 있는 방법은 아니라는 증거가 아닐 수 없다. 정치가는 가능한 방법을 제시하고 이길 수 있는 길을 가야 하는 것이다.

정치인이 문제 제기만 하고 문제 해결을 할 수 있는 방법을 제시하지 않는다면, 그것은 나쁘게 말하면 하나의 정치 쇼다. 여론을 일으키고 사람들의 마음 속에 문제의식은 일으키지만 그 답답한 악순환에서 벗어날 수 있는 길을 제시하는 것은 아니었다. 지금까지 노무현이 해온 방식으로는, 즉 큰 틀을 그대로 둔 채 그 안에서 문제를 제기하는 방식으로는 설사 노무현이 대통령 후보가 되더라도 문제를 해결할 수 없다. 지역감정을 해결하는 것은 사람들의 사고방식을 근원에서부터 그리고 사회정치적 대립구도를 근본적으로 뒤집어놓아야 가능하다.

그래서 민주노동당 기관지 『진보정치』 편집위원장 이광호는 노무현보다는 이문옥이 정답이라고 주장한다. 즉 이문옥이 걷고 있는 길이,

1992년 총선에서는 광주 동구에서 무소속 후보로 출마했다가 낙선하고, 1996년 총선에서는 서울 노원 을에서 꼬마민주당 후보로 출마했다가 낙선하고, 마침내 2000년 총선을 앞두고 민주노동당에 입당하여 부대표와 부패추방운동본부장을 맡은 이문옥이 가고 있는 길이 맞다는 것이다. 이문옥은 한 번도 3김의 정당에 합류하지 않았다. 그리고 마침내 진보정당의 당원이 되었다. 그리고 이번 지방선거에서는 민주노동당 서울시장 후보로 출마했다. 그가 이번에도 패배하겠지만 그럼에도 불구하고 지역감정을 진정으로 극복하기 위해서는 진보정당에 합류하고 진보정당과 연대하는 것이 올바른 길이라는 그의 신념이 꺾이지는 않을 것이다.

모든 불평등에 반대하는 사회주의자는 호남 차별주의자가 될 수 없다

행여 있을지 모르는 오해의 여지를 없애기 위해 나는 호남 차별주의에는 조금도 오염된 적이 없다는 사실을, 내 자랑이 될 것 같아서 민망하지만 분명하게 말하지 않을 수 없다. 그것은 나에게 주어졌던 근대적 과학 교육의 덕이라고 생각한다. 즉 나 자신은 모든 것을 회의하라는 데카르트의 말씀을 나름대로 철저히 실천하는 사람이며 체질 자체가 데카르트적인 사람이다. 그런 내가 편견이나 선입견을 받아들일 리 없었다. 물론 직접 체험으로도 호남 차별주의에 빠질 아무 계기도 없었다.

　1973년 2월말 어느 날 저녁, 우리 집에는 부모님은 물론이고 숙모

삼촌과 외삼촌을 비롯한 집안 어른들이 여럿 모였다. 내일 아침이면 나는 이불보따리와 옷가지 등을 넣은 가방을 들고 서울로 갈 것이다. 마산 촌놈이 대학교에 입학하러 서울 가는 것이다. 그래서 집안 어른들이 환송도 할 겸 모여서 서울 생활, 대학 생활에 대한 여러 가지 주의를 주었다. 집을 떠나 본적이 없는 어리숙한 아이가 혼자 서울에 가서 잘 지낼지 걱정이 되었던 것이다.

삼촌과 외삼촌, 서울에서 대학 생활을 해본 적이 있는 사람들이 여러 가지 당부를 하고 주의 사항을 일러주었다. 그런데 그 중에서 지금도 기억이 나는 이상한 주의가 있었다. 그것은 "전라도 사람을 조심하라!"는 것이었다. 전라도 사람은 처음에는 친절하고 상냥하다. 경상도 사람들처럼 무뚝뚝하지 않다. 그러나 나중에는 뒤통수를 친다. 의리가 없다. 그렇기 때문에 전라도 사람을 사귀지 말아야 한다. 대충 이런 이야기였다.

나는 그러한 어른들의 당부에 대해 그저 고개를 끄떡거렸다. 사실 다른 당부나 주의도 귀를 기울였다기보다는 그저 고개를 끄떡거렸지만 엄청나게 동의를 해서 그러는 것은 아니었다. 지금도 그렇지만 나는 그 당시 특히나 내 눈으로 보고 내 손으로 만져보기 전에는 믿지 않는다는 사고방식이 강했고 어떤 권위도 인정하지 않았다. 내가 부딪쳐보고 경험해보기 전에는 매사에 대해 어떤 편견도 선입견도 가지지 않았다.

그런데 몇 달 후 여름 방학이 되어 내가 마산으로 내려갔을 때 나의 두 여동생들은 내 말을 잘 알아듣지 못했다. 내 말에 전라도 사투리가 너무 많이 섞여 있었던 탓이다. 서울에서 새로 사귄 친구들의 절반이 전라도 사람들이었다. 주로 광주 사람들, 또 주로 광주 일고 출신들이었다. 이미 고등학교 다니면서 3선 개헌이나 10월 유신에 대한 반대 데모를 할 만큼 현 체제에 대해 비판적이고, 학생의 날에는 광주학생의거탑 앞에서 기념식을 한다는 광주일고 출신의 친구들에게 나는 흠뻑 빠져버린 것이다. 그리고 이렇게 멋진 친구들을 길러낸 광주라는 도시는 정말 좋은 도시일 것이라는 생각을 하게 되었으며 그 후에도 광주에 가면 고향에 온 듯 마음이 편해지는 것을 느꼈다. 물론 지금까지도 광주는 내가 가장 좋아하는 도시다.

출세하려는 욕망, 경쟁에서 남을 누르고 내가 잘 되어야 하겠다는 생각밖에 없는 출세주의자들, 세상에 대해 아무 의문이 없는 모범생들에게 질려버린 나는 사회와 나라에 대한 의무감 같은 것을 가진, 어린 나이에 이미 지식인의 마인드를 가진 광주일고 출신 친구들을 너무 좋아했다. <한국사회연구회>에서 만난, 그리고 문리대의 다른 모임들에서 만난 그들과 밤낮으로 어울려 지내다보니 전라도 사투리와 경상도 사투리가 서로 뒤섞여 버렸다. 반면에 축구보다는 클래식 음악을 좋아하는 서울 놈들과는 잘 어울리지 못했다.

그런데 나는 그 때 사귄 광주 친구들로부터 아직까지 배신을 당해 보지 않았으니 우리 집안의 어른들은 틀린 말을 어린 내게 한 것이다. 뿐만 아니라 사회주의자가 되고 노동운동을 하기 시작한 후에는 나의 많은 동지들이 전라도 출신이었다. 그리고 그 동지들과 경상도 출신인 나 사이에 동지애와 동지적 믿음을 가로막을 지역감정 같은 것을 느껴 본 적이 없다. 그러나 나는 나의 그런 경험, 나의 광주 사랑, 나의 전라도 출신 친구들, 나의 전라도 출신 동지들과의 오랜 우정에 만족하여 사회적 문제를 좀더 치열하게 고민하지 않았던 것 같다. 엄연히 존재하는 나라의 문제, 민족의 문제로서 호남 문제를 급박하고 절실한 문제로서 다루지 않았다는 사실을 뒤늦게 인정하지 않을 수 없다.

내가 호남 사람이 아니라는 사실은 이 문제를 좀더 자주 느끼게 하지 않았을 것이라는 점도 내키지 않지만 인정하지 않을 수 없다. "아들아, 자라서 혁명가가 되어라! 이 세상의 어느 구석에서 벌어지는 부정의에 대해서도 무관심하지 말라!"는 체 게바라가 아들들에게 보낸 마지막 편지의 한 구절을 즐겨 인용하는 나의 자존심이 상하는 일이지만 어쩔 수 없다. 물론 나는 거꾸로 영남에서 느끼는 호남 문제, 호남 차별과 호남 멸시의 문제가 있었지만 그것은 그렇게 절실하지 않았고 그것에 개인적으로 거부하는 것 외에 크게 저항하는 실천을 하지 않았다.

지금 와서는 거듭 생각해본다. 혹시 청년기에 사귄 내 친구들은 대부분 서울대학교 학생들이고, 사람들이 말하는 이른바 엘리트들이라 호남인 차별을 직접 크게 당하지 않는 사람들이었는지도 모른다. 아니다. 그럴 리가 없다. 서울에서 생활하면서 호남인으로서 호남 차별을 경험하지 않을 수는 없다. 그럼에도 우리는 좀더 큰 대의명분, 민족과 계급에 대해 이야기했으며 특별히 호남 사람, 영남 사람에 대해서 말하지 않았다. 아니 호남 차별의 문제는 본질적으로 계급 문제라고 생각하고 그 자체로 다루지 않았다. 그러나 지금 다시 생각해보면 그러한 태도가 꼭 옳았던 것은 아니다. 호남 차별의 문제는 분명히 하나의 특유한 문제, 현실에 존재하는 커다란 문제였기 때문에 그것에 대해 좀더 큰 관심을 기울일 필요가 있었다. 그 점, 잘못을 인정하지 않을 수 없다.

강준만의 『전라도 죽이기』(개마고원, 1995)는 그런 점에서 나를 부끄럽게 한 책이고, 훌륭한 책이다. 나로서는 도저히 흉내낼 수 없는 의미 있는 작업을 해놓았다. 나는 이 책이 그가 쓴 책 중에서 제일 잘 쓴 책이라고 생각한다. 그리고 그의 문제의식을 가장 직접적으로 드러내고 있기도 하다. 『김대중 죽이기』(개마고원, 1995)에 대한 독후

감을 모아서 그 글들을 토대로 쓴 책이라 생생한 일반 국민들의 생활 감정과 경험담이 들어있다. 그 책을 읽고 나는 지금까지 지역감정, 또는 영남 패권주의, 호남 차별주의, 호남 혐오증을 주제로 내가 한 편의 글도 아직 쓰지 않았다는 사실에 대해 부끄러움을 느꼈다. 그러나 변명 삼아 말한다면, 내가 이 문제를 깊이 생각하지 않았던 것은 아니고, 이 문제에 대한 내 나름의 관점을 정립하지 못하고 있었던 것은 아니다.

나는 호남인 차별 문제가 사회경제적 맥락에서, 다시 말해서 사람의 의식은 그 사람의 사회경제적 지위, 물질적 조건이 결정한다는 유물론적 관점에서 바라보면 가장 잘 이해할 수 있다고 오래 전부터 생각하고 있었다. 즉 그 문제는 맑스주의자가 가장 깊이, 잘 이해할 수 있는 문제라는 생각을 오래 전부터 가지고 있었으며, 이탈리아의 맑스주의자 그람시가 부유한 북부 공업지대와 가난한 남부 농업지대의 경제적 빈부격차와 이로 인한 여러 가지 문제들, 이른바 '남부 문제'를 평생 연구했다는 사실을 모범으로 삼아 언젠가는 호남 문제를 연구하리라고 생각은 하고 있었다.

그러나 그런 생각을 실천에 옮기지 아니한 채로 게으름을 피우며 너무 많은 세월을 살아온 것이 여간 부끄럽지 않다. 이 나라의 많은 사람들을 고통스럽게 해 온 문제에 대해서 관심을 가지지 아니했다면 그것은 지식인으로서 의무를 저버린 것이다. 그 점 깊이 반성한다. 그렇다고 내가 무슨 호남 차별주의에 물들어서 그랬던 것은 아니다. 나는 사회주의자로서 모든 계급적 착취와 민족적 차별과 성적 억압에 반대해왔다. 마찬가지로 나는 지역적 차별에 대해서도 철저히 반대한다. 다만 나는 계급적 착취와 불평등을 해결하면, 사회주의운동과 노동운동을 열심히 하면 지역 차별도 당연히 함께 해결될 것이라고 생각해왔다. 그러나 오늘 문제의 심각성을 볼 때 그러한 생각은 안이한 생각이었음을 인정하지 않을 수 없다.

지역감정 문제는 곧 계급 문제

그러면 나의 집안 어른들이 내게 가르쳤던, 전라도 사람들은 배신을 잘 한다는 말이 근거가 있는 말인가? 나의 경험으로는 그 말의 근거를 발견하지 못했지만, 그래도 보통 사람들의 생활 세계에서는 그 말이 나름의 근거를 가지고 있으리라고 추측한다. 전혀 지푸라기 하나도 아니 땐 굴뚝에 연기가 나지는 않았을 것이라고 생각하는 것이다.

전라도의 가난한 사람들이 고향을 떠나 숱하게 서울로, 서울로 올라갔다. 가난한 경상도 사람들도 서울로 올라갔으나 경상도가 개발이 되어가고 가까운 부산에 대구에 구미에 포항에 울산에 마산 창원에 일자리가 많이 생기면서 상대적으로 훨씬 적은 수가 서울로 갔을 것이다. 대다수의 경상도 사람들은 자기 지역이 개발이 되면서 보상도 받고 땅값이 올라서 득을 보거나 이런저런 사업을 해서 고향을 떠나지 않고 살 수 있었다. 그리고 경상도 사람들 중에서 서울로 올라간 것은 대학교라도 나오고 번듯한 직장을 잡아서 화이트칼라로 서울에 자리 잡는 경우가 많았을 것이다.

호남에서 서울로 올라온 가난한 사람들은 사회의 밑바닥에서 닥치는 대로 일을 했을 것이다. 목욕탕 때밀이도 하고 구두닦이도 하고 막노동도 하고 공장에도 다니고 시내버스 차장도 하고 가정부로도 일하고 식당과 술집에서도 일했을 것이다. 그리고 오직 돈을 벌어야 한다는 일념으로 악착같이 살았을 것이다. 그러니 우선 처음 만난 사람들을 사귀기 위해서 본심보다 친절하게 대했을 것이고 나중에 이해 관계가 엇갈릴 때에는 우선 나의 이익부터 매정하게 챙기지 않을 수 없었을 것이다.

다시 말해서 나는 전라도 사람들이 배신을 잘한다, 뒤끝이 좋지 않다는 말이 나오게 된 사회경제적 근원이 있을 것이라고 본다. 신영복 선생님의 말씀이 아니라도 사람은 꼭 같다. 그런데 왜 전라도 사람들에 대해 그토록 좋지 않은 편견이 만들어져 오늘도 대대로 세습되고 있는 것일까? 그것은 다름 아닌 전라도 사람들이 전국의 대도시들에서 특히 서울에서 사회의 가장 밑바닥을 차지하고, 또 그들이 그러한 사회적 지위에 만족하고 체념한 것이 아니라 그로부터 빠져나오기 위해 몸부림을 쳐왔다는 사실에서 출발한 것이라는 것이 나의 가설이다.

호남 차별주의, 근본적으로 그것은 일종의 계급적 편견이다. 처음에는 계급적 편견으로 출발했으나 이제 거의 인종적 편견에 가까운 모습을 띠게 되었다. 자기보다 낮은 사회경제적 지위에 있는 사람들에 대해 "더럽다, 교활하다, 질투심이 강하다, 의리가 없다, 겉 다르고 속 다르다, 속마음을 알 수 없다"는 따위의 편견을 가지는 것은 당연하다. 실제로 유리한 사회경제적 지위를 가진 사람들의 눈으로 보면 원래 그런 것이다.

영남 사람들이 호남 사람들에 대한 적대감, 혐오감은 실제로 대단하다. 자식을 호남 사람과 결혼시키지 않는 것은 물론이다. 전라도 사람에게 배신당한 이야기, 군대 가서 호남 출신 고참에게 모질게 당했다는 이야기 같은 것들은 중년층의 술자리에서 예사로 나오는 안주거리다. 물론 나는 그런 이야기를 들을 때마다 아마도 그 사람이 호남 출신 고참에게 호되게 당할 짓을 했을 것이라고 생각했다. 호남 사람이라고 무시했거나 은연중에 따돌렸거나 무언가 고참에게 죄를 지었을 것이다.

유시민은 그의 책, 『97 대선 게임의 법칙』(돌베개, 1997)에서 지역감정의 근원에 대해 잘 분석해 놓았다. 우선 그는 지역감정이라는 말부터 정확하지 않다고 한다.

언론이나 정치권에서는 보통 지역감정이라는 용어를 쓰는데, 나는 이것이 비교적 완곡한 표현이지만 문제의 본질을 흐리는 모호한 표현이라고 본다. … 우리나라에서 지금 문제가 되고 있는 것은 일반적인 지역감정이 아니라 다른 지역 사람들이 모두 전라도 사람을 싫어한다는 사실이다. 그리고 이것은 단순한 감정의 수준을 넘어 일종의 편집증 단계에 이른 질병이기도 하다. 그래서 나는 지역감정이라는 말 대신 전라도 혐오증이라는 단어를 써야 제대로 이야기할 수 있다고 본다. … 전라도 사람들이 업신여김을 받는 이유를 찾으려고 차령 이남은 지세가 배역의 기운이 있으니 이곳 사람을 중용하지 말라고 한 고려 태조 왕건의 훈요십조까지 거슬러 올라갈 필요는 전혀 없다. 전라도 혐오증의 원인은 딱 하나, 전라도 사람들이 가난하다는 것이다. 돈 없고 빽 없고 배운 것 없이 객지에 가서 그 사회의 맨 밑바닥 일을 하는 사람들은, 그들이 특정 지역 출신이든 특정한 인종집단이든 멸시를 받게 되어 있다. … 지금은 어떤지 모르겠지만 70년대와 80년대의 우리나라 텔레비전 연속극에는 목욕탕 때밀이, 작부, 깡패, 도둑놈, 식모, 사기꾼, 노가다, 노점상 등은 거의 예외 없이 전라도 사투리를 썼다. 시나리오 작가와 프로듀서가 전라도 사람을 미워해서가 아니라 실제 사회가 그랬기 때문이다. 만약 이런 직업을 가진 등장인물들이 주로 투박한 경상도 사투리를 썼다면 그 드라마는 리얼리티가 없다는 핀잔을 들을 수밖에 없을 것이며, 높으신 분들께서 호통을 쳐서 당장 바로 잡았을 것이다. 대한민국 사람 셋 가운데 하나가 사는 수도권에서 이런 밑바닥 직업을 거의 다 전라도 사람들이 하는데, 그들이 멸시를 받지 않는다면 오히려 이상한 일이라 해야 할 것이다. … 나는 전라도 사람들의 상대적 빈곤이 박정희 시대에 진행된 지역적 불균등 발전의 결과라고 본다. 아시다시피 80년대까지 대한민국의 공장이라는 공장은 거의 모두 수도권과 경남·북에 몰려 있었다. 따라서 경기도와 경남·북의 시골 사람들은 농사만 지어서도 먹고살 수가 없는 경우에도 그렇게 멀리까지 갈 필요가 없었다. 가까운 지역 공장에서 일하다가 유사시에는 언제든 고향집에 갈 수 있었고, 서울까지 가는 것은 확실한 일자리가 있는 경우뿐이다(118~128쪽).

나는 유시민의 진단에 전적으로 동의한다. 상대적 빈곤을 해결하고 그래서 전라도 사람을 혐오하고 멸시하는 마음만 없앤다면, 그래서 문제가 그야말로 지역감정 수준으로 완화된다면 굳이 차별이라고 말할 필요가 없을 것이다. 그래서 호남 사람들에 대한 다른 지역 사람들의 편견과 혐오감을 없애려고 한다면, 무엇보다도 지역간의 경제적 격차를 해소하고 출신 지역간의 사회경제적 불평등을 해소해야 한다. 그러면 호남 사람들을 멸시하고 낮추어 보고 편견을 가지고 보는 습관이 없어질 것이다.

호남의 입지 조건에 맞는 경제 개발이 이루어져서 지역간의 경제적 격차가 해소되어야 한다. 사회 각 분야에서 출신 지역간의 불평등이 해소되어야 한다. 그런 점에서 본다면 솔직하게 말해서 나는 김대중 정권이 고위 공직에 호남 사람들을 더 많이 기용해야 한다고 생각했다. 흔히 김대중 정권이 호남 사람들을 고위 공직에 너무 많이 기용하여 인사 정책이 지역적으로 편중되었다고 비난하는데 나는 훨씬 더 편중되어야 했다고 본다. 단기간에 지역 차별을 해소하려면 훨씬 더 편중되어야 했다.

97년 대선의 결과는
정말 다행이었다

그런 맥락에서 97년 대선의 결과는 참으로 다행이었다. 나는 김대중 씨가 대통령이 되었기 때문에 구제금융 사태를 더 빨리 더 잘 해결했다고 믿지는 않는다. 이회창 씨가 대통령이 되었더라면 우리나라가 구제금융 사태를 결코 해결하지 못했을 것이라고 생각하지 않는다. 그러나 만약 이회창이 당선되었다면 영호남의 불평등과 호남 사람들의 한을 어떻게 해결할 것인가? 그래서 나는 이렇게 생각한다. 김대중의 아들과 인척들이 아무리 부정을 저질러도, 김대중의 정책이 실패했더라도 그래도 역시 97년 대선은 정말 다행이었다. 그것은 다른 문제다. 김대중 정권의 실패, 그것은 이미 예정되었던 것이며 각오해야 했던 일이다. 나는 다만 김대중의 집권으로 사회 각계각층에서 호남 차별이 얼마나 완화되고 호남 차별의식이 얼마나 희석되었는지, 호남 사람들이 지금까지 받았던 불이익이 얼마나 감소되었는지 그것만이 궁금하다. 김대중 씨와 김영삼 씨는 다른 많은 차이에도 불구하고 기본 노선이 같기 때문에 국정 운영의 결과가 크게 다를 것이라고 기대하지 않았다.

그런데 문제는 보통 경상도 사람들이 이렇게 생각하지 않는 것이다. 오랜 세월 가해자였던 그들이 상대의 입장에서, 오랜 세월 피해자로 살아온 호남인들의 입장에서 생각해주지 않는다는 데 있다. 그들은 지금 5년을 참지 못하고 "전라도 놈들에게 다 빼앗기고 있다!"며 엄살을 떨어대고 아우성이다. "관에서 하는 큰 공사는 모두 전라도 건설회사가 다 하고 있다, 고위 공직은 모두 전라도 놈들이 차지하고 있다." 이런 식이다.

부끄러운 이야기이지만 내 친구 중에는 어떤 방송국에 근무하다가 김대중 정권이 들어선 후에 호남 출신인 후배가 자기보다 먼저 승진하여 자기 상급자가 되었다고 더러워서 못해먹겠다고 사표를 쓰고 나와 버린 사람이 있다. 자세한 내막은 모르지만 나는 그 친구의 행동에 대해 여러 차례 비판했다. 우선 그는 방송국이라는 그 좋은 직장을 함부로 그만두어 버렸으니 나 같은 사람의 입장에서 볼 때는 세상살이를 두려워하지 않는 경솔한 행동이다. 그리고 내가 알기로 그는 1992년 대통령 선거에서는 언론사에 근무하는 사람답지 않게 공공연하게 "우리가 남이가!"를 외쳐댔으니 그 동안은 분명히 경상도 출신으로서 특권을 누려 왔을 것이다. 그러다가 이제 김대중 정권 들어서서 전라도 사람들이 설친다고 그 꼴 못 봐 주겠다고 사표를 내버리다니, 입장을 바꾸어 놓고 생각할 정신적 성숙이 없는 것이다.

"김대중 정부의 호남 싹쓸이 인사로 여러분의 후배, 아들들이 밀려나고 있다. 김대중 정부는 국가 주요직에서 경상도 사람들을 몰아내고 전라도 사람으로 싹쓸이하고 있다." 이것이 보통 경상도 사람들의 인식이다. 경상도 사람들의 이런 문제에 대한 비합리적인 사고방식은 내가 정말 싫어하는 것이다. 특히 여론을 주도하고 있는 지식층, 엘리트들도 그 모양이니 나는 그 탓을 우리나라 교육의 잘못으로 돌리고 싶다. 나는 도대체 초등학교 1학년부터 고등학교 졸업할 때까지 12년 간을 수학과 과학, 또는 국어, 영어 문법을 배운 사람이라면, 기본적인 사고력이 있는 사람이라면 그렇게 생각할 수 없다고 본다. 그런데 그런 과목은 가르치면서 기계적인 문제풀이만 반복 훈련시켰으니 기본적인 사고력, 합리적 판단력이 없는 것이다.

보수적인 경상도 사람들은 올해 대선에서 이미 누구를 찍을 것인지 정해두었다. 그들은 이번에는 무조건 이회창을 찍기로 마음먹고 있다. 아마 그들은 미친 척하기로 마음먹은 것 같다. 손사래를 치면서 "마, 말하지 마라!"라고 하면서 이유를 묻지 말라고, 따지지 말라고, 공연한 입씨름하지 말자고 한다. 이른바 '이인제 학습 효과'는 경상도 사람들로 하여금 다시는 그럴듯한 말이나 논리에 속지 않겠다고 단단히 마음먹도록 하고 있다.

수십 년 동안 고위 공직을 경상도 사람들이 월등히 많이 차지하면서 그에 따른 많은 특권을 누려왔으니 그로 인한 불이익을 한꺼번에 만회하기 위해서는 호남 사람들이 모조리 고위공직을 다 차지하고 그로 인한 직·간접적인 이익을 많이 챙겨야 한다고 나는 생각한다. 경남 지방의 커다란 아파트 공사, 관에서 발주하는 토목 건설 공사들을 모조리 호남 기업들이 독식하고 있다는 말이 나돌고 있을 때, 나는 그런 소문이 사실이기를 바랬다. 그것이 정의(正義) 아닌가? 순수하게 지역 차별 그 자체만을 놓고 본다면 그렇지 아니한가? 막말로 한 십 년은 호남 사람이 더 해먹어야 한다. 그래야 지역적 불평등이 확실하게 해소될 것이다. 그러나 아무도 이런 방법을 내놓고 주장할 수는 없다. 내놓고 주장은 못하더라도 그렇게 되기를 나는 진심으로 바란다.

차별받는 호남 사람들과 김대중은 별개다. 김대중은 호남 사람들의 한과 억울함을 풀어줄 사람으로 인정되어 지지를 받았지만 거꾸로 그러한 절대적 지지를 이용했다. 김대중은 지역감정의 피해자이기도 하지만 수혜자이기도 했다. 김영삼이나 김대중이나 마찬가지지만, 87

년 대선의 패배에 대한 책임을 지고 물러났어야 했다. 88년 봄, 그들이 물러났다고 해서 우리나라의 정치가 발전하지 못할 것도 없었다. 그런데 그들은 특정 지역의 열광적 지지에 힘입어 되살아났다. 만약 그들이 특정 지역에서 확고한 지지 기반을 가지고 있지 않았다면 그 엄청난 퇴진 압력을 견디지 못했을 것이다.

김대중을 비판하는 것과 호남 사람들을 비판하는 것은 다르다. 호남 사람들이 아무리 김대중을 맹목적으로 지지한다고 하더라도 그것은 마찬가지다. 김대중은 김대중 나름대로 호남이라는 지지 기반을 이용해왔다. 궁지에 몰렸을 때는 정치적 고향인 광주로 내려간다. 나쁜 짓을 하거나 떳떳하지 못한 일을 해도 호남 사람들은 다 눈감아준다는 것을 그는 알고 있다. 우리는 김대중에게 엄격할 수 없고 비판적일 수 없는 호남 사람들의 심정을 이해한다. 그러나 그러한 호남 사람들의 마음을 이용하는 김대중을 항상 용서할 수는 없다.

그렇다고 하더라도 97년 대선의 결과는 다행이다. 이미 이 나라의 민주주의 혁명은 엉망이 된 뒤지만, 뒤늦게라도 호남인들의 한이 풀리고 호남인의 피해의식이 다소라도 완화되고 상처받은 자존심이 되살아났다면 그것으로 대만족이다. 공직 사회에서 호남 사람의 비율이 높아지고 호남 차별이 완화되었다면, 권력을 이용했든 아니면 다른 어떤 방법으로든지 호남 사람들이 5년 동안 더 잘 살게 되었다면, 호남 사람들 중에 일부라도 그런 사람들이 있다면 그나마 다행이다.

물론 호남 차별이 김대중 정권 5년 만에 다 해소되지는 않았을 것이다. 영남 사람들이 엄살을 떨듯이 전라도 놈들이 다 해먹었다고 하더라도 5년 동안에 얼마나 해먹었겠는가? 30년을 해먹은 것에 비하면 아무 것도 아니다. 그렇다고 하더라도 얼마간이라도 해먹어서 불평등이 다소라도 해결되었으면 그처럼 다행이 없다. 그리고 행여 지역 차별이 어느 정도 참을 만큼 해소되었다면 이제는 정말 근본적인 해결의 길을 찾아가자는 것이 나의 주장이다. 그것은 계급과 이념의 동지들끼리 전국적으로 모든 지역 사람들이 뭉치는 것이다. 그러한 동지들 사이에 무슨 지역감정이 있겠는가? 계급으로 뭉치고 이념으로 뭉친 사람들끼리 무슨 지역감정이 있겠는가? 계급과 이념이라는 현대적 동질감으로 뭉친 집단의식이야말로 학연, 지연, 혈연으로 뭉친 전근대적 집단의식을 극복할 수 있다.

강준만은 김대중 대통령 당선 직후 쓴 어떤 글에서 호남 사람들이 김대중 대통령 덕을 볼 생각을 하지 말라고 했지만 그야말로 도덕군자 같은 소리다. 나는 차라리 "호남인들이여, 국가기관에서 국영기업체에서 군대에서 요직을 다 차지하고, 권력을 이용하여 해먹을 수 있는 만큼 다 해먹어라!"고 말하고 싶었다. 결코 비아냥거리는 소리가 아니다. 왜냐하면 어차피 김대중의 집권으로 우리가 기대할 수 있는 것은 그것이기 때문이다. 그리고 그것도 역사의 발전이기 때문이다. 지역 차별을 해소해야 한다. 영남 사람들이 해먹는 것보다는 호남 사람들이 해먹는 것이 분명히 낫다. 아니 그것은 진보다. 국민 전체적으로 볼 때 평등 지수를 크게 높인다.

호남 사람들이 요직을 다 차지하는 것이 왜 문제인가? 그것이 정의인데, 지금까지 차별받고 소외되었던 호남 사람들이 모처럼 기 펴고 살아보자고 하는데 무엇이 문제인가? 호남 사람들이 지금까지 30년을 김대중을 지지해온 이유가 무엇인가? 그러나 우리는 공공연하게 그렇게 주장하지는 못한다. 근본적으로는 그것이 옳지 않은 방법이기 때문이다. 가장 떳떳하고 옳은 방법, 가장 근원적인 해결책은 바로 계급적 불평등을 해소함으로써 영호남 사람들 간에도 불평등이 완화되도록 하는 것이다. 물론 그것은 우리나라의 산업 구조를 바꾸고 경제 발전의 방향을 바꾸는 과정에서 지역적 불균등 발전을 해소할 수 있는 방향으로 나아가는 노력과 함께 이루어져야 할 것이다. 두 가지 노력이 병행되면 지역적 불평등이 해소되고 호남인에 대한 멸시나 차별이 계속될 수는 없을 것이다.

만약 정치가 다람쥐 쳇바퀴 같은 지역간의 대결이라는 악순환에서 벗어나서 보혁 대결로 나아간다면, 정치적 갈등이 계급과 이념에 따라 이루어질 것이기 때문에 사회경제적 불평등이 완전히 해결되기 전에 이미 사람들의 의식이 지역주의에서 크게 벗어날 수 있을 것이다. 그래서 노동운동과 진보정치의 활성화는 지역적 단결을 깨트리고 지역주의를 극복할 수 있는 최선의 방법이다. 진보정당이 현실적 정치 세력이 되면 보수정당들도 변하고 발전하지 않을 수 없을 것이다. 그런 가운데 보수정당들도 정책적 차이에 의한 두 개의 보수정당으로 재편될 것이다.

영남에서 민주당이 뿌리내리는 것이 가능한가? 호남에서 한나라당이 뿌리내리는 것이 가능한가? 불가능하다. 반면에 영남에서 진보정당이 뿌리내리는 것은 가능한가? 호남에서 진보정당이 뿌리내리는 것은 가능한가? 가능하다. 일반적인 인식과는 달리 진보정당이야말로 지역감정이 가장 강한 영남과 호남에서 뿌리를 내릴 가능성이 오히려 그 지역을 사실상 일당 독재로 지배하고 있는 보수 정당 외의 다른 보수 정당들보다 큰 것이 오늘의 현실이다.

한나라당과 민주노동당 중에서 어느 당이 광주에서 발전 가능성이 높은가? 이미 광주에서 제2당은 한나라당이 아니라 민주노동당이다. 경남에서 민주당과 민주노동당 중에서 어느 당이 발전 가능성이 높은가? 민주당보다는 민주노동당이 발전 가능성이 높다. 서울에만 있어서는 절대로 이런 현실을 이해할 수 없다. 겉으로 보면 영남에서 민주당도 어느 정도의 지지도가 있는 것으로 보인다. 그러나 그것은 막대한 물량으로 인위적으로 유지되는 것이며 일부는 이주한 호남 사람들에 의해 보충되는 지지도이다. 그러니 비슷한 지지도라도 진보정당의 지지도와는 질을 달리하는 것이다. 그것은 발전할 수 없는, 오랫동안 발전하지 않았던, 이미 한계가 분명한 지지도이다. 반면에 영남에서 민주노동당은 하나의 새로운 가능성으로 급속히 등장하고 있다. 마찬 가지로 호남에서도 진보정당은 새로운 길로 제시되고 있다.

지금 보통의 영남사람들에게 이제는 상대적으로 진보적인 정책을 가진 민주당을 찍자고, 보통의 호남 사람들에게 이제는 상대적으로 보수적인 정책을 가진 한나라당을 찍자고 설득하는 것이 가능한가? 그보다는 아예 새롭게 진보정당을 만들자고, 아니면 보수정당을 만들자고 설득하는 것이 가능한가? 나는 후자가 쉽다고 느끼고 있다. 왜냐 하면 지금까지도 정책적 차이라는 것이 주장되기는 했지만 정략적으로 내거는 명분이었을 뿐 실제로는 누가 집권하든 마찬가지였기 때문이다. 그리고 새삼 정책적 차이를 부각시킨다고 하더라도 보수정당들끼리는 대단한 차이가 없기 때문이다.

보통 사람들 중에서도 지역 대결의 다람쥐 쳇바퀴에서 벗어나고 싶어하는 사람들은 많다. 그런데 문제는 어디에 있는가? 설득당하고 싶은 보통 사람들에게 있는 것이 아니라 설득해야 할 정치인에게 있으며 정당에게 있다. 무언가 분명한 탈출구를 제시해야 한다. 말하자면 새로운 문제를 던져야 한다. 그것은 진보정당이다.

모든 지지는 비판적 지지다

"모든 지지는 비판적 지지다." 그렇지 아니한가? 독립적 사고력을 가진 인간이 다른 사람이나 사람들의 집단을 지지할 때는 아무런 불만도 없이 맹목적으로 지지하는 것이 아니다. 사람은 누구나 자기 나름의 사고방식과 판단 근거를 가지고 있기 때문에 일정한 비판을 하면서 그럼에도 불구하고 지지하는 것이다. 그래서 만약 그 지지 대상의 말과 행동이 참을 만한 한계를 넘어서거나 더 나은 지지 대상이 나타난 경우에는 지지를 철회할 수도 있다. 그래서 모든 지지는 비판적 지지다. 그렇기 때문에 지지는 맹종과 다른 것이다.

그런데 한동안 부산, 경남 사람들의 김영삼 지지나 광주, 전남 사람들의 김대중 지지는 지지가 아니라 맹종이었다. 특히 호남인들의 김대중 지지가 맹목적이기는 더 심했다. 예를 들면 1987년 당시 4자 필승론은 미친 소리였다. 그러나 광주에서 4자 필승론을 비판하는 목소리는 없었다. 아니, 있었지만 그렇게 비판한 사람들은 철저히 따돌림당했다. 어떤 의미에서는 4자 필승론을 비판한 사람들이야말로 건강한 지지자, 진정한 지지자인데도 그들을 모두 안기부 첩자로까지 몰고 갔던 것이 김대중을 맹종하는 자들이었다.

5·18 최후의 수배자로 당시에 미국에서 망명 생활을 하고 있던 윤한봉은 12년의 망명 생활을 하고 돌아와서 쓴 책, 『운동화와 똥가방』(한마당, 1996)에서 이런 이야기를 하고 있다.

> 나는 미국 현지에서 미국의 CIA 요원들이 대거 조국으로 들어가 DJ 와 YS의 분열 조장, 분열 유지 공작을 하고 있다는 소식과, 심지어 미국의 군 정보기관 최고위급 책임자까지 조국으로 들어가 공작을

하고 있다는 소식을 접했다. 또 조국으로부터는 운동권의 분열 심화, 지역감정 격화, 후보단일화 불가능 등의 절망적인 소식을 들었다. 나는 마지막으로 광주 운동권에 실낱같은 기대를 걸고 전화를 걸어 호소하기 시작했다.

"후보단일화를 위한 최후의 열쇠는 광주 운동권에 있다. DJ에게 강력한 압력을 넣어 사퇴하게 하라."

그러나 대답은 한결 같았다.

"여러 면에서 YS보다 DJ가 더 낫다. 여기서 그런 짓 했다가는 몰매 맞아 죽는다"(186~187쪽).

윤한봉은 대세가 흘러가는 것을 보고 가만히 있어야 했다. 그러나 그는 그렇게 하지 않았기 때문에 미국에서마저 김대중을 맹종하는 사람들에 의해 때로는 북한의 앞잡이로 때로는 안기부의 첩자로 모함을 당하고 지금 광주로 돌아와서도 왕따를 당하고 있다.

그토록 고집스럽고 독선적이며 그토록 확신에 찼던 4자 필승론자 가운데 아무도 1987년 12월 대선이 끝난 후 그들의 말에 책임지는 사람이 없었다. 대선 전의 분위기로는 몇 사람은 할복자살을 해야 마땅할 것 같은데 아무도 그렇게 하지 않았다. 그러면서 엉뚱하게도 컴퓨터 부정을 들먹거리며 책임을 회피했다. 다시 윤한봉의 이야기를 들어보자.

개표가 끝나자마자 유럽의 모 운동가로부터 전화가 왔다.

"서울에서 국제사회에 컴퓨터 부정선거를 폭로해 달라는 부탁을 해왔다."

나는 정말로 분통이 터지고 말았다.

"비열한 놈들! 컴퓨터가 개표하고 컴퓨터가 검표하나? 컴퓨터만

계산할 줄 알고 사람은 계산을 못하나? 개표 종사원들, 참관인들, 지구 당이나 중앙당 직원들은 덧셈, 뺄셈도 못하고 각 후보 득표 숫자도 파악 못하는 머저리들인가? 나쁜 놈들! 분열해서 져놓고 애먼 컴퓨터 평계를 대다니 ….”

87년은 그렇게 저물어 갔다. 내가 운동에 참여한 이후 가장 큰 절망 감을 맛보게 해준 87년은 그렇게 가버렸다(같은 책, 188쪽).

이런 상식과 기본적인 판단력을 상실해버린 모습을 보고서 우리는 맹종이 얼마나 무서운 것인가를 실감했다. 같은 책에서 윤한봉은 호지 라는 가명의 후배에게 보내는 편지 형식으로 답답한 심정을 토로했는 데 거기에 이런 구절이 있다.

맹목적 지지, 무조건적 지지는 지지가 아니라 맹종이네. 지지는 주체 성이 있는 사람들이 하는 것이라네. 주체적인 사람들이 어떻게 맹목 적, 무조건적인 지지를 할 수 있겠는가?(342쪽).

만약 1987년 대선에서 윤한봉이 말하는 미 CIA의 공작을 물리치고 호남 사람들이 4자 필승론을 비판하면서 김대중을 압박하여 평민당을 만들지 못하도록 했다면 어떻게 되었을까? 이번에 노무현을 지지한 것과 같이 김영삼을 지지했다면 어떻게 되었을까? 그렇게 해서 당시에 김대중이 지지하는 김영삼이 대통령이 되었다면, 또는 민주연립정부 가 세워졌다면 민정당은 거의 붕괴했을 것이다. 그들은 김영삼계 또는 김대중계, 또는 김종필계로 뿔뿔이 흩어져 흡수되어 갔을 것이다. 그 랬다면 국가보안법, 노동법 개정 같은 것들은 상당히 이루어졌을 것이 다. 철저한 민주화가 이루어졌을 것이다.

윤한봉은 같은 책에서 호지라는 가명의 그 후배에게 타지역인들이 호남인들에게 이렇게 말하면 어떻게 응답할 것인가를 묻고 있다.

당신들은 반성할 줄 모르는 독선적인 사람들이다. 87년 대선 때 DJ가 신민당을 분열시키고 대선 후보로 나서는 바람에 정권 교체도 못하고 극복해야 할 지역감정은 도리어 심화되었다. 당신들의 지도자인 DJ는 뒤늦게나마 생각이 짧아서 그랬다며 과오를 인정했다. 그러나 그 때 열광적으로 DJ를 지지했던 당신들은 조금도 과오를 인정하지 않았다. 그렇게 반성을 안 했기 때문에 95년 후반기에 DJ가 터무니없이 민주당을 분열시켰을 때도 당신들은 그러한 분열에 대해 또다시 무조건 지지해 버렸고, 4·11 총선 패배 이후에도 그러한 자신들의 지지 행위에 대해 반성을 하지 않고 있는 것이다.

당신들은 원칙도 일관성도 없다. 당신들은 민주화를 외치면서도 DJ가 그렇게 비민주적으로 당을 운영해도 침묵했고, 선거 때마다 그렇게 말 많은 공천을 해도 이의 없이 지지해 주었고 또 국민회의의 강령을 민주당의 그것보다 더 보수화시켰어도 변함 없이 지지해 주었다.

당신들은 학살 정권 타도, 전·노 일당 처단을 외쳐왔으면서도 DJ가 5공 청산에 합의해 주어도, 노태우의 공약이었던 중간평가의 유보에 동의해 주어도 침묵해 버렸고 … 또 당신들은 JP를 그렇게 비난해 왔으면서도 DJ와 JP가 가까워진 듯싶자 JP에 대한 일체의 비난을 중단해 버렸고, 그렇게 5·18 진상 규명과 학살자 처단을 외쳐 왔으면서도 DJ가 학살 원흉인 노태우와 야합하여 20억 원을 비밀리에 받았다는 사실이 드러났어도 침묵해 버렸다 ….

당신들은 반성할 줄도 모르고 원칙도 일관성도 없고, 민주주의를 내세우며 정권에 대한 비판은 가차없이 하면서도 건강한 내부 비판은 할 줄 모른다. 당신들의 확고한 원칙과 일관성은 DJ에 대한 무조건적이고 맹목적이고 절대적인 지지이고 당신들의 자세는 배타적이고 독선적이고 이중적일 뿐만 아니라 편협하고 옹졸하다.

　당신들은 그동안 DJ와 그의 당이 과오를 되풀이해온 이유가 당신들이 해야 할 건강한 비판과 견제는 않고 해서는 안 될 맹목적 지지만을 했기 때문이라고 생각하지는 않는가? 당신들 중의 일부 인사들이 하는 DJ와 그의 당에 대한 건강한 비판마저 배신행위, 이적 행위라도 되는 것처럼 비난, 공격해버렸기 때문이라고 생각하지 않는가?" (344~346쪽).

　이렇게 혹독하게 윤한봉은 호남인들의 DJ에 대한 지지가 아닌 맹종을 비판하고 추궁한다. 그 자신이 호남 사람이기 때문에 할 수 있는 심한 말을 하고 있다. 그리고 아마도 그의 심한 말들이 직접 겨누고 있는 것은 광주의 일반 시민이라기보다는 자신이 속해 있는 집단, 지식인 사회와 운동권일 것이다. 이런 비판은 좀 덜 하기는 하겠지만 우리나라의 다른 지역 사람들에게도 해당될 것이다. 그리고 누군가를, 어떤 정당인가를 지지하는 우리들 모두에게 해당될 것이다. 실로 민주주의는 윤한봉이 말하는 건강한 내부 비판 없이 이루어질 수 없다. 그리고 윤한봉의 말대로 비판 없는 지지가 없다면 비판적 지지라는 말은 애초부터 말장난이었던 것이다.

　이 문제와 관련하여 이제야 우리는 반가운 소식을 듣는다. 『한겨레21』(412호, 2002년 6월 13일)는 「광주는 오히려 자유를 얻었다」는 제목으로 지난 5월 23일 처음으로 안티민주당 시위가 벌어진 광주의 분위기를 전하고 있다. 이제 광주에서도 민주당에 대한 맹목적인 지지가 아닌 비판적인 지지가 가능해지고 있다는 소식이다.

광주에 머문 2박3일 동안 곳곳에서 민주당과 김대중 대통령을 향한 원색적인 비난이 쏟아졌다. 막말들도 튀어나왔다. … "김대중 대통령은 다를 것이라는 믿음이 아들 비리로 무너진 뒤 시민들은 허탈과 분노로 공황 상태에 빠졌다. 그런데 이 지역 단체장 공천 과정에서 금품 수수 의혹이 확인되자 시민들은 민주당 쪽에 분노를 폭발시키고 있다." 전남대 오수성 교수는 "그동안 몇몇 시민단체 인사들 사이에 호남에서 민주당 일당 독재를 깨야 한다는 생각이 있었지만 쉽게 말을 꺼낼 수 없었다"며 "이제 시민들까지 민주당 거부 쪽으로 움직이기 시작했다"고 진단했다. 최근 광주·전남 지역 74개 시민사회단체가 '부패정치인 양산 민주당 규탄과 시·도민 주권 회복 선언 대회'를 시작으로 잇따라 안티민주당 시위를 조직하고, 광주·전남 자치연대에서 무소속 시민후보를 대거 출마시킨 것은 이런 변화의 반영이라는 것이다.

이 기사와 함께 오재일 광주·전남시민사회단체 연대회의 공동대표의 인터뷰가 소개되고 있다. 오재일은 이렇게 말하고 있다.

지금까지 시민들은 민주당을 믿었다. 그러나 단체장 후보 경선 과정을 보면서 시민들에게까지 반민주당 정서가 확산됐다. 오늘날 광주·전남의 난맥상은 지난 20년간 능력 없는 인사들이 민주당 간판을 달고 광주시와 시 의회, 국회의원을 독식한 때문이다. … 민주당 국회의원들은 시장 공천 과정에서 금품 수수의혹 등 온갖 파문을 일으켰다. 시민저항에 밀려 교체한 게 고작 쇄신 대상으로 지목된 동교동 구파 박광태 의원이다. …(사태가 이렇게 된 것은) 지난 20년 동안 민주당을 맹목적으로 지지해온 우리 자신의 업보다. 민주당 공천만 받으면 당선되니까 위에만 충성하고, 시민의 목소리는 받아들일 수 없는 상태가

됐다. 궁극적으로 시민들에게도 책임이 있다. 민주당에 대한 맹목적 지지가 또다시 호남을 망치고 고립화하는 상황이 온 것이다.

비판적 지지는
결선 투표가 없어서 생긴 일이다

"노무현이 대통령 되기를 바란다." 누구의 말인가? 민주노동당의 대표이자 대통령 후보인 권영길의 말이다. 같은 대통령 후보의 입장에서 이런 말을 해도 되는가? 안 된다. 그럼에도 권영길 대표가 이렇게 말한 이유가 무엇인가? 진보정당이 노무현의 한계를 이야기하고 노무현의 보수성을 비판하다 보니 흡사 이회창이 이기기를 바라는 것처럼 오해하는 사람들이 있기 때문이다. 진보정당은 강준만이 생각하듯이 김대중이나 노무현을 때려서 표가 온다고 생각하거나 불로소득을 얻을 수 있다고 생각하는 사람들로 가득 찬 집단이 아니다.

권영길 대표의 발언은 진보정당 내부에서 비판도 받았지만 외부로 나가서는 상식적인 이야기다. 대통령 선거 1차 투표에서 결선투표 진출에 실패한 프랑스 사회당이 (극우파인 국민전선의 대통령 후보) 르펜의 인종 차별주의를 배격하기 위해 "우리 당에는 당혹스럽지만 결선 투표에서 시라크 대통령에 대한 지지를 호소할 것"이라고 밝히고 있는 것과 같은 맥락이다. 그러나 우리나라 대통령 선거에는 결선 투표 제도가 없어서, 투표를 하는 사람도 후보도 결선 투표에서 해야 할 언행을 미리 하는 셈이다.

비판적 지지라는 말도 사실 결선 투표 제도가 없어서 생긴 말이다.

오랜 세월 비판적 지지에 시달려온 진보정당이 이제는 신(新)비판적 지지에 시달릴 참이다. 그러나 더 이상 그런 일이 있어서는 안 된다. 이제는 자기 이념과 자기의 정치철학에 따라 지지를 하는 그런 정치적 자유는 누려야 한다. 그래서 문제를 좀더 자세히 살펴보고 관련된 문제들도 분석해볼 필요가 있다.

노무현이 대통령이 되는 것, 그것은 좋은 일이다. 그러나 그것으로 충분하지 않다. 그가 그토록 강조하는 신민주대연합이란 무엇인가? 양김의 분열 이전의 상황, 한민당을 원류로 하는 한국의 보수정당의 맥을 되살리겠다는 것이고 그러한 방법을 통해서 영호남간의 갈등과 분열을 극복하겠다는 것이다. 물론 이러한 일들은 충분히 생각해볼 수 있는 좋은 일이다. 그러나 바로 그러한 신민주대연합의 구상이야말로 보수적이다. 아니 어느 정도는 반동적이기까지 하다. 그래서 우리는 비록 현실적인 세력에서는 아직 비교할 바 아니겠지만 그가 신민주대연합이라고 부르는 보수대연합, 그리고 그에 대항하는 극우대연합(우리나라에서는 주로 이것을 보수대연합이라고 부른다)을 상대로 하는 진보대연합을 구상해야 할 때라고 생각한다.

노무현이 대통령 후보가 되고 대통령이 되는 그것으로 충분하지도 않고 역사가 끝나는 것도 아니다. 아니 오히려 역사는 그 때부터 시작된다. 지금이야말로 진보정당은 자기의 정체성을 분명히 할 때다. 그리고 적극적으로 선전하고 조직할 때다. 그렇기 때문에 이른바 신비판적 지지를 하고 있을 시간적 여유가 우리에게는 없다.

비판적 지지라는 언어는 한국에만 있는지 모르지만 비슷한 현상이 한국에만 있는 것은 아니다. 결선 투표가 없는 경우에 차선을 선택하는 전략적 투표라는 것이 어디서나 있을 수 있다. 노무현에 대한 비판적 지지의 분위기가 민주노동당 내에도 얼마나 스며들었는지는 모르지만 안팎에서 모두들 걱정하여 마침내 인터넷에는 이런 글도 올라왔다.

신진용이라는 사람이 「노무현에게 투표하려는 민노당 여러분께」라는 글을 『우리모두』에 실었다. 『우리모두』는 『조선일보』를 반대하는 네티즌들의 모임이요, 안티조선일보 사이트다. 그리고 대부분의 회원이 노무현 지지자로 알려져 있고 일부 민주노동당 지지자들도 있다.

노무현 비판적 지지(?) 입장을 가지신 분들께 아래 글을 한 번 읽어보시길 권유하고 싶군요. 쇼생크 탈출로 알려진 영화배우 팀 로빈스가 민주당원들의 비판을 무릅쓰고 왜 녹색당을 지지하려는지 잘 나와 있네요.

팀 로빈스는 민주당원들에게 많은 비판과 비난을 받았었군요. 녹색당 당수 랄프 네이더를 찍으면 공화당 조지 부시가 된다는 말, 우리랑 똑같죠? 민노당을 찍으면 이회창이 된다는. 그리고 미국은 실제 공화당이 집권하게 되었죠.

저도 고민했었습니다. 민주노동당원이면서 노무현에게 호감을 가진 동시에 한나라당 같은 극우적인 정권이 집권하는 걸 막아야 하겠기에 말입니다. 하지만, 제가 개인적으로 내린 결론은 김규항 씨 말마따나 '자기 이념에 맞게 투표'하는 겁니다.

조지 부시가 당선된 게 랄프 네이더의 책임이 될 수 없듯이, 만약 이회창이 집권한다면 그것은 민노당의 책임이 될 수 없습니다. 그건 강자의 견해겠지요. 진보정당을 소신껏 찍는 것은 역사를 길게 보느냐 짧게 보느냐에 따라 다르게 해석될 수 있는 문제인 것 같습니다(역사를 길게 보는 게 옳다는 가치판단을 내리려는 건 아닙니다).

자기 이념에 맞게 투표하는 것도 '진보'가 아닐까 하는 생각이 듭니다. '나 자신의 정치이념에 의한 투표행위'라는 실존적 물음은 '전략적 투표, 전략적 진보'라는 테제를 도덕적으로 상대적인 것으로 보이게 끔 하는군요.

전, 그냥 민주노동당 찍을 겁니다.

이렇게 써놓고는 『더 네이션 *The Nation*』의 2001년 8월 6일자에 실린 팀 로빈스(Tim Robbins)의 연설, 「내가 투표한 이유 What I Voted For」를 신기섭의 번역으로 옮겨놓고 있다. 영화배우 팀 로빈스는 로스 앤젤레스에서 풀뿌리 조직을 지원하는 리버티 힐 재단(Liberty Hill Foundation)에게서, 정치 참여적 영화와 운동에 대한 헌신을 인정받아 업톤 싱클레어 상을 받고 연례 저녁모임에서 연설했다.

한 달 전 뉴욕의 한 극장에서 흥분한 부부가 나에게 다가왔습니다. 그리고는 "이제 기쁘시겠군요!"라고 말하더군요. 그들이 뭐라고 답할지 의아스러워하면서 "뭐 때문에요?"라고 말했죠. "당신의 네이더가 부시를 우리에게 안겨줬잖아요!" 내가 랄프 네이더를 지지한 것이 마치 배반이요, 모독이요, 헌법을 희롱한 것과 같은 일이라고 생각하는 성난 자유주의자들의 공격을 받은 것이 물론 처음은 아닙니다. 선거를 앞두고 나와 수전은 『뉴욕타임스』의 의견란에서 공격을 받았죠. 네이더 지지를 포기하라는 내용의 협박성 팩시밀리를 유력한 여성 운동가에게서 받기도 했습니다. 선거 일주일 전에는 할리우드의 유력한 브로커의 전화도 받았어요. 그는 네이더에게 전화해서 사퇴하도록 하라고 종용했습니다. 사퇴하면 자신이 녹색당에 10만 달러를 기부하겠다고도 하더군요. 나는 우리가 전화한다고 흔들릴 사람이 아니라고 말해줬죠. 또 이건 개인적 영향력이나 거래를 위한 정치활동이 아니라고 했죠. 녹색당은 그런 기부금을 받지도 않을 거라고 덧붙였습니다.

선거가 끝난 뒤엔, 네이더를 지지한 사람들은 가난한 이들을 걱정하지 않는 최악의 리무진 자유주의자(limousine liberals)라고 비난하는 유명한 배우의 글도 읽었습니다.

네이더를 지지하는 것은 쉽지 않았습니다. 동료나 사업 관계자들이 우리에게 분명히 전달한 메시지는 네이더 지지의 대가를 치를 것이라는 점이었습니다. 그럴까요? 전 몰라요. 선거 뒤에 앞에서 말한 할리우드의 거물이 공개적으로 우리 아이 하나에게 훈계를 했습니다. 또 알게 뭡니까, 엄청난 파티에 우리가 초대받지 못했는지.

그래서 어쩌자는 거죠? 방어적으로 투표를 하다가 어느 순간 모든 공화당원들은 악마의 화신이라고 깨달은 사람들의 이런 반응을 충분히 이해는 합니다. 제가 좋아하는 사람들이기도 하고요. 8년 전이라면 저도 똑같이 나를 설득했을 겁니다. 그러나 그 사이에 내가 생각을 바꾸도록 만든 수많은 일들이 있었습니다. 시애틀 시위 뒤에 친구들과 대화하고 나서, 또 워싱턴에 수전과 함께 갔다 온 뒤에, 국제통화기금과 세계은행에 반대하는 활동가들과 대화하면서, 5번 가의 갭 상점 앞에서 갭의 노동착취에 대한 전단을 뿌리던 열세 살짜리 어린이와 대화한 뒤로, 또 클린턴 집권기에 민주당이 꾸준히 우경화하는 것을 지켜보면서, 저는 깨닫게 됐습니다. 이번에는 전략적으로 투표하는 대신 양심에 따라 투표해야겠다고요.

오늘 진정 중요한 일이 벌어지고 있습니다. 새로운 운동이 대학에서, 유럽의 좌파 사이에서, 전 세계 인권 단체들 사이에서 서서히 자리 잡고 있습니다. 1999년 시애틀 시위, 2000년 워싱턴의 국제통화기금-세계은행 반대 시위, 또 기업들이 세계 경제정책과 환경정책을 결정하기 위해 모이는 곳이면 어디서든지 나타나는 시위는, 언론들이 묘사하는 것과 달리, 단지 일부 급진주의자와 무정부주의자들의 활동이 아닙니다. 이런 밀실의 결정이 지구의 미래를 위한 싸움의 최전방이라고 생각하는 학생, 환경보호운동가, 노조, 농민, 과학자, 기타 시민들의 광범한 연대가 태동하고 있습니다. 이 운동은 아직 초보단계지만, 18세기 노예제 폐지운동가들의 초창기 싸움처럼 도덕적으로 호소력 있는 것입니다. 또 1850년대 초반 노동 현장의 안전을 위해 싸운 노동운동가들의 활동만큼 중요한 것입니다. 또 기업들이 우리 환경을 광범하게 파괴하고 있음을 미국 대중에게 처음 경고한 과학자들처럼 거부할 수 없는 것입니다. 두 당 모두로부터 과도한 비난을 받고 있는 이 운동을 언론은 무시하고 비판했습니다. 이 운동 지지자들이 경찰 등 정부기구로부터 학대받고 체포되고 심지어 살해당하고 있는데도 말입니다. 그러나 그들의 강고함 때문에 우리는 결국 이 나라에서 노예제를 폐지하고, 최저임금제를 도입하고 사회보장을 갖추고 실업보험을 도입하고 환경에 대한 책임과 작업장 안전을 도모하는 법을 만들 수 있었습니다.

이 모든 문제에서 진전이 있었지만, 지금 우리는 위험한 작업장과 노동착취 공장에서 이뤄지는 아동 노동과 노예노동이 재현되고 있음을 목격합니다. 또 미국에서 진보에 저항하던 때와 똑같은 기업 풍토 때문에 제3세계에서 부도덕한 환경 파괴가 나타나고 있음도 목격하고 있습니다. 이윤과 경제성장을 위해 우리의 기업들은 세계경제에 접근해서는, 이 모든 문제를 1850년 수준으로 돌려놓는 방법을 찾아낸 겁니다. 북미자유무역협정, 관세 및 무역에 관한 일반 협정, 세계무역기구가 부여한 자유무역과 보호조처 덕분에 가능해졌고 더 대담해져서, 우리는 외국에서 이런 문제를 키우고 있습니다. 우리 경제가 호황을 누리고 있는 때에 이런 생각을 포용하는 것은 불편한 일입니다. 우리의 공식 언론들이 이에 대해 쓰지 않고 있는 것 또한 명백합니다. 그러나 거리에서 사람들이 소리치고 있고, 이 시위대의 주장은 반박할 수 없는 도덕적 무게를 지니고 있습니다. 랄프 네이더는 이런 문제에 대해 논하고 이 새 운동을 자신의 것으로 감싸안을 수 있는 유일한 후보였습니다. 이 점이 수전과 내가 그에게 투표한 이유입니다.

연설이 길기 때문에 절반은 생략했다. 그러나 연설의 후반부에서 이런 대목은 생략할 수가 없다.

우리가 기존 세력인가요? 우리는 기존 현실입니까? 이상과 꿈을 지닌 이들을 냉소적으로 거부하고, 이상주의자들에게 이번 선거에서 당신들의 자리가 없다고 말하며, 전략적으로 투표하라고 주장하고, 우리의 꿈을 감당할 수 없다고 하며, 차악을 선택하라고 하는 현실 말입니다. 극장에서 제가 만난 부부, 의견란의 칼럼니스트, 할리우드의 거물, 유명한 배우는 4년마다 자신들의 후보를 위해 북을 쳐대고, 선거에서 지면 우리의 문명이 종말을 고할 것처럼 상대 후보를 헐뜯습니다.

결선투표제가 없으면 전략적 투표라는 문제가 나타나고 그로 인한 여러 가지 현상들이 나타날 수밖에 없다. 그리고 이상주의자들은 현실주의자들에게 냉소적으로 거부당하게 마련인 것이다.

2

노무현은 김대중의 후계자인가

 "노무현은 민주노동당의 후보로 적합한 사람이다"라고 민주당 경선 과정에서 이인제가 주장했다. 전혀 다른 맥락이지만 권영길 민주노동당 대표의 『말』(2002년 3월) 인터뷰 기사 제목은 「노무현 씨, 진보정당 함께 합시다!」로 되어 있다. 인터뷰 내용을 보면 꼭 같은 말은 없지만 비슷한 취지의 말은 했다. 두 사람의 발언 모두 같은 대통령 후보로서 무언가를 주장하기 위해서 던진 정치적 수사들이지만, 이런 말이 나올 만한 근거가 전혀 없지는 않다. 그만큼 노무현은 노동운동과 가까웠던 인물이고 진보적 성향을 가졌던 사람이다.

그래서 노무현의 정치적 본적지는 진보정당이라고 하는 이야기도 있다. 그러나 그 이야기는 구체적 근거를 가지고 있지는 않다. 물론 노무현은 원래 김영삼의 민주당으로 들어갈 때 언젠가는 진보정당으로 돌아온다는 말을 하고 들어갔다. 그것은 사실이었고 노무현의 당시의 마음은 그러했을 것이다. 그러나 그가 진보정당의 당원이었던 적은 한 번도 없다. 그는 당시의 민중의 당이나 한겨레민주당 그 후의 민중당을 선택하지 않았으며, 지금도 진보정당으로 돌아오지 않고 있는 것은 그가 일각의 우려와는 달리 충분히 현실주의자라는 것을 보여준다.

정치입문 초기에 노무현이 국민적 지지 기반이 있는 진보정당이 만들어지면 진보정당으로 돌아온다는 말을 한 것은 사실이다. 그런 말을 그는 당시에 공개적으로 했다. 『월간 조선』(1988년 12월)을 보자.

여기에 「일해청문회 스타 노무현」이라는 제목으로 박봉현 기자가 인터뷰 기사를 써놓았다. 박봉현 기자는 노무현에게 "진보적인 성향의 소유자로 알고 있습니다만"이라는 질문을 던진다. 그 질문에 대하여 노무현은 이렇게 답하고 있다.

본질적으로 저는 재야에서 운동할 때나 지금이나 우리 사회를 고쳐야겠다는 생각에는 변함이 없습니다. 민주화 운동으로 빚어지는 사회 갈등은 반드시 거쳐 가야 하며 또 극복돼야 하는 것이지 결코 회피하거나 외면해서는 안 됩니다.

이어서 그는 이런 말을 한다.

국민적 지지기반이 있는 진보정당이 출현하면 그 길을 택할 각오입니다.

또 "그러나 현재는 보수야당인 민주당에 소속돼 있지 않습니까?"라는 질문에 답하여 이렇게 말한다.

지금의 정치구도는 독재와 민주세력의 공방전으로 형성돼 있습니다. 우리는 독재의 긴 터널의 끝 부분에 와 있습니다. 그러므로 현실적으로 세력을 형성하고 있는 보수야당에서, 이 독재의 질곡에서 벗어나기 위한 공동 노력을 전개하는 것이 바람직하다는 생각입니다. 정치가 정상적인 궤도에 들어서게 되면 진보정당이 뿌리를 내릴 수 있는 겁니다.

이 말의 꼬리를 잡고 시비를 걸어보자. 언제쯤이면 정치가 정상적

인 궤도에 들어설 것이라고 생각하는가? 혹시 지금이야말로 그가 말한 정치가 정상적인 궤도에 들어서게 되고 진보정당이 뿌리를 내릴 수 있는 때가 아닌가? 그러나 그는 이미 그 말을 기억하고 있지는 않을 것이다. 만약 그가 이 말을 기억하고 있다면 그리고 그 말을 그대로 실천에 옮길 의지를 가지고 있다면, 올해야말로 그가 진보정당으로 돌아올 때인지도 모르지만 그의 마음속에 진보정당이 이미 사라졌으니 지금이 때인지 아닌지 논할 필요가 없다.

사실을 말하면 90년대 초에도 이미 노무현은 진보정당을 얼마든지 할 수 있었다. 왜냐하면 국민적 지지기반이 있는 진보정당이라는 것을 만들 수 있는 힘이 이미 그 당시 노무현에게는 있었다. 당시의 노무현은 지금의 노무현과도 다른, 매우 특이한 존재였고 당시의 그가 진보정당을 한다고 해도 아무도 이상하게 생각하지 않았을 것이다. 당시에 그는 누구와도 비교할 수 없는 특별한 존재였다. 그야말로 참신한 존재였고 정치인 중에서 인기가 단연 앞선 1위였다. 그 당시의 그 어떤 정치인, 김대중, 김영삼, 박찬종, 그 누구보다도 월등히 앞선, 압도적인 인기를 누리고 있을 때였다. 그 당시에 노무현이 진보정당을 만들기 위한 노력에 가담해주었다면 아마 장기표와 제정구와 이부영 등이 함께 하여 진보정당을 만들 수 있었을지도 모른다. 그러나 그는 그렇게 하지 않았다.

결국 그는 말로만 진보정당에 언젠가는 함께 할 것이라고 했던 것이다. 물론 그런 말이라도 해주는 것이 우리로서야 고마운 일이었다. 이해찬과 같은 사람들이 매정하게 한국에서는 진보정당 같은 것은 안 된다고 찬물을 끼얹는 말을 일삼는 것에 비한다면 얼마나 고마운가? 교육평론가 정은교는 이해찬의 생각을 다음과 같이 정리했는데, 정확하다.

한국 같은 분단국가에서는 진보정당 만들어 봤자 안 된다. 민주화 운동가들이 보수정당에 들어가 체질을 바꿔 바람직한 정당으로 만들어야 한다. 그 길뿐이다(『교육비평』 제2호, 91쪽).

노무현이 민주당 대선 예비경선을 앞두고 노동조합에 공을 들이고 있다고 민주노동당 기관지 『진보정치』(72호, 2002. 1. 18~1. 24)는 보도하고 있다. 정경섭 기자는 이렇게 쓰고 있다.

일반 국민들의 참여를 가능케 한 민주당의 대선 후보 경선 방식의 변화는 예비 후보자들의 운동 전략에 적지 않은 변화를 가져왔다. 변화 가운데 눈에 띄는 대목은 개혁적이거나 상대적으로 친노동자적으로 분류되는 후보들의 노동자 또는 노동조합에 대한 적극적인 접근이다. 특히 노무현 고문의 경우 한국노총을 중심으로 선거인단 확보에 많은 노력을 기울이고 있는 것으로 밝혀졌으며 민주노총 사업장에 대해서도 선거인단 확보를 위한 조직 사업을 진행하고 있는 것으로 나타났다. … 현재 노 고문 선거 캠프에는 노조를 조직할 노동 분과를 두고 단위 노조 위원장 출신 80여 명이 합류해 대공장 노조를 중심으로 활동하고 있는 것으로 알려졌다. 노 고문 진영의 노동 분과에서 활동하고 있는 한 관계자는 "국민참여 예비경선제가 도입되면서 노조 조직 활동이 활발"해졌으며 "울산, 창원, 부산 지역의 대단위 노조 밀집 지역에서 주로 활동을 하고 있고 단위 노조의 반응은 우호적"이라고 전했다. 그는 또 "노동 분과에서 활동하는 사람들은 민주노총 사업장보다는 주로 한국노총 사업장에 방문을 하고 있다"고 말했다. … 노 고문 진영의 관계자들은 민주노총의 경우 "'민주노동당 지지'라는 공식적인 정치 방침이 결정돼 있기 때문에 불필요한 마찰을 피하기 위해 조직화 작업에 신중을 기하고 있다"고 말했다. 이들은 노조 간부들과 만난 자리에서 주로 "정권이 이회창에게 가는 것은 막아야 되지 않겠느냐고 설득한다"고 밝혀 변형된 비판적 지지론이 노동자들에게 침투하고 있는 것으로 보인다.

그렇다면, 노동자들의 입장에서 노무현이란 존재는 무엇인가를 논하지 않을 수 없다. 그는 아직도 노동자의 대변자인가? 정치인으로 처음 출발하던 87, 88년의 노무현은 노동자의 대변자로 알려져 있었다.

다시 한번 『월간 조선』 1988년 12월호를 보자. 「일해 청문회 스타 노무현」이라는 기사에서 박봉현은 노무현을 노동자의 대변자라고 규정하고 있다. 그리고 그 규정을 입증하기 위해 여러 사람들의 말을 인용하고 있다. 예를 들면 노무현의 동업자인 문재인 변호사의 말을 인용하고 있다.

노무현 변호사는 노동자들과 늘상 가까이 있습니다. 노동자들의 각종 행사에 자주 참석해 그들을 격려해 줍니다. 노동자들은 대체로 정치인의 진실성에 의구심을 갖고 있지만 노 변호사의 언행은 신뢰합니다. 그만큼 노동자들의 아픔을 같이 나누기 때문이라고 생각합니다.

또 연합철강 품질관리기장 오시우 씨는 노무현을 "진정으로 노동자를 위해 일하고 희생할 수 있는 사람"이라고 힘주어 말했다.

과연 그러한 기대에 어긋나지 않게 노무현은 다음에 출마할 것인가를 묻는 질문에 대해서도 "출마 여부는 국회의원이 노동자의 권익을 위해 제대로 활동할 수 있는 직책인지에 대한 확신에 달려 있습니다"라고 답변하고 있으니, 그가 얼마나 노동자의 대변자로서 자기의 역할을 대해 사명감을 가지고 있었는지를 알 수 있다.

그러나 세월은 흐르고 그가 '정치인'으로, 국민 전체의 입장을 생각해야 하는 '국민적 지도자'로 발전한 만큼이나 '노동자의 대변자'로서 노무현은 희석되어 왔다. 드디어 지난 5월, 1,750명이라는 대규모 정리해고가 벌어진 대우자동차에서 구조조정과 해외매각의 불가피성을 역설하다가 대우자동차 노동자들에게서 '계란 세례'를 받은 일은 노무현이 더 이상 노동자의 대변자가 아니라는 상징적 사건이라 할 것이다.

이미 97년 현대자동차 정리해고 반대 투쟁에서 노무현이 중재자로 활약한 후 자신의 역할에 스스로 만족하여 "이제 누구든 노동운동이 근본적으로 바뀌었음을 인정해야 한다"고 주제넘게 선언하면서 노동자의 입장에 서지 않았다는 것을 보여주었다. 노동자의 대변자는 노동자의 입장에서 사물을 보는 철학이 있어야 한다. 물론 정치인은 단순하게 노동자나 자본가의 입장에서 사물을 바라볼 수는 없고, 국민의 입장에서 사물을 바라봐야 한다. 그러나 근본적으로 노동자의 입장에서 출발하여 국민의 입장으로 나아갈 수도 있고 자본가의 입장에서 출발하여 국민의 입장으로 나아갈 수도 있는 것이다.

어떤 대회사, 대공장이 불경기에 대처하는 방법이 '정리해고'라는 방법만 있는 것은 아니며, 그것은 미국식, 신자유주의적 방식의 대책이고, 노동시간 단축과 일자리 나누기라는 독일식, 사회민주주의적 대책도 있는 것이다. 바로 거기서 노동자의 관점과 자본가의 관점이 충돌한다. 그런데 노무현은 자본가의 관점을 택하고 있다고 봐야 할 것 같다. 그래서 우리는 노무현이 더 이상 노동자의 대변자이기를 포기했다고 생각한다. 다시 말해서 노무현은 신자유주의가 대세인 이 나라에서 국민적 지도자가 되기 위해 신자유주의자의 말석을 차지하게 된 것이다.

왜 김구를 존경하다가
링컨을 존경하기로 했는가

예전에는 김구를 존경하다가 지금은 링컨을 존경하게 되었다는 대목에서도 우리는 노무현의 자유주의자로의 발전을 본다. 소박한 민족주의자, 민주주의자에서 좀더 세련된 미국식 자유주의자로 발전하고 있는 것이다. 빌리 브란트나 주은래나 네루가 아니고 왜 하필 링컨인가? 그런 선택에 우선은 별다른 이유가 있지는 않다. 다만 우리나라 백성들이 링컨을 가장 잘 알고 있고 가장 훌륭한 줄로 알기 때문이다. 남한에 미국식 문물이 들어오고 미국의 가치관이 스며들어 와 있는 현실을 노무현은 인정하기로 마음먹은 것이다. 그것은 대중정치가로서 어쩔 수 없는 선택이라고 생각할 것이다. 그러나 그러면서 자신도 자유주의자가 되어가고 있다는 데 문제가 있다.

노무현은 최근에 『노무현이 만난 링컨』(학고재, 2001)이라는 책을 만들었다. '노무현 지음'이라고 되어 있지만 아마도 노무현 캠프에서 기획하여 만든 책이리라. 그 기획 의도는 노무현의 이미지를 링컨의 이미지와 겹치게 하려는 것이다. '겸손한 권력으로 강한 나라를 만든 정치인'이라는 부제가 그것을 말해준다. 그리고 아마도 노무현 자신이 직접 쓰거나 검토했음이 분명한 서문에서 솔직하게 그 의도를 밝히고 있다.

링컨이 새롭게 다가오기 시작한 것은 정치에 입문한 뒤였다. 기자를 비롯해 많은 사람들이 존경하는 인물이 누구냐고 물어왔다. 이 질문을 받을 때마다 나는 어떻게 대답할까 고민했다.

고민은 뭐 하러 하나? 그저 존경하는 사람을 말하면 되지. 아니다, 그는 정치인이기 때문에 존경하는 사람도 고민을 해야 한다. 이 정도는 이해를 해주어야 할 것이다

나의 답은 다른 이들도 흔히 꼽는 것처럼 김구(金九)선생이었다. 김구 선생은 생을 마칠 때까지 뜻을 굽히지 않고 지조를 지킨 지사였기 때문이다. 우리 한민족에게 벗어나기 힘든 운명처럼 다가온 분단에 끝까지 맞선 분이 김구 선생 아닌가? 누구나 존경하고 나 역시 그랬다.

매우 피상적인 이해다. 김구 역시 지사라기보다는 정치가였고 정

치가로서 패배했으며, 그가 다만 임시정부를 마지막까지 지킨 사실과 인생의 마지막에 분단을 막기 위해 목숨을 걸고 분투, 노력한 점이 그를 높이 평가하게 한다. 그러나 해방 직후의 중요한 시기의 활동은 이승만과 함께 반공노선을 걸으면서 좌우의 분열을 조장하고 이승만을 도와주었으니 크게 잘못을 저질렀다. 자신도 책임 없지 않은 상황, 그렇게 만드는 데 일조한 상황을 뒤늦게 바꾸어보려고 애를 썼으니 현명하다고 말할 수는 없다.

그러나 김구 선생을 생각할 때마다 '우리 근현대사에 존경할 만한 사람은 왜 패배자밖에 없는가?'라는 의문이 뇌리를 떠나지 않았다. 그는 왜 패배했는가? 역사에서 올바른 뜻을 가진 사람은 왜 패배하게 되는가? 이런 질문은 '우리 역사에서는 정의가 패배한다'는 역설적인 당위로 귀착되었고, 나는 그것을 도저히 인정할 수 없었다. 패배하는 정의의 역사.

나의 정치 역정 또한 그 굴레에서 벗어나지 못했다고 감히 생각한다. 정치 현실에서 나는 늘 쫓기는 입장이었다. 나의 결정이 올바른 선택이라는 이야기는 항상 들었지만 92년 총선에서도, 95년 부산시장 선거에서도, 96년과 2000년 총선에서도 계속 떨어졌다. 당에서도 힘없는 비주류였다.

네 번을 낙선한 노무현은 김구 같은 이미지로 굳어질 우려가 있었다. 그런데 계속 패배하다가 마지막에 승리한 사람이 있으니 그가 링컨이다. 노무현은 김구보다는 링컨처럼 되고 싶은 것이다. 링컨은 1846년에 연방 하원의원에 당선되었다. 그리고는 2년간의 임기를 마치고 나서 1860년 대통령에 당선될 때까지 11년 동안에 네 번이나 정치적

도전에 실패했다. 1849년 테일러 대통령에게 국토관리청장직을 달라고 했으나 거절당하고, 1855년 연방 상원의원에 낙선하고 1856년 공화당 부통령 후보 경선에서 낙선하고 1858년에는 연방 상원의원 선거에서 낙선했다.

패배를 거듭한 11년이라는 기간이 같다. 물론 노무현은 패배만 한 것은 아니다. 그동안 해양수산부 장관도 하고 98년 종로구 보궐선거에서 국회의원으로 당선되기도 했다. 어쨌거나 2002년에 극적으로 대통령에 당선되고 싶다는 희망을 링컨처럼 되고 싶다고 표현하는 것이다. 거기다 링컨은 미국의 남북대립을 극복하고 나라를 통합시켜 냈으니 '영호남의 대립 분열과 지역감정을 극복하는 노무현'이 링컨과 비슷하다고 주장하고 싶은 것이다. 또 링컨은 학벌이 없다. 노무현은 학력이 고졸이다. 그래서 링컨과 비교하여 비슷하다고 말하기 좋은 것이다. 그러나 참고로 말하면 한국의 정치인 중에서 링컨을 존경한다는 사람은 한둘이 아니다.

신자유주의란 무엇인가

신자유주의는 철저히 미국식 자본주의의 이데올로기다. 그리고 신자유주의는 김대중 정권이 도입한 것이 아니라 이미 김영삼 정권 시절에 도입된 것이다. 그리고 1997년의 IMF 사태는 신자유주의의 부족으로 인한 것이 아니라 그것의 과잉으로 인한 것이며, 신자유주의적 정책을 무분별하게 도입한 결과인 것이다. 다만 차이라면 김영삼은 신자유주의라는 경제 철학이 무엇인지를 몰랐을 것이고 김대중은 무엇인지를 알고 도입하고 있는 것이다.

  김대중의 경제 정책 브레인으로서 김대중 정권이 처음 출발할 때 한국개발연구원(KDI)원장을 맡았던 이진순 숭실대 교수는 미국으로 유학을 가기 전에는 드물게 보는 진지하고 깊이 있는 맑스주의자였다. 학생 시절에 그가 맑스주의자로, 아니면 최소한 좌파로 만든 사람들은 한둘이 아니다. 그런데 그는 미국으로 유학을 가서는 철저한, 진지한 자유주의자가 되어서 돌아왔다. 그는 우리가 흔히 보는 얼치기 자유주의자, 예사로운 자유주의자가 아니고 진짜 자유주의자다.

  그리고 그는 경실련을 통해서 사회 참여를 하다가 급기야 김대중 대통령 후보의 경제학 과외 교사가 되어 김대중을 철저한 신자유주의자로 만들었다. 1997년 대통령에 당선되던 시점의 김대중은 70년대 박현채가 대필해준 『대중경제론』을 들고 다니던 김대중이 아니라, 90년대 이진순의 '광신적' 신자유주의 경제철학을 온몸으로 받아들인 김대중이었던 것이다. 70년대의 김대중은 소박한 민족주의자였고 약간의 포퓰리즘적 요소를 가지고 있었다면, 90년대의 김대중은 훨씬 미국화되었고 세련된 자유주의자가 되어 있었다. 물론 이렇게 변화 발전하게 된 것은, 김대중 자신이 이미 80년대에 미국 생활을 여러 해 동안 하기도 했으니 이진순 교수의 과외 수업 덕분만은 아닐 것이다.

  김대중이 당선된 후 가장 먼저 만난 사람이 미국 월스트리트의 큰손 조지 소로스였다는 사실, 김대중 정권이 들어서자마자 IMF의 요구를 너무나 흔쾌히 받아들였다는, 아니 IMF보다 앞장서서 신자유주의적 정책들을 도입했다는 사실을 덮어두고, 노동자들의 김대중 정권에 대한 저항을 속 좁은 처사라고 비판해서는 안 된다. 당시에 공병호 같은 위인들이 총알받이로 나와서 설치고 다닌 것도 시대의 희극이다. 그리고 이제는 공병호도 "노동자의 아픔을 알게 되었다"고 한 발빼고, 조지 소로스 같은 사람도 '인간의 얼굴을 한 세계화'를 말하고 있다. 그런데 김대중 정권의 경제 정책은 흔들릴 줄 모른다.

찰머스 존슨(Chalmers Johnson)이라는 정치학자가 『로스앤젤레스 타임스 *Los Angeles Times*』라는 미국 신문에 「경제적 광신주의는 서울에 해롭다」(2002년 1월 27일)라는 제목으로 쓴 글을 보자. 이 글은 『한겨레』(2002년 1월 29일)에 요약 소개된 바도 있다.

가장 위험한 부류의 근본주의자들은 종교적 광신주의자들이 아니다. 오늘날은 경제적 근본주의자들, 최근의 미국 자유시장 세계화론자들과 낡은 레닌주의자들이야말로 진짜 광신주의자들이다. 아무 것도 심지어는 경제적 재앙마저도, 그들로부터 자신들의 교리가 절대적 진리라는 신념을 앗아가지는 못한다. 미국 재무부와 그 앞잡이들, IMF가 이런 부류에 속한다. 남한은 이러한 교조적 사고에 저항하지 못할 경우, 1997년에 겪었던 붕괴 일보 직전의 경험을 되풀이하게 될 위험에 처해 있다. 몇 년 전 남한뿐만 아니라 멕시코, 인도네시아, 타이, 브라질, 러시아, 아르헨티나를 휩쓴 금융위기라는 재앙은 모두 이들 나라가 워싱턴 컨센서스를 충실하게 따르자 발생했다. 미국 재무부와 IMF가 제시하는 영미형 경제 모델은 외국 자본에 경제를 개방하고 임금과 사회안전망, 일반 시민에 대한 서비스를 감축할 것을 요구한다.

현재 남한 경제는 내수와 대중국 수출에 기반하여 세계 어느 나라보다 더 나은 성장을 기록하고 있다. 그러나 워싱턴 컨센선스에 눈먼 서울의 일부 시장 분석가들은 한국 기업들이 기업지배구조 측면에서 미국식 기준에 더욱 더 가까워지길 바란다. IMF의 전 총재 미셸 깡드쉬는 1997년 남한 경제 위기가 부분적으로는 정실 자본주의, 혹은 패거리 자본주의(crony capitalism)에서 비롯된 것이라고 비난했다. 이 때 정실 자본주의라는 말은 국민 경제의 성장을 달성하고 높은 고용 수준을 유지하기 위해 정부, 은행, 대기업이 서로 긴밀하게 협력하는 동아시아 경제모델을 의미하는 것이었다.

그러나 기업지배구조의 미국식 기준이라는 것은 정확히 무엇인가? 엔론사 붕괴를 앞두고 있는 저 미국 제7대 기업의 최근의 부도는 영미형 대안의 진실에 대해 우리에게 말해주는 바가 있다. 엔론사는 조지 부시, 미국 상원의원의 4분의 3, 하원의원의 거의 절반 이상에게 정치 자금을 제공했다. 이 때문에 4,000명의 종업원들은 노후 연금을 날릴 판이다. 이 회사는 분식 회계를 위해 회계 법인과 공모했다는 혐의를 받고 있다.

미국의 사례는 정실 자본주의라기보다는 차라리 조직 범죄라고 불러야 할 것이다. 정실 자본주의의 치료법은, 외국인 투자자들의 이해를 특별히 보호해야 한다는 IMF 요구안이 아니라, 규제 법안을 효과적으로 강화하는 것(effective law enforcement)이다. 그러나 미국식 조직 범죄에는 알려진 치료법조차 없다. 이것이 말해주는 것은 미국이 경제적 헤게모니를 행사하던 시대는 이미 지나갔을지도 모른다는 사실이다.

모델은 중요하다. 하지만 남한은 자국의 독특한 문제들에 적합하게 고안된 경제 모델을 발전시킬 필요가 있다. 남한은 다음과 같은 조치들을 필요로 한다.

남한은 장기적으로 중국과 경쟁할 능력을 다져야 한다. 왜냐하면 중국은 어떤 상품이든 어떤 나라보다도 더 싸게 제조할 수 있기 때문이다. 남한은 단순히 하이테크 상품을 만들어야 할 뿐만 아니라 더 나아가 새로운 기술 기준을 창조하여 어떠한 기술 모방에도 버틸 수 있는 그런 상품들을 만들어내도록 기술을 혁신해야 한다. 또한 남한은 건축, 보건 교육, 기업 계획, 주거, 패션, 오락 등의 선진 서비스 영역에서 일가를 이루어야 한다.

남한이 직면한 가장 중요한 장기전략 상의 문제는 어떻게 중국 시장을 개척할 것인가 하는 것이다. 남한은 중국인들이 일본인은 싫어하고 질시하는 반면 남한 사람들은 그렇게 대하지 않는다는 점을 잘 활용할 수 있을 것이다.

1994년에 남한은 후견자인 미국의 잔소리 때문에 경제정책을 만들고 집행하는 주요한 기구인 경제기획원을 폐지해버렸다. 또한 남한은 금융제도에 대한 사실상의 거의 모든 통제를 약화시켰다. 그 결과는 바로 엄청난 경제적 재앙이었다. 지금 당장 수행해야 할 과제는 이러한 자해의 결과를 되돌리는 것이다. 남한은 경제 계획을 담당할 기구를 필요로 한다. 이 기구를 통해서 앞으로 도래할 어려운 시기, 세계적 불황의 시기에 대비해야 한다. 이런 기구는 물론 IMF의 경제적 광신주의자들을 쉽게 기쁘게 하지는 않을 것이다.

존슨의 이 글은 정실 자본주의의 어두운 면에 대해서 충분히 주의를 기울이지는 않고 있는 것 같고 그래서 '반동'의 혐의를 받을 수도 있겠다. 그러나 신자유주의의 문제는 충분히 묘사하고 있다. 정실 자본주의를 개혁하는 것이 곧 신자유주의로 나아가는 것은 아니다. 신자유주의적 대안이 유일한 것은 아니라는 점은 분명하게 이야기하고 있다.

김대중 정권의 성격을 신자유주의적이라고 규정하거나 김대중 대통령의 통치 철학을 신자유주의라고 규정하는 것은 너무 단순하거나 심하다는 느낌을 줄 수도 있다. 그래도 김대중 대통령은 젊은 시절 『대중경제론』이라는 책을 낸 적도 있고 노동자와 서민의 아픔을 잘 아는 정치인이라고 알려져 있지 않은가? 심지어 조갑제 같은 극우파

논객들은 김대중 정권의 정책들을 페론주의, 포퓰리즘이라 규정하고 김대중 정권의 복지 정책이 극빈층과 실업자들, 그리고 노동자들에게 대한 '퍼주기'라고 비판하고 있는 형편이 아닌가? 또 새천년민주당은 SI(사회주의인터내셔널) 회의에 옵서버로 참가하기도 하지 않는가?

그래서 한상진 같은 김대중 정권의 이론적 대변자라고 할 수 있는 학자들은 이른바 '생산적 복지국가론'을 내걸고서는 "우리는 복지를 부르짖어요. 어찌 우리가 신자유주의입니까?"라고 항의하기도 한다. 한상진은 김대중 정권의 노선을 '제3의 길'에 가까운 노선이라고 주장하고 싶어 할 것이다. 과연 그는 앤서니 기든스의 『제3의 길』을 번역하고 그의 정치철학을 지지하고 옹호한다. 그러나 그것은 그의 바램이고 환상이다. 우리는 김대중 정권에 '제3의 길'이라는 옷은 전혀 맞지 않음을 처음부터 알았다. 우선 좌우를 넘어선다는 것은 좌우가 이미 존재할 때 가능한 것이다. 그래서 『현대사상』(1999년 1호)의 기획 특집 「우리에게 제3의 길이란 무엇인가?」에서 정수복 크리스찬 아카데미 기획연구실장은 "좌파 정당도 없는데 제3의 길이라니 …" 하면서 무언가 어색한 이야기라고, 아니 피상적인 생각이라고 말한다. 과연 그 후에 드러난 김대중 정권의 정책들이란 토니 블레어보다는 대처의 정책에 훨씬 가깝다.

김대중 정권의 첫 KDI 원장을 맡아 김대중 정권의 경제 정책을 입안했던 이진순 교수는 경제학자로서 훨씬 솔직하게 김대중 정권의 사회경제정책이 근본적으로 신자유주의 철학에 기초함을 인정하고 있다. 그는 스스로 김대중 대통령의 경제학 과외 선생으로서 그를 신자유주의자로 만들었다고, 김대중 대통령을 신자유주의 경제 철학으로 무장시켰다고 자부하는 사람이다.

그래서 우리는 김대중 정권의 실세 중의 한 사람인 이해찬의 경우를 살펴볼 필요가 있다. 이해찬은 일찍이 젊은 시절 라이트 밀스 (Charles Wright Mills)라는 미국의 급진적 사회학자의 책(『사회학적 상상력』, 홍성사, 1978)을 번역한 적도 있고, 누구보다 진보적이라고 스스로 생각할 사람이며 김대중 정권의 실세들 중에서 가장 논리적인 이론가이기도 하기 때문이다. 더욱이 그는 교육부 장관 시절에 『한겨레』와의 인터뷰에서 "나 자신은 자유주의자이지 신자유주의자가 아니다"라고 말한 적도 있다. 물론 그가 말하는 자유주의자와 신자유주의자가 어떻게 다른지는 확실히는 모르지만, 확실한 것은 자유주의는 긍정적인 이미지로 신자유주의는 부정적인 이미지로 받아들여진다는 사실이다. 아마도 자유주의자라면 개인의 인권과 자유를 가장 중요한 가치로 생각하는 입장으로 받아들여지고, 신자유주의자라고 하면 효율과 경쟁력을 숭배하고 이를 위해서는 피도 눈물도 없는 철저한 자유 경쟁의 원리를 지지하는, 그리고 성과급과 무능한 자에 대한 가차없는 정리해고에 찬성한다는 의미로 받아들여진다고 생각했을 것이다. 그러니 나는 신자유의자가 아니다라고 발뺌을 하지 않았겠는가?

이해찬의 경우로 본 신자유주의

이해찬에 대해서는 『교육비평』 2호에 정은교가 「이해찬 — 자신이 신자유주의자가 아니라고 믿는 신자유주의자」라는 글을 써서 신랄한 비판을 하고 있다. 그는 이해찬이 교육부 장관으로서 시도했던 교육개혁의 본질이 바로 신자유주의라고 주장한다. 우선 이해찬 장관은 개혁을 말하면서도 오랜 동안 권력을 쥔 채 교육 개혁을 가로막고 전교조를 탄압해온 한국교총의 지도부와 교육 관료들을 물갈이하지 않았다고 비판한다. 그리고 이 교육 관료들이야말로 미국물을 먹고 온 해외 유학파 박사들인데 그들을 개혁주체로 내세웠으니 교육개혁이 잘 될 리 없었다는 것이다.

이해찬은 김대중 대통령이 가장 힘든 과제인 교육개혁의 총대를 맡겨 처음 교육부 장관으로 취임하자마자 불법과외 엄중 단속을 선언했다. 그러나 엄중 단속한다고 과외가 뿌리뽑히지 않는다는 것은 누구나 알 만한 일이었지만 그만이 몰랐던 것이다. 결국 얼마 안 가서 주먹구구 단속이 반발을 사 허둥댈 즈음, 이해찬의 딸도 불법과외를 받았다는 사실이 폭로되면서 언제 채찍을 휘둘렀냐는 듯 슬그머니 손을 놓고 말았다. 이 일은 이해찬이 자랑하던 도덕성에 깊은 상처가 난 사건이었지만 차라리 하나의 에피소드라고 해야 할 것이다.

촌지와 체벌을 근절하겠다고 촌지 고발 창구를 개설하고 학생이 선생을 112에 신고하게 하고 학교 사회의 활력을 되찾기 위해 교원의 정년을 단축했던 일들, 모두 많은 부작용을 낳고 실패로 돌아갔다. 그러나 정작 문제는 이해찬이 취임 8개월 만에 내놓은 '교육비전 2002 새학교문화 창조'라는 이름의 계획과 '제7차 교육과정'에 있었다.

'교육비전 2002 새학교문화 창조'에는 수행평가, 대입 무시험 전형, 성과급, 체험 학습 따위의 새로운 개념들이 도입되었다. 그러나 수행평가만 하더라도 한 사람의 교사가 가르치는 학생 수가 이렇게 많은 우리나라에서는 이루어지기 힘들뿐만 아니라, 일본식 입시제도와 일본식 교과서를 그대로 두고서 미국식 수행평가를 도입하여 제대로 이루어질 수 없다는 것이 교육 전문가들의 견해이다. 그러므로 교과서와 수업 일수와 학제 등 교육과정을 혁신하고 교육 예산을 크게 늘려서 과밀 학급 문제를 해결하고 난 후에 이런 것들이 도입되어야 한다는 것이다.

'제7차 교육과정'의 핵심 개념은 수준별 교육과정이다. 이 수준별 교육과정이 무엇을 말하는지는 한국교육개발원 교육과정 개정 연구 위원회 책임연구자 조난심이 그의 논문 「제7차 교육과정 개정에 따른 수준별 교육과정 편성 및 운영방안에 관한 연구」에서 밝히고 있다.

획일적인 수업 상황 속에서 학업 속도가 빠른 학생들에게는 지루함과 시간의 낭비를, 그리고 내용을 이해할 수 없는 학생이나 학습 속도가 느린 학생들에게는 좌절감과 무의미한 시간의 낭비를 초래해 왔고, 이러한 우리 수업 상황의 문제는 더 이상 방치할 수 없는 문제로 대두 되었다. 그리고 이러한 문제를 치유하기 위해서 학생들의 개인차에 부응하는 교육과정 운영을 위한 방안이 모색되어야 한다는 당위성에 는 누구든 공감해 왔다. 제7차 교육과정에서는 그 방안으로서 수준별 교육과정을 도입하게 된 것이다.

제7차 교육 과정 입안자들은 개인차를 인정하고 개인차에 부응하 는 수준별 교육 과정을 운영해야 한다는 데 몰두하여, 공교육이 국민 교육이며 보통의 민주시민을 길러내는 교육이라는 사실을 잊고 있다. 바로 각 개인이 자유롭게 경쟁하게 하자는 신자유주의적인 교육 철 학에 근거하여 시장의 원리를 학교 교육에 무리하게 도입하려고 하 는 시도는 많은 부작용을 낳고 있다. 수요자 중심 교육을 위하여 자립 형 사립학교도 인가하겠다는 발상은 영락없이 미국식 사고인 것이다. 『한겨레 21』(2000년 11월 2일) 기사를 보면 이런 비판에 대해 교육부 의 한 관리가 교육 개혁안에는 신자유주의적인 요소가 들어 있는 것 이 사실이지만, 약간 스며든 정도일 뿐이라고 부분적으로 시인했던 적도 있다.

진실을 말하자면 이해찬이 새삼스럽게 교육 개혁의 방향을 신자유주의적인 기조로 바꾼 것은 아니다. 다만 이해찬이 신자유주의적인 기조로 흘러가는 방향을 그대로 두거나 더욱 확실하게 그 길로 가도록 한 것이다. 그것은 흡사 김대중 대통령이 우리나라의 사회 경제 개혁의 전체적 방향을 새삼스럽게 신자유주의적인 기조로 잡았다기보다는 김영삼 대통령 시절부터 흘러오던 신자유주의적인 방향을 더욱 확실하고 더욱 분명하게 했던 것과 같다. 이에 대해 이해찬 본인은 교육부 장관으로 일하고 있던 시절 『신동아』(1998년 12월) 인터뷰에서 이렇게 말했다.

우리 당의 개혁안은 김영삼 정부의 것과 별로 다르지 않다. 그 때 계획만 잡아 놓은 것을 우리는 실행에 옮기려 한다. 어물어물하다가는 정치권에 어떤 변화가 생겨, 개혁안이 공염불이 될지 알 수 없어서 좀 서두르는 것이 사실이다. 새로 시작하는 것이니 염려스럽지만, 지금의 입시구조로는 안 되지 않느냐?

이런 철학의 빈곤이 그로 하여금 인간을 인적 자원으로 부르는 교육인적자원부 교육 관료들의 조령모개하는 신자유주의적인 교육 개혁안들을 따르게 했으며, 결과적으로 교사들을 더욱 힘들게 하고 사태를 악화시켰다고 할 것이다. 그래서 전국교직원노동조합이 펴낸 『학교운영위원회: 학교를 바꿉시다』(우리교육, 1996) 첫머리에 있는 다음과 같은 이야기들을 경청해야 한다. 『학교를 바꿉시다』 제1장 '학교운영위원회는 교육자치의 꽃'의 서두는 다음과 같다.

길을 두고 메로 가서는 안 된다. 수능시험의 난이도 조절 시비, 교원 정원의 단축 시비, 교원 성과급제 찬반 논란, 성급한 교실 증축 등은 모두 길을 두고 메로 가는 경우이다. 많은 교육적 욕구가 분출할 때마다 앞뒤 재보지도 않고 발표하는 교육 정책은 교육을 더욱 혼란스럽게 만들고 말았다. 기초도 파지 않고 빌딩 건축을 서두르는 경우와 같고, 길을 닦지도 않았는데 고속으로 달리는 자동차와도 같은 성급함과 철학 없이 갈팡질팡 방황하는 교육정책에서 이제 벗어나야 한다. 그 길이 바로 교육자치의 완전한 실현이다.

교육자치의 핵심은 바로 학교운영위원회이다. 이 꽃은 민주화라는 토양 속에서만 핀다는 것을 잊어서는 안 된다. '학교운영위원회 때문에 교장하기 힘들다'라고 생각한다면 시대를 제대로 읽지 못하고 있음이다. 교육 자치의 꽃이 활짝 피어나는 날 우리 교육의 모든 문제는 하나씩 그 해결의 실마리가 풀리게 될 것이다.

학교운영위원회는 지난 1995년 5·31 교육개혁안에서 찾아볼 수 있는 거의 유일한 성과라고 할 수도 있다. 1차 발표 때에 민주적 학교운영을 위해서 설치하기로 하고 95년 2학기부터 시범 실시, 96년에는 시 지역까지 확대했다. 학교운영위원회는 그 설치 목적이 학교 운영의 투명성과 민주성을 보장하고 학부모와 지역 사회의 참여를 통해 책임과 권한을 나누는 제도이다.

나는 여기서 물론 교육개혁에 대한 본격적 논란을 벌이자는 것은 아니다. 이항규가 『대학 없애야 나라가 산다』(한겨레신문사, 1995)라는 책을 쓰고 나자 김동훈은 『대학이 망해야 나라가 산다』(바다, 1999라)는 더 극단적인 제목으로 책을 썼다. 그만큼 우리나라 교육 문제는 심각하다. 도대체 붕어빵 인간들을 양산하는 것이 한국 교육이라는

말이다. 그리고 이런 교육이 계속되는 한 우리나라의 경제 발전, 사회
문화의 발전도 그 한계가 뻔하다는 것이다. 이런 인재들로 발전할 수
있는 한계에 이미 도달했다는 것이다. 아마 일본이 10년을 정체하고
있는 것도 일본식 교육, 우리나라 교육의 모델이라고 말할 수 있는
일본식의 교육 제도 때문일 것이다.

우리는 우리나라 교육의 문제는 대학 교육에 대한 가수요, 과잉
경쟁, 과잉 경쟁과 함께 하는 단순 주입, 암기, 반복 문제 풀이 연습
등으로 이루어지는 학습, 그로 인한 창의력이 없고 문제 해결 능력과
실질적 지식이 부족한 2류 인력의 공급으로 인한 기업과 연구소와
사회 모든 분야, 전사회적인 창조적 생산력의 한계라고 생각한다. 그
래서 우선 독일처럼 평생 임금이 대학 졸업자와 실업계 고등학교 또는
전문학교 졸업자가 동등한 그런 사회가 되어야 한다고 생각한다. 물론
하루아침에 그렇게 되지는 않겠지만 그런 방향으로 사회적 평등이
이루어지고 계급 계층간의 불평등이 해소되어 나간다면, 대학교육에
대한 가수요가 점차 사라지고 경쟁이 완화되고 우리나라 교육도 창의
력과 사고력을 계발하고 스스로 문제를 세우고 해결하는 능력을 가진
인재를 길러내는 그런 교육이 될 수 있을 것이다.

민주노동당은 유럽식, 노사모는 미국식?

<노무현을 사랑하는 사람들의 모임>은 민주당 경선이 시작되던 시
점에는 1만 명 가까운 네티즌으로 구성된 네트워크였다. 민주당 대선
후보 경선이 시작되고 난 이후에 회원이 폭발적으로 늘어서 이제 3만

명을 넘어서고 있다고 한다. 그 조직은 지금까지 어떤 정치조직과도 다르다. 차라리 연예인에 대한 팬클럽과 닮은 조직이다. 자발적으로 단시간 내에 형성되었으며 어떤 강제도 규율도 없지만 높은 동원력을 자랑한다. 무주에서 노사모가 처음 대규모 집회를 했을 때 수천 명이 모였다. 상당히 신세대적인 새로운 정치조직이고 능히 하나의 새로운 형태의 당이라고 해야 할 만한 단체이다. 노사모는 민주당 경선 과정에서 커다란 힘을 발휘하고 있다.

"이 괴물 같은 조직이 그들 경쟁 후보 진영의 사고 틀 내에서는 인식이 되지 않을 것이다. 기껏 민주산악회나 연청 같은 조직만 봐왔을 테니." 이 말은 어느 노사모 회원의 말이라고 한다. 이 말대로 노사모는 독특한 조직이다. 노사모는 원래 인터넷상의 동호회에 지나지 않았던 것이다.

노사모는 2000년 4·13 총선 때 노무현이 부산에서 낙선한 뒤, 노무현의 낙선을 애석해하며 그의 인터넷 홈페이지 게시판에 글을 올리던 네티즌들이 대전의 한 PC방에 모여 출범시켰다. 초기 회원은 6백여 명, 이 때만 해도 노사모의 활동은 회원간 친목도모를 제외하곤 온라인으로 제한됐다. 주로 게시판에 글을 올리며 노무현을 지지하는 여론을 조성했다. 그러나 민주당 경선이 시작되면서 상황이 달라졌다. 이들은 오프라인으로 행동반경을 확대했다.

노무현 후보의 홍보물을 만들고 민주당 국민참여경선의 선거인단 모집 운동을 벌였다. 민주당의 지역별 순회 경선 현장에는 2백~3백 명씩 모여 일사불란한 응원전을 펼친다. 모든 경비는 이들이 '십시일반 자력갱생'이라고 부르는, 매월 정기 회비와 '낮은 울타리'라는 수시 모금으로 충당한다. 정기회비는 월평균 5백만 원, 부정기 회비도 다달이 1백만 원 정도가 걷힌다고 한다.

대선 경선이 시작되고 이른바 노풍이 불고 나서 회원 수는 크게 늘어났다. 4월 9일 오후 3시 현재 노사모 회원은 2만8천6백79명, 3월 하순까지만 해도 1만5천 명 수준이었으나 하루 평균 1천 명씩 늘어나는 추세다. 노사모는 어쩌면 민주당 그 자체보다도 힘이 센지도 모른다. 선거인단 모집에서, 국민참여경선에서 발휘한 노사모의 힘은 대단했다.

연세대 사회학과 김현미 교수는 노사모에 대해 "시민들이 정치적 허무주의를 극복한 긍정적인 사례로 본다"고 말했다고 한다. 노사모는 확실히 새로운 정치 세력이다. 그것은 민주노동당만큼이나 한국 정치문화에 새로운 존재이다.

이인제 진영에서는 노사모에 한총련을 해서 감옥살이를 했던 사람이 한 사람 발견되었다고, 그것이 노사모에 이적단체인 한총련이 개입되어 있는 증거라고 주장했다. 그러나 문제를 이렇게 유치하게 봐서는 안 된다. 역사적으로 사회적으로 제대로 봐야 한다. 제대로 보면 한총련과 노사모는 분명히 관련이 있다. 관련이 있어도 매우 깊은 관련이 있다.

오늘날 한총련이라 하면 80년대 후반과 90년대의 학생운동을 주도한 주사파 학생운동을 일컬음이다. 당시에 학생운동을 한 사람들은 주로 엔엘(NL) 주사파요, 전대협이요, 한총련이다. 이른바 피디(PD)파는 10퍼센트도 되지 않았다. 90퍼센트가 엔엘(NL)이었다. 그들이 이른바 386세대들이다. 그런데 노사모의 주축은 386세대이니, 결국 노사모의 주축은 한때 전대협이나 한총련에 소속되었던 사람들이라고 할 수 있다.

물론 그렇다고 노사모가 주사파라든지 한총련이라든지 할 수는 없다. 그러나 좌절한 386세대들이 노사모의 주축을 이루고 있으며 그들이 과거 학생일 때 전대협, 한총련이었던 것은 분명하다. 그렇게 본다면 뿌리가 다른, 아마도 엔엘적 경향보다는 피디적 경향에 기울었던 노무현을 통해서 좌절감을 벗어나고 잃어버린 청춘을 보상받으려고 한다는 점이 아이러니라면 아이러니라고 할 수 있다. 『중앙일보』(2002년 4월 10일)에 송상훈 기자가 쓴 기사를 보자.

노사모 회원의 주축은 20~40대다. 다른 인터넷 커뮤니티에 비해 광범위한 연령층을 회원으로 확보하고 있다. 특히 386세대(30대, 1980년대 학번, 60년대 생)가 포함된 30대가 전체 회원의 절반(49%)에 육박한다. 20대 회원은 30%인데 이중 절반 이상이 대학(원)생이다.

노사모 대구 경북 대표인 김진향 씨는 노사모 회원 중 386세대는 학창 시절 지녔던 저항 정신이 허무, 패배주의로 바뀌었던 사람들이라며 노무현이라는 사람이 그들을 다시 일깨우는 동기가 된 것이라고 설명했다. 그는 노사모 회원들이 모여 아침이슬을 부르고 80년대 운동권 문화를 거부감 없이 받아들일 수 있는 바탕은 이런 회원 구성 때문이라고 덧붙였다.

연령층과 달리 직업 구성은 다양하다. 특히 화이트칼라로 불리는 사무직 회원이 많다. 전체 회원의 17%나 된다. 전문직이나 자영업자들의 비중도 낮지 않다. 중앙부처 서기관을 포함해 공무원이 3백86명이나 되고, 변호사 등 법조인 50여 명도 있다. 특히 자영업자가 2천1백54명으로 전체 회원의 9%를 넘어선 것이 이채롭다. 언론인도 1백79명에 달하고, 군인과 정치인도 수십 명 가입했다. 영화배우 권해효, 영화감독 이창동 씨도 노사모 회원이다.

노사모를 움직이는 사람은 운영일꾼들과 핵심 논객들이다. 정연승 노사모 사무처장은 "노사모는 인터넷상 조직이어서 상하 관계가 아니다"면서 운영일꾼들은 심부름하는 역할이라고 설명했다.

노사모의 핵심 인사로 꼽히는 사람은 대부분 386세대다. 대구 경북 지역 대표인 김진향(경북대 강사, 88학번), 부산 경남 지역 책임자인 이상호(85학번), 하마라는 아이디의 수도권 담당자, 여의도 중앙 사무실 상근자인 정연승 사무처장 등이 모두 386세대다.

　　노사모 회원들은 최고 집행위원회와 중앙 사무국 아래에 있는 전국 27개 지부 가운데 한 곳에 소속돼 있다. 그러면서 사이버 공간에서 토론하고, 중요 사안은 전자투표로 노사모의 공식 입장을 정하기도 한다.

　　노사모는 분명히 한국 정치에 새로운 세력으로 등장했다. 아마 민주당 경선에서 뿐만 아니라 본선에서도 큰 힘을 발휘할 것이다. 우선 자발적이고 수평적인 네트워크여서 개인주의적이고 자유주의적인 신세대의 취향에 맞다. 그것은 국민참여경선제라는 미국식 정치 방식이 도입되자마자 바로 그 힘을 보여주었다. 새로운 제도는 새로운 조직을 등장시킨 것이다. 『오마이뉴스』에 올린 글에서 정치학자 정상호는 이렇게 말했다고 한다.

　　과거의 선거 대중 조직인 나사본이나 민주산악회에 비교해볼 때 노사모는 동원 조직이 아닌 자원 조직이며, 하향식 외곽 조직이 아닌 상향식 시민 조직이고, 명망가 중심의 캠프가 아닌 다수 익명의 자발적 지원 조직이다. 온라인 방식을 통해 저렴한 비용이지만 대단히 효율적으로 자신의 지지 기반을 확대한 노사모의 실험은 한국의 선거사와 정당정치의 한 단계 진전을 가져왔다고 평가할 수 있다(강준만, 『노무현과 자존심』, 201쪽에서 재인용).

　　나는 정상호의 이런 진단에 동의한다. 동시에 한국 정치에 노사모라는 형태만이 새로운 것은 아니라는 점을 생각해주기 바란다. 민주노동당도 노사모만큼이나 새롭다. 차이라면 민주노동당은 유럽의 좌파 정당에 가깝고 노사모는 미국의 정당에 가깝다. 당원이라는 규정이 명확하지 않고 자유로이 가입 탈퇴할 수 있으며 조직의 규율이 엄하지 않은 미국식 정당이 노사모인 것이다.

국민참여경선제는
정치개혁을 얼마나 앞당겼나

민주당이 대통령 후보 경선에 국민참여경선제를 도입하여 아무도 상상하지 못한 커다란 성공을 거두었다. 극복할 아무런 대책이 없다고 하던 이회창 대세론을 일거에 날려버린 것이다. 경선 후엔 거꾸로 한나라당 쪽에서 노무현 대세론을 반전시킬 방법을 찾아 전전긍긍했다. 그것은 모두 국민참여경선제의 성공 덕이라고 할 수 있을 것이다.

정치에 무관심했던 무당파층의 다수가 국민참여경선제의 흥행 성공을 통해서 민주당 지지자, 노무현 지지자로 흡수되었다. 그래서 국민참여경선제는 우리나라 정당 정치사 최초의 실험이라고 하여 상당한 의미도 부여되고 있다. 결국에는 한나라당에서도 따라 하지 않을 수 없게 되었다. 심지어 민주노동당에서 마저 국민경선제를 근본적으로 거부하지 못하고 그 한계를 지적하며 비당원 일반 국민들이 더 많이 참여를 하는 '실질적인 국민경선제'를 하겠다고 나서는 정도이다.

그러나 국민참여경선제는 우리나라 정당의 한계를 넘어보려고 하는 시도지만 우리나라 사람들의 정치문화를 넘지 못하고 결국 조직 동원을 많이 할 수 있는 후보에게 유리하다. 그저 후보들이 가만히 있어서는 자발적으로 참여하는 사람들이 많지 않은 것이다. 그래서 유일하게 진정한 자발적 참여자들인 노사모가 괴력을 발휘할 수 있었다. 정치에 관한 한 욕만 할 줄 알지 자발적 참여라는 것을 해본 적이 없는 국민들이다. 오직 동원될 뿐이다. 그러니 조직을 가진 후보 진영에서 상당한 돈을 들여서 국민을 동원할 수밖에 없다. 그러니 만만치 않은 경선 자금이 들어가게 되는 것이다.

　　돈이 많이 들어간다는 것, 그것은 분명히 한계이고 나쁜 일이다.

첫 경선이 열린 제주도에서 100 대 1 이 넘는 경쟁률, 제주도민들의 참여 의욕이 그렇게 높았던가? 그것은 조직 동원의 혐의가 짙다. 박원순 참여연대 상임집행위원장은 <대선 감시 시민 옴부즈만>의 한 사람으로 민주당 대선 후보 경선이 처음 실시된 제주도에 가서 경험한 일을 『한겨레』(2002년 3월 12일)에 다음과 같이 쓰고 있다.

봄은 언제나 남쪽으로부터 온다. 따뜻한 제주에서부터 개나리 진달래 벚꽃이 피어나 북상하면서 마침내 한반도는 꽃대궐로 물든다. 한국 민주주의의 새로운 실험이라고 할 민주당의 경선을 참관하기 위해 제주도로 내려오는 비행기 속에서 나는 이 땅의 민주주의도 그렇게 꽃필 것으로 기대했다.

그러나 그런 기대는 무산되었다. 얼마 전 대선자금 감시를 목적으로 창립한 시민 옴부즈만의 일원으로 지난 8일 저녁 제주에 도착했다. 민주당 후보들은 모두 시민 옴부즈만에게 모든 회계 장부와 증빙 자료를 제공, 공개할 것과 10만 원 이상의 지출에 대해서는 정규 영수증을 첨부할 것 등 7개 항을 이미 서면으로 약속한 터였다. 이번에는 최초의 경선이 벌어지는 제주에서 국민 앞에 그 약속문에 서명하는 행사를 열기로 동의했다. 그 행사를 위해 우리 실무자들은 세트장까지 만들고 엄청난 준비를 해왔다. 그런데 막상 약속된 시간 저녁 9시에 7명의 후보는 아무도 그 현장에 나타나지 않았다. 아연실색이었다. 한 시간 전까지도 우리 쪽 실무자와 그 후보 쪽 실무자 사이에 행사에 대해 모두 상의하고 있었던 것이다. 그런데 갑자기 행사를 취소하게 만들다니 후보들의 양식이 의심스러웠다. 어떤 후보는 항의하는 우리에게 "어차피 지키지 못할 것"을 당당하게 말하고 있었다. 이미 대선의 초입에서부터 범법자임을 자인하고 있었다.

이튿날 제주 시내 한라체육관에서는 이 땅의 최초의 경선이 벌어졌다. 온갖 화려하고 아름다운 말들이 슬로건으로 걸렸다. 카메라를 든 시민 옴부즈만 쪽 자원봉사자 한 사람이 선거에 나타난 여러 선거인들과 참관인들을 인터뷰하고 돌아다녔다. 그 중에 한 학생이 2만 원을 받고 어느 후보에게 동원되어 나왔다는 실토를 했다. 또 어느 대학의 이름이 버젓이 걸린 버스 안에는 수십 명의 아주머니들이 타고 돌아가는 것이 찍혔다. 그리고 그 다음날 이 자원봉사자는 울산에서 역시 2만 원의 돈을 받고 동원된 선거운동원의 자백을 고스란히 동영상으로 담을 수 있었다. 겨우 1시간 비디오카메라 조작술만 익히고 온 이 자원봉사자에게 그렇게 후보들의 부정은 어수룩하게 잡혔다.

박원순 변호사가 속해 있는 <대선 감시 시민 옴부즈만>은 3월 11일 오전 11시에 안국동 느티나무 카페에서 기자 회견을 갖고, 제주 울산 지역에서 치러진 민주당 경선 과정에 일부 후보가 돈 살포 등 부정 선거를 벌인 사실이 드러났다고 밝혔다.

그 자리에서 송두현 변호사는 기자 회견문을 통해 민주당의 국민 참여경선제는 우리 정치 풍토와 정당 구조를 혁신적으로 바꾸어놓을 수 있는 전환점이 되리라 기대했는데 막상 제주와 울산 지역에서는 조직 동원과 돈 살포 등 구태의연한 과거 선거 풍토에서 한 치도 벗어나지 못했다고 개탄했다.

왜 이렇게 되는가? 만약 당원이 아닌 사람이 어느 당의 대통령 후보를 선출하는 권한, 선거권을 가지고자 한다면 오히려 돈을 내어야 마땅할 것이다. 그런데 돈을 받고 경선에 참여하다니 이상하지 않은가? 그러나 우리나라 국민들의 정치 생활의 표준 문화로는 돈을 내고 경선에 참여하라고 하면 거의가 하지 않을 것이다. 그러니 할 수 없이 돈을 주고 동원할 수밖에 없다. 그것이 억지로 이루어지는 국민 참여인 것이다.

신청자들 중에서 추첨을 하도록 되어 있고 확률적으로 많이 신청한 편에서 많은 선거인을 확보하게 되니 수단 방법을 가리지 않고 많은 사람들을 신청하도록 하는 것이다. 그리고 그 수단 방법 중에는 당연히 일정한 대가를 지불하는 방법이 들어가는 것이다.

그러나 우리가 만약 옳고 그름을 근본부터 따진다면 문제는 국민 참여경선제 자체에 있다. 도대체 어느 당의 대통령 후보를 선출하는 데 그 당의 당원이 아닌 사람이 선거권을 가질 수 있는가? 그래서 중앙선거관리위원회에서는 처음에 불법이라고 했던 모양인데 왜 그것을 허용하게 되었는가? 아마도 신청자들 중에서 추첨이 되면 그 사람은 선거를 하기 직전에 입당 원서를 쓰고서, 즉 다시 말해서 법률적으로는 당원이 되어서 투표권을 행사하는 것이다. 그것은 하나의 편법이며 어차피 우리나라 정당의 당원이라는 사람과 당원이 아닌 사람 사이에는 아무 차이가 없다는 현실을 인정한 위에서 허용해주는 편법인 것이다.

과연 새천년민주당의 국민경선 참여신청서를 보니 아래 부분에 조그만 글씨로 그 원서가 바로 입당 원서를 대신할 수도 있다고 적혀 있었다. 입당이라는 중대한 문제가 그렇게 쉽게 처리되는 것이다. 참으로 이상한 일이 아닌가? 그런데도 그것을 따지는 사람이 없다. 그것을 따지다가는 모처럼 참신하고 좋은 시도로 국민들의 환영을 받고 있는 국민경선제를 비방하는 엉뚱한 놈이 될 것이다.

결국 내 이야기는 국민참여경선제가 우리나라의 정치 풍토와 정당 구조를 혁신적으로 바꾸어 놓을 수 없다는 말이다. 그래서 내가 보기에 『한겨레』의 다음과 같은 주장은 근본적인 문제를 덮어둔 논의가 될 수도 있다. 『한겨레』는 2002년 2월 14일자에서 「선거법이 정치개혁의 발목」이라는 기사를 1면 머리기사로 싣고 있다. 기사의 일부를 보자.

민주당의 한 대선 예비주자 진영은 최근 지방에서 대선 후보 경선 승리를 위한 추대 모임을 열었다가 선관위로부터 고발당했다. 선관위가 적용한 혐의는 '당원' 아닌 '일반국민'들을 행사에 참여시켰다는 것과, 이들을 상대로 국민경선 참여신청서를 받았다는 것이었다.

하지만 이날 추대모임 현장에는 정치인들의 후원회장에서 흔히 보이는 떡과 과일 등 다과조차 마련하지 않았으며, 청중들에게 금품이나 음식을 제공하면서 동원한 흔적도 발견되지 않았다. 그런데도 선관위는 사전 선거운동 위반 조항을 적용해 고발했다.

이에 따라 선관위가 '눈 가리고 아웅'하는 식으로 선거법을 적용하는 게 아니냐는 비판이 나오고 있다. 즉 정당별로 수백만 명이 형식상 등록 당원이 있지만 당비를 내는 진성 당원은 전무하다시피 한 현실을 선관위도 뻔히 알면서 '당원 대상 행사냐 아니냐'는 형식논리에 매달리지 않았느냐는 것이다.

선관위가 이런 낡은 법 적용 자세를 고수할 경우 국민경선제를 도입한 각 정당의 후보 경선이 본격화하면서 선거법 위반 건수도 비약적으로 늘어날 것으로 보인다. 이에 따라 정치 현실에 맞게 선거법을 대폭 개정해야 한다는 여론이 고개를 들고 있다.

그러니까 진성 당원이 전무한 현실에 대해서는 그대로 인정하자는 말이 된다. 어쩔 수 없는 현실이니 그대로 두고서 정치개혁을 하자고 한다면, 그 정치개혁은 과연 어떤 개혁이 될 것인가? 그것은 바로 보수적 개혁, 자유주의적 개혁이며 진보적 개혁과는 명확히 다른 것이다. 당원이 있는 정당을 만들자는 것이 진보적 개혁이다.

아니나 다를까 민주당의 경선을 처음부터 감시해온 <대선 감시 시민 옴부즈만>의 김민영 참여연대 시민감시국장도 국민경선이 정치개혁과 정당의 현대화에 실질적으로 큰 변화를 가지고 오지 못했음을 인정하고 있다. 그는 『한겨레』(2002년 4월 23일)에 「경선 이후」라는 제목으로 다음과 같은 보고서를 쓰고 있다. 정직한 감시자로서 사실을 그대로 말하고 있다.

여야의 대통령 후보 경선 결과가 굳어지고 있는 양상이다. 정동영에게 열다섯 번만에 처음으로 1위를 안겨준 경기도의 이변에 대해서 큰 의미를 부여하는 사람은 많지 않을 것 같다. 더불어 한나라당의 경선에 대해서도 새로운 변수를 찾기 어려울 것이라는 점도 그다지 이견이 없을 것이다.

경선 현장의 열기는 급속하게 식어가고 있으며, 세간의 관심은 경선 그 후로 쏠려가고 있다. 영남의 광역단체장 선거에서 민주당이 발판을 마련할 수 있을까? 대선까지 아직 많은 시간이 남았는데 실제로 정계개편이 일어날 것인가? 사실상 후보로 굳어져가고 있는 여야의 대선 후보들이 낙마하는 새로운 변수는 발생하지 않을까?

세간의 관심이 지역을 순회하며 치르는 경선 자체보다 경선 이후로 쏠려가고 있다고는 하지만, 상당한 비용을 들여 마련한 경선 홍행을 통해 모처럼 형성된 시민들의 정치적 관심과 열의를 경선의 최종 승자, 그에 따른 지방 선거에 대한 영향, 정계개편 등으로만 쏠리게 하는 것은 곤란하다. 오히려 더 급하고 중요한 것은 최초로 시도된 경선이 가져다준 정치적 변화의 양상을 어떻게 정치개혁의 구조화로 결실을 맺을 것인가 하는 점이다.

국민참여경선은 공직 후보의 선출 권한을 당원 및 일반 국민에게 개방함으로써 결정적으로 정파의 우두머리가 제왕처럼 운영하던 정당은 더 이상 존재하기 어렵다는 결과를 낳았다. 바야흐로 3김식 정치가 종말을 고한 것이다.

2000년 총선 연대의 낙천낙선운동의 정신 역시 정당의 공천권 행사에서 총재의 입김을 배제하고 민의를 반영하여 각 정당이 적어도 부패 전력에 물들지 않은 정상적인 후보를 내놓으라는 것이었다면 경선의 실시와 함께 여야 정당이 약속한 상향식 공천, 대권과 당권의 분리, 정당 운영자금에 대한 투명성 보장 등의 개선 방안은 그 의미가 자못 크다 하겠다. 그렇다면 경선 과정에서 정당은 얼마나 변모하고 있을까? 결론부터 이야기하면 아쉽게도 그 가능성은 있으나 현실화하기까지는 갈 길이 멀다는 것이다.

경선 현장에서 목도하는 당원들의 모습은 우리 정치의 하부 구조가 변화에서 얼마나 지체되어 왔는가를 여실히 보여준다. '당비'를 내는 당원은 고사하고 자기 정당을 왜 지지하는지도 불분명하며, 심지어는 돈이 돌지 않으면 움직이지 않는 '당원'들이 여전히 상당수를 차지하고 있다.

여전히 선거 분위기를 만들어 내기 위해 일당을 주어 박수부대를 동원하고 있으며, 선거운동에 나선 사람들은 밥을 사고 돈을 주어야 표를 확보할 수 있다고 여기고 있는 것이 현실이다. '상층의 정치'가 새로운 제도를 내놓고 변화를 꾀하는 것처럼 보이나 '바닥의 정치'는 아직 변화하지 않았다.

정치개혁의 단초는 마련되었으나 그것을 현실화하기까지는 시차가 존재할 것이다. 노령화된 당원들과 돈이 있어야 선거를 치를 수 있다고 믿는 정치인들로 구성된 정당에서 희망의 정치를 기대하기는 어려울 것이다. 따라서 정당의 구조 개혁을 위한 노력은 이제부터 시작이다. 각 정당은 지역주의를 넘어서 정책적 이념적 정체성을 분명히 하고 이를 통해 지지자를 확보하는 '정상적인' 정당 운영의 질서를 만들어가야 한다.

이 과정에서 선거에 나온 정치인들의 환골탈태는 물론이고 '선거 때만 움직이는 정당의 하부구조'를 '당비 내는 당원,' '당의 이념과 정책에 동조해서 참여하는 당원'으로 재충원하기 위한 노력이 필요하다. 정당의 체질이 바뀌면 정치가 바뀔 수 있다는 것은 너무나 당연한 명제이기 때문이다.

우리나라의 정당에는 당원이 없다

우리나라 정치의 근본 문제는 진정한 의미의 정당, 근대적인 정당이 없다는 데 있다. 흔히 우리나라 정치의 문제들을 여러 가지로 말한다. 지역감정이 정치의 주요한 동인이 되고 있음을 개탄하기도 하고, 당내 민주주의가 이루어지지 않고 있다는 점을 비판하기도 하고, 구조적으로 정치 자금이 많이 들게 되어 있고 주로 그 많은 정치 자금을 재벌을 비롯한 기업에서 대면서 발생하는 여러 가지 문제, 즉 정경 유착과 부정부패의 고리를 지적하기도 한다. 또 돈이 많이 드는 선거, 신물나는 3김 정치, 국민들의 정치에 대한 냉소주의, 그것을 부추기는 지식인들의 행태를 비판하기도 한다. 나아가 정치인들을 도매금으로 비난하면서 권력에 접근하고 싶어 안달하는 우리나라 지식인들의 이중적 태도와 위선을 폭로하기도 한다. 그러나 그런 모든 문제의 근본 바탕에 우리나라 정치의 근본적인 문제가 자리하고 있다. 내가 지난해 민주노동당 정책이론지인 『이론과 실천』(2001년 11월)에 썼던 「비판적 지지는 없다」라는 글의 이 대목은 달리 풀어 쓸 수가 없다.

우리나라 정치의 가장 근원적인 문제는 '정당이 없다'는 점에 있다. 아니 '당원이 없다'는 점이다. 우리나라에는 진정한 의미의 당원이 없다. 당원이 없으니 정당이 없는 것이다. 중앙선거관리위원회 보고를 보면 1997년 당시 신한국당에서 2만2천7백93명의 당원이 당비를 냈다. 그리고 국민회의는 2천6백37 명의 당원이 당비를 냈다. 자민련은 4백 명이었다. 신한국당이 당비를 낸 사람 수가 좀 많지만 그들이 어떤 사람들인지, 그들 한 사람 한 사람이 어떤 실존적 이유에서 당비를 냈는지는 당시에 신한국당이 여당이었다는 사실을 알면 금방 알 수 있다. 당비를 낸다는 것은 당원의 가장 기본적인 의무다. 그런데 지구당 부위원장 명함이라도 하나 받아서 생업에 도움이 되거나 장차 시의원이라도 한번 해볼 생각이 없으면서 당비를 내는 평당원은 없다. 이런 사정은 지금도 전혀 달라지지 않았고 앞으로도 달라지지 않을 것이다. 그리고 이 현실 위에 우리나라 정치는 서 있다.

현재 당비를 내는 당원의 수는 민주노동당이 가장 많음이 분명하다. 당원의 수로 본다면 민주노동당이 우리나라 최대 정당이다. 아니 당원이 있는 정당은 민주노동당이 유일하다. 물론 그런 민주노동당도 역시 당원의 범위를 당비를 낼뿐만 아니라 당의 이념과 정책을 학습하고 선전하고 조직하는 사람으로 본다면 2만 명의 당원 가운데 5천 명 정도가 진정한 당원이고 1만5천 명은 후원회원이라고 해야 할 것이다. 그만큼 당원은 우리나라에서 희귀한 존재인 것이다. 매우 진보적이라고 알려진 대학 교수라도 정작 우리가 입당 원서를 들고 가면 온갖 핑계로 입당 원서를 써주지 않을 때 우리는 슬픔을 느끼면서 한국적 삶의 방식의 힘을 다시 한번 확인한다.

나 자신에 대해 이야기해서 미안하지만, 나는 사회주의자로서 나의 정체성을 확인한 후부터 나는 '당원'이었으며 '당인(黨人)'이었다. 당은 내 마음속에 항상 빛나는 별처럼 존재했다. 그리고 모든 사람들에게 우리 당을 이해시키고 모든 사람을 우리 편으로 끌어들이기 위해 노력해왔다. 그리고 그것은 당연한 일이라고 생각했다. 그러나 나의 '불행'은 내가 '당원'이라는 데 있었다는 사실을 이제 와서 깨달았다. 그리고 나의 조국과 동포들에 대해 화가 났다. 그래서 나는 『경남도민일보』(1999년 5월 18일)라는 지역 신문에 「그대 진정으로 정치개혁을 원하는가?」라는 제목으로 산문시(散文詩) 비슷한 글을 쓰기도 했다. 짧아서 한번 인용해보겠다.

그대, 혹시 우국지사인 척하려고 정치개혁을 부르짖고 있지는 않은가?

그렇지 않다면 그대는 왜 개혁신당이나 국민신당에, 아니 이 말은 그대가 혹시 자유주의자일 경우에 할 말이지만, 당원이 되지 않았던가? 그대는 왜 이인제 후보를 찍기만 하고 국민신당의 당원이 되지는 않았던가? 5백만 명의 그대들이여, 그대들 중에서 100분의 1이라도 국민신당의 당원이 되어주었더라면, 당원이 된 그대들이 한 달에 1만 원씩의 당비라도 내고 당 활동에 자발적으로 참여해주었더라면 이인제 씨가 몇 달도 버티지 못하고 그 찬란한 국민신당의 깃발을 포기했을까?

그대가 혹시 사회주의자라면, 아니 사회주의자까지는 아니라도 급진적 민주주의자이거나 급진적 민족주의자라면, 왜 민중의 당이나 한겨레민주당, 또는 민중당의 당원이 되지 않았던가? 감옥살이를 두려워하지 않았던 그대들이여, 왜 그토록 당원이 되기를 두려워하는가?

우리는 믿지 않는다. 진정으로 정치개혁을 원한다는 그대의 말을 믿을 수 없다. 우리는 그대가 그저 한번 농담을 했다고 받아들인다. 우리는 그대가 진정으로 정치개혁을 원한다면, 그토록 간절히 원한다면 여러 가지 말을 하기 전에 먼저 진보정당이든 보수정당이든 어느 당에나 그대의 세계관과 정치적 취향과 신조와 원하는 정책에 맞는 정당의 당원이 되어야 한다고 생각한다. 특히 정치개혁을 열망하는 국민, 바로 그대들을 믿고 정치개혁의 깃발을 들었던 신생 정당들에 참여했어야 했다.

그대들, 정치개혁의 온갖 방법을 논하는 그대들이여, 혹시 그대들은 대로를 피하기 위해서 다른 길을 찾고는 있지 않은가? 아니면 피할 수 없는 길을 피하기 위한 의논을 하고 있지는 않은가? 시민의 의무를 피할 궁리를 하고 있지는 않은가? 그대들이 공무원이라서, 언론인이라서, 교사이기 때문에, 노동조합의 간부라서, 온갖 핑계로 당원이 되기를 죽기로 회피할 때 이 땅에는 당원이 없는 이상한 정당들이 정권을 잡아 여당이 되거나 야당 행세를 하고 있다.

당원이 없는 이상한 정당에는 또 다른 국민이, 공직 선거에 출마하기를 원하는 사람들이 있다. 그리고 그들의 주위에는 그들의 동창생과 친척과 고향 사람들이 있다. 물론 그대는 그들 중의 한 사람이다. 아, 그럼에도 불구하고 그대는 순수한 마음으로 정치개혁을 열망하고 있다.

정치개혁을 진정으로 원하는 그대여, 먼저 당원이 되라!

사정이 이러하기 때문에 김대중이든 노무현이든 정치인 개인을 지지하는 그런 방법으로는 우리나라 정치를 개혁할 수 없다. 우리나라 정치를 개혁하기 위해서는 좀더 근본적인 방법이 필요하다. 다시 말해서 우리나라 사람들의 정치 생활의 방식, 정치문화를 바꾸어야 한다. 우리나라 사람들은 입만 열면 정치인이 다 도둑놈이라고 욕하지만 자기가 어떤 정당의 당원이 되어 당비도 내고 직접적인 대가를 바라지 않고 정당 활동이나 선거운동을 할 생각은 없다. 이런 정치문화를 그대로 두고서는 돈이 없으면, 검든 희든 돈을 만들지 않으면 정치를 할 수 없다. 왜 너는 기업에게서, 각종 이해당사자에게서 '검은 돈'을 받았느냐고 질타하는 여론에 대한 정치인들의 항변을 진지하게 들어 보았는가?

우리나라의 정치문화를 그대로 두고서는 이념 정당, 정책 정당이 나올 수가 없다. 오로지 연고의 그물망으로 얽힌 패거리가 나올 수밖에 없다. 그런 점에서 민주당도 전혀 예외가 아니다. 그리고 정책 정당, 이념 정당이 나오지 않고서는 지역감정이 우리나라 정치의 가장 큰 동력일 수밖에 없다. 강준만이 우리나라 정치의 개혁을 원한다면 어느 정당의 당원이 되든지, 아니면 요즘 민주노동당과 참여연대 등에서 벌이고 있는 1인2표 정당명부제 실현을 위한 운동(나는 소선거구제의 폐지와 대선거구제의 실시를 요구 사항에 포함하지 않아서 불만이지만)에라도 참여해야 한다. 왜냐하면 전후 50년 동안 내려오는 우리나라의 정치문화를 바꾸기 위해서는 여러 가지 노력이 필요하지만 선거제도를 바꾸는 것이 큰 도움이 되기 때문이다.

대선거구제와 아울러 정당명부 비례대표제를 실시하면 우리나라 정치문화는 커다란 변화의 계기를 맞이할 것이다. 일찍이 1998년 1월

24일 중앙선거관리위원회는 선거법, 공식 명칭으로는 '공직 선거 및 선거부정 방지법'에 대한 개정 의견을 국회의장에게 제출하면서 국회의원 선거에 대해 현행 소선거구제를 폐지하고 시도 단위 정당별 비례대표제를 도입하자는 의견을 내놓았다. 이러한 중앙선관위의 개정안에 대해 당시의 국민회의 원내총무 박상천 의원은 즉시 '국민들로부터 구체적인 인물 선택권을 빼앗는다'는 이유로 반대했다(『한겨레』, 1998년 1월 27일). 국민회의가 왜 선관위의 개정안을 반대하는지 우리 민주노동당 당원들은 잘 알고 있다. 그런데 강준만은 이 문제에 대한 이해가 없는 것 같다. 그래서 민주노동당이 진보정당이기 이전에 진정한 정당으로서 한국의 정치문화와는 이질적이며 완전히 다른 정치문화를 만들어 나가고 있는 이 일의 중대한 의미를 이해하지 못하고 있다. 그가 보는 것은 선거 결과, 득표수뿐이다(149~153쪽).

물론 우리나라 정치문화를 극복하고 새로운 정치문화를 창조하려는 민주노동당의 노력은 한마디로 악전고투, 눈물겨운 싸움이다. 우선 지식인들부터 앞장서 주지 않는다. 오히려 지식인들이 그런 정치문화에서 더 벗어나지 못하고 있다. 민주노동당 부산시지부 정책위원장이자 부산대학교 교수인 김석준은 차라리 부산시장 후보로 출마할 수는 있지만 동료 교수들에게서 민주노동당 입당 원서를 받아내지는 못한다. 얼핏 듣기로 부산이라는 그 엄청나게 큰 도시에 김석준 교수 이외에 민주노동당 당원인 대학교수는 한 사람도 없다고 했던가? 설마 그럴리야 없겠지만 그만큼 정치문화라는 것의 힘은 대단하다.

한국 정치에는 사상 이념이 없다

한국인의 정치에 대한 태도는 매우 이중적이다. 일단 정치와 정치인에 대해 매우 큰 반감을 가지고 있다. 입만 열면 정치인을 '도둑놈'들이라고 욕을 한다. 포장마차에서 가장 흔한 안주거리는 정치인이다. 그러면서 그런 정치인이 여전히 권력을 쥐고 흔드는 현실에 대해 자기 자신도 책임이 있다고는 아무도 생각하지 않는다. 정치의 개혁을 위해 한 푼도 내놓을 생각이 없으며 한 시간도 봉사할 생각이 없다. 한국전쟁 이후 이 땅에서는 정치라는 것은 누군가 앞장서기 좋아하는 사람이 아니면 돈이 남아도는 사람들이 입신양명하고 권력을 잡아 더욱 큰 권세를 휘두르고 싶어서 하는 일이었다. 그러므로 한국인들은 정치란 원래부터 그런 것으로 알고 있다. 그래서 공자나 플라톤이 바로 정치인, 그것도 실패한 정치인이라고 하면 전혀 이해를 못한다.

그런 점에서 보면 조선과 같이 선비 정치, 지식인 정치의 오랜 전통을 가지고 있는 나라답지가 않다. 조선시대에는 당파 싸움을 하면서도 항상 백성을 위한다는 대의명분을 앞세워야만 했다. 지식인들이 정치를 하다보니 항상 이념과 논리의 싸움, 대의명분의 투쟁이 중요했던 것이다. 그리고 조선시대 말기와 일제 식민지 시대를 거치면서 한국의 정치는 얼마나 철학적이었던가? 얼마나 풍부한 정치철학들이 한국 정치에 함유되어 있었던가?

그런데 전쟁은 그 모든 전통을 학살하고 불태우고 말았다. 모든 정치철학을 다 깨끗이 청소하여 한국에서의 정치는 오직 적나라한 권력 투쟁이 되고 말았으며 한국인들은 원래 정치란 그런 것인 줄 알게 되었다. 그래서 정치란 더러운 것이고 점잖은 사람이 가까이할 것이 못 된다. 그런데 다른 한편으로 정치는 바로 권력이기 때문에 실제 생활에서는 가까이하지 않을 수 없다. 특히 어렵게 살아가는 서민들일수록, 누군가에게 자식이나 동생의 취직부탁이라도 해야 하는 사람들, 행정 단속 문제나 인허가 문제, 기타 무슨 문제로 인하여 행정 관청에 있는 누군가에게 청탁을 해야 하는 사람들은 정치에 무관심할 수 없다. 국회의원이 누가 되는지, 시장이 누가 되는지가 중요하다. 그래서 인물 위주로 정치가 이루어지고 선거가 이루어지는 것이다. 이런 사정을 김동춘이 과학자다운 관찰력으로 잘 묘사해놓았다. 그가 써놓은 『독립된 지성은 존재하는가?』(삼인, 2001)라는 책의 34쪽에 이런 대목이 있다.

시장 바닥과 교회를 얼쩡거리는 한국의 민중들은 위에서 시키는 대로 정치에는 관심을 갖지 않고서 오직 생업에 열중하는 착한 백성들인가? 천만의 말씀이다. 시장 바닥의 장사꾼은 텃세를 적게 내고 장사하기 위해서 치열한 정치를 하고 있다. 그들은 파출소나 동네 깡패들에게 잘 보이기 위해 정치를 하고 있다. 그리고 정치를 잘한 장사꾼이 상술이 능한 장사꾼보다 돈을 더 많이 번다. 아니 정치를 모르는 장사꾼, 정치가들과 친하지 않은 장사꾼은 장사꾼으로 낙제생이다. 개신교회와 목사님들을 보라. 정치를 모르는 순진한 신학도는 목사가 될 수 없고, 목사가 되더라도 신도가 많이 모이는 큰 교회를 운영할 수 없고, 큰 교회를 운영하더라도 교단에서 영향력을 행사할 수 없다. 교회의 정치가 세속의 정치를 능가한다는 사실은 알 만한 사람이면 다 안다. 돈벌이와 영혼 장사로서 교회 활동은 정치의 영역 밖에서 가장 철저하게 정치의 논리를 따르고 있다. 어디 교회와 시장뿐이겠는가, 학교야말로 가장 정치적인 곳이다. 논문 심사와 통과, 교수 채용 과정, 총장 선출 과정에서 정치적이지 않은 것은 아무것도 없다. 우리의 대학에는 정치 교수와 정치 학생들이 넘쳐나고 있다. 한국인은 대단히 정치적인 민족이다. 그러나 그렇게 된 데에는 우리의 슬픈 역사가 꿈틀거리고 있다.

아무리 탈(脫)이념, 무(無)철학적인 정치라고 하더라도 그것은 사회 생활에 필수적이다. 그런 의미에서 흔히들 말하는 바대로 사람이 셋만 모이면 정치가 있는 것이며 우리가 살아가는 생활 자체가 정치다. 그런데도 정치를 혐오한다. 정치라면 더럽다고 경멸한다. 애써 무관심한 척한다. 실제로는 관심이 많으면서 관심이 없는 척한다. 그런 점에서 한국인의 정치에 대한 태도는 대단히 위선적이다.

바로 이런 태도로 인해 큰 재미를 보고 있는 것은 이른바 '시민단체'라는 간판을 단 유사 정치단체들이고 크게 망한 것은 진보정당들이었다. 우선 언론이 정치와 관련이 없다고 주장하는 시민단체에 대해서는 우호적이다. 그리고 대학교수들이 시민단체들에게 아무 부담감 없이 힘을 보태준다. 반면에 진보정당은 '정당'이기 때문에 언론이 키워주지 않는다. 언론의 입장에서는 '다른 정당들과의 형평성'도 있고, 정당들에 대한 대접은 '지지도에 비례'해야 하기 때문이다. 대학교수들은 '정치에 뜻을 둔 것'으로 오해를 받을 수 있기 때문에 진보정당에는 참여하지 않는다.

경실련이나 참여연대나 비슷한 이름을 단 지방의 시민단체들은 모두 사실상 정치단체였다. 그러면서도 한사코 정치와는 관련이 없는, 중립적인 시민단체를 표방한다. 그래야 위선적인 한국 사람들 사이에서 장사를 할 수가 있다. 진보정당은 노골적으로 정치를 하겠다고 하니까 장사가 안 되는 것이다. 사람들이 옆 가게에서 파는 유사품을 더 좋아하니 미치고 환장할 노릇이지만 어쩔 수 없다. 진보정당은 운영이 어려워 문을 닫아도 시민단체라는 유사품을 파는 가게들은 우후 죽순처럼 생겨났다.

지난 1월 25일, 나는 신문에서 기가 막히는 소식을 읽었다. 권용목이 이인제 민주당 대통령 후보의 캠프에 합류한다는 소식이었다. 나는 참으로 슬펐다. 김의겸 기자가 쓴 『한겨레』의 기사를 보자. 제목은 「이인제 고문 진보세력 보강」이다.

이인제 민주당 상임고문이 대통령 후보로의 비상을 위해 허약한 '왼쪽 날개'를 키우기 시작했다. 이 고문은 자신을 지지하는 시민운동, 노동운동, 학생운동 출신 등 진보세력과 벤처업계의 젊은 경영진을 규합해 '새시대 개혁연대'라는 기구를 띄울 예정이라고 한 측근이 25일 밝혔다.

이 조직은 지난해 12월 10일 비공개리에 발기인 대회를 마쳤으며, 다음달 3일 1,500여 명이 참가한 가운데 여의도 63빌딩에서 창립대회를 할 계획이다. 공동대표는 87~88년 현대그룹 노동운동을 이끌었던 권용목 당시 노조위원장과 이종수 연세대 행정학과 교수 등이 맡을 것으로 보인다.

이 고문의 측근은 "이 고문의 정치적 색채가 보수적으로만 비쳐지고 있는 만큼, 좌우를 아우르는 풍부한 모습으로 보이는 데 이 조직이 일정한 구실을 할 것"이라고 말했다.

이 고문의 경선대책본부에서 정책을 맡은 김효석 의원도 최근 참모회의에서 "이 고문의 정책이 민주당 대선주자들 가운데 가장 보수적"이라며 "경선은 물론 본선을 위해서도 이 고문의 정책노선을 전면적으로 뜯어고칠 필요가 있다"고 말한 것으로 알려졌다.

이 기사를 읽고서 나는 1991년 겨울, 어느 날 울산에서의 권용목과의 만남을 회상했다. 나는 그를 만나기 위해서 울산으로 가면서 난생처음으로 비행기를 타보았다. 불과 10년이 지난 지금은 나도 예사로비행기를 타지만 그 당시만 하더라도 나 같은 사람들은 비행기를 탈엄두를 내지 못한 시절이었다. 울산 공항에 내려서 현대자동차의 김강희 동지와 함께 권용목을 만나러 어느 보신탕집에 갔다. 권용목은 술을 한 잔도 하지 못하는 체질이었다. 그것은 예상하지 못했던 일이었다. 울산의 노동운동을 대표하는 노동운동가, 87년 노동자 대투쟁의상징적 인물인 훌륭한 조직가가 술을 전혀 마시지 못하다니!

권용목은 참으로 똑똑한 사람이었다. 그는 처음 만난 나의 말을,아마 처음 듣는 이야기를 충분히 이해했다. 그리고 나의 제안, 한국노동당 창당준비위원장을 맡아달라는 제안을 받아들이지 않았다. 그는이해를 하지 못해서 거절한 것이 아니라 충분히 이해했지만 사양했다.나는 실망하고 돌아섰다. 그리고 주연 배우가 없는 연극을 벌였다.아니, 시나리오 작가가 주연으로 무대에 올라갔다. 그리고 흥행에 실패했다.

그런데 그가 10년이 지난 지금, 민주당원이 되어 있다. 그 당시에는그 사람도 나도 전혀 알지 못했던, 꿈에도 꾸지 못했던 미래의 일이었다. 그런데 지금은 이렇게 민망한 처지가 되었다. 왜 그는 민주당원이돼야 했던가? 무엇이 그를 민주당원으로 만들었는가? 1987년 울산의노동운동, 한국의 노동운동을 대표하는 인물인 그가 왜 노동자정당인민주노동당의 당원이 아니고 민주당의 당원인가? 누구를 탓해야 할것인가?

또 하나의 의문이 있었다. 이인제는 왜 좌우를 아우르는 풍부한모습으로 보이려고 하는가? 왜 진보세력을 보강하여 허약한 왼쪽 날개를 키우려고 하는가? 왜 이회창도 이인제도 좌우를 아우르는 풍부한 모습으로 보이려고 하는가? 왜 김대중도, 김영삼도 마찬가지로 좌우의 날개를 달아 '새는 좌우의 날개로 난다'는 것을 보여주었던가? 한국에서는 누구나 좌우를 아우르는 풍부한 모습으로 보여야만 정치를 하고 보스가 되고 대통령 후보가 되는가? 이런 한국 정치 문화 속에서 진보 정당은 가능한가?

나는 왜 노동자의 정치 세력화를 외치는 민주노동당에 있고 권용목은 왜 민주당의 이인제를 위해 일하는가? 왜 이렇게 되었는가? 그것이 한국이라는 나라에서의 세상살이인가? 사회주의자였던 정태윤과 안기부 출신의 정형근이 한나라당 이회창 총재의 기획참모로 같이 일하고 있는 현실을 어떻게 이해해야 하는가? 나는 아직 이해하지 못하고 있는 이 현실에 노무현은 잘도 적응하고 있다.

올해 초 민주당 대통령 후보 경선이 본격적으로 시작되기 전, 어느 날 나는 새천년민주당 마산회원지구당 개편대회에 초청받아 참석했다. 행사장으로 들어가는 입구에는 화려한 치장이 있고, 전문 이벤트 회사에서 파견된 젊은 여성들이 팔다리가 드러나는 짧은 옷을 입고서 도열하여 인사를 하며 손님들을 환영해주었다. 그리고 실내에는 이미 행사장을 가득 메운 청중들이 있었다. 나는 그 노인들과 중년 부인들이 민주당 당원인지 동원된 청중인지, 과연 그 중에 몇 퍼센트나 그래도 당원이라고 할 만한 분들인지 알 수가 없었다. 그러나 한국 정치에서는 그런 것을 아무도 따지지 않는다. 정당 행사라는 것은 으레 그런 것이기 때문이다.

그 행사장에 김근태도 나타나고 노무현도 나타났다. 김중권의 부인도 나타나고 한화갑을 대신하여 설훈이 나타났다. 그리고 대권 주자 또는 그 대리인들 모두가 축사를 했다. 그런데 나는 내가 어색하여 가만히 있을 수가 없었다. 김근태나 노무현이 말하는 그런 거창한 이야기에 관심이 있는 사람이 있을까? 그래도 그 두 사람은 이미 잘 적응이 되었는지 연설을 적당히 잘도 했다. 그러나 내가 느끼기에 그 두 사람이 거기 그 자리에 있는 것이 참으로 어색했다. 어색함을 느끼면서도 참을 줄 알아야 한다.

나의 어릴 적 친구들 중에는 나에게 "정치를 왜 하려고 하는가? 돈 벌려고 하는가?"라고 묻는 사람이 있다. 또 어떤 친구는 "사람들 비위를 일일이 맞추어주어야 하고, 그렇게 고생스러운 것을 왜 하려고 하는지 모르겠다"고 말하기도 한다. 그 친구는 진정으로 모르는가? 그는 자기의 정답을 가지고 있다. 정치라는 것은 명예욕과 권력욕을 채우고 나아가 돈까지 벌 수 있는 것이라는 사실을 알고 있다. "정치를 돈 벌려고 하는가?"라고 묻는 옛 친구에게 내가 어떻게 답해야 대화가 될 것인가? 차라리 나는 대답을 포기하고 만다.

정치가 이상의 실현이고 지식인의 의무라고 하면 내 친구들은 어떻게 받아들일까? 정당은 사상과 정치철학을 같이하는 사람들끼리 모인 집단이며 당원이 되는 것은 시민의 기본 의무라고 하면 무어라고 반응할까? 나는 그런 말을 목구멍으로 되삼키고 그저 웃기만 한다. 그 친구들이 그래도 나를 생각해주는 사람들인 줄을 알기 때문에 공연히 어려운 이야기해서 논쟁을 하거나 싸우지 않기 위해 노력한다.

3

진보정당은 없는가

 진정한 비판적 지지자들을 설득하기 위해서 "비판적 지지가 없다"고 주장하려면 "진보정당이 있다"는 것을 보여줘야 할 것이다. 그들에게 "진보정당이 있다"는 것이 확실하지 않다면 비판적 지지는 유효하다. 그러나 "진보정당이 있다"는 것을 입증하기가 매우 어렵다. 왜냐하면 진보정당은 아직 철학자의 사유의 세계, 이상의 세계에 존재하는 사물이지, 대중이 생활하는 세계, 현실의 세계에 존재하는 사물이 아니기 때문이다. 눈에 보이지 않는 것의 존재를 입증하기란 매우 어렵다.

우리는 아직 진보정당을 현실적 존재로 만들지 못하고 있다. 진보정당은 아직 의석도 하나 없다. 다음 총선에서도 과연 의석이 나올지 의문이다. 설사 한두 의석이 나온다고 하더라도 순조롭게 발전하여 원내 교섭단체를 구성해 보수 정당들과 어깨를 나란히 할 정도의 정당, 현실적 정치 세력으로 성장할지 알 수 없다.

그렇다고 원외 정당으로서 수만 명 당원들이 매우 자발적으로 움직이며 활동하여 계속 당원이 늘어나고 당세가 확장되고 있는 상태도 아니다. 사회 각계각층을 무섭게 파고드는 맹렬한 조직력을 갖추고 있지 않은 것이다. 당원들이 학습하고 선전하고 조직하는 데 자신 있거나 맹렬하지 않은 것이다. 그래서 많은 사람들은 아직 진보정당을 지식인들의 이론 속에 존재하는 사물로 생각하고 현실적인 정치 세력으로 인정하지 않는다.

왜 한국에서는 진보정당이
아직 뿌리를 내리지 못하고 있는가

흔히 우리나라에서 진보정당이 뿌리를 내리지 못한 이유를 여러 가지로 들고 있다. 먼저 국가보안법의 존재를 들고 있다. 즉 국가보안법이 사회주의자들의 활동을 제약하고 있다는 것이다. 그러나 그런 논의는 비스마르크의 반사회주의자법 아래에서도 독일사민당이 왕성하게 성장했다는 역사적 사실로도 맞지 않는다. 독일사민당이 비스마르크 체제의 탄압을 받으면서도 왕성하게 성장할 바로 그 당시에 엥겔스가 독일사민당의 처지와 비교했듯이 기독교는 또 로마에 처음 전도되어 얼마나 극심한 탄압을 받았던가?

대중의 지지를 받는다면 탄압을 한다고 사라지지 않고 오히려 적당한 탄압(?)은 어떤 정당이든 사회운동 또는 종교단체든 더욱 잘 자라게 할 수도 있다. 진보정당이 국민에게 인기가 있다면 당원들, 당 간부들이 잡혀가더라도 지지 세력이 더 늘어날 수도 있다. 그러므로 국가보안법 때문에 진보정당이 뿌리내릴 수 없다고 보는 견해는 적절하지 않다. 가장 피상적인, 실제로 아무 관찰도 해보지 아니한 사람들의 견해라고 할 수 있다.

물론 여기에는 하나의 예외가 있다. 즉 진보정당을 북한 조선로동당의 남한 지부 정도로 생각하는 사람들이라면, 국가보안법이 뛰어넘을 수 있는 적당한 장애(?)라고 할 수 없다. 너무 크고 높은 장애라고 할 수 있을 것이다. 그러나 우리가 논의하는 진보정당에 조선로동당 남한 지부는 포함되지 않는다.

또 어떤 사람들은 우리나라 사람들의 특유한 레드콤플렉스로 인하여 진보정당의 입지가 좁았기 때문에 진보정당이 되지 않았다고 본다.

레드콤플렉스라는 것은 "좌익하면 큰일난다, 패가망신한다"는 공포심이 무의식 속에 자리 잡고 있음을 말하는 것이니 한국전쟁과 분단현실로 인하여 생긴 것이다. 이런 레드콤플렉스는 아예 사람들로 하여금 좌파, 진보정당 근처에는 얼씬거리지 않도록 만들고 있으니 진보정당이 잘 될 리 없다. 그럼에도 불구하고 전쟁이 끝난 지 50년 세월, 세대가 두 번이나 바뀐 오늘에 이르러 레드콤플렉스가 진보정당이 5퍼센트 지지도 못 받는 현실, 아니 도대체 본격 성장을 해볼 겨를도 없이 유아사망을 거듭하고 있는 진보정당의 현실과 진보정당의 명맥이 이어지지 못하는 이유를 다 설명하지는 못한다.

그래서 좀더 직접적인 이유로서 선거제도를 들고 있다. 즉 '소선거구 다수대표제'로 인하여 진보정당이 원내 진출을 하지 못하고, 원내 진출을 하지 못하여 대중들이 진보정당에 희망을 걸지 않았다는 것이다. 사실 원내 진출이라는 것은 우리나라에서 진보정당을 만들고자 하는 사람에게는 하나의 숙원이 되어 있다. 원내 진출을 하지 못함으로써 정치적 활동을 하지 못하니 언론이나 일반 국민들에게서 사실상 정당으로 인정받지 못하고 아직 사회단체의 하나 정도로 인식되고 있는 것이다. 그리고 원내 진출을 하지 못하기 때문에 다른 정당들이 의석 비율로, 또는 득표율로 받는 국고보조금을 한 푼도 받지 못했다. 그러니 어떻게 진보정당을 계속할 수 있었겠는가?

그래서 1992년 원내 진출에 실패한 이후 우리는 선거법에 대해 집중 성토하기 시작했다. 우리는 민중당이 후보를 낸 52개 선거구에서 평균 6.5퍼센트를 득표했다는 사실을 강조했다. 아마도 우리나라 선거법이 독일식이었다면 88년 총선 또는 92년 총선에서 이미 진보정당이 원내 진출을 했을 것이다. 독일 녹색당은 98년 총선에서 지역구 당선자가 한 명도 없었지만 총득표율 6.7%로 총의석의 7.1%인 47석을 확보해 사민당과 함께 연립정부를 구성했다. 외무장관 피셔를 비롯한 여러 명의 녹색당 출신 장관들이 국정에 참여하고 있다. 독일이 자랑하는 세계에서 가장 엄격한 환경관련 법률은 바로 넥타이도 매지 않고 청바지 입고 나타난 독일 녹색당 국회위원들이 만들어낸 것이다. 우리나라에서도 독일식 선거제도가 도입되기만 하면 그 즉시 민주노동당이 독일 녹색당만큼의 위상을 확보할 것이 분명하다.

우리는 당시에 선거구를 잘게 나누어서 각 선거구마다 1등을 한 사람만을 국회의원으로 선출하는 소선거구 다수대표제에 커다란 모순이 있음을 발견했다. 그리고 그런 모순을 오래 전부터 지적해온 분들도 있음을 알았다. 원로 언론인으로 유명한 박권상 선생 같은 분들이다. 소선거구 다수대표제에서는 만약 1등을 해서 당선된 후보가 40퍼센트의 득표를 했다면 60퍼센트의 유권자들의 의사는 무시되는 결과를 가져온다. 또한 바로 그렇기 때문에 사표 방지 심리가 크게 작용하여 1, 2등을 다투는 후보 이외의 후보에게는 지지자들조차도 표를 던지지 않는 것이다.

그래서 우리는 '대선거구 정당명부식 비례대표제'를 우리나라에 적용하여 선거법 개정안을 만들어 발표하기도 했다. 1993년 11월 5일 여의도 여성백인회관에서 열린, 민중당 해체 후에 잔류파들이 결성한 진보정당추진위원회 주최 정책 토론회에서 나는 진보정당추진위원회 정책위원장으로서 우리의 안을 발표하고 설명했다. 물론 각 당 국회의원들, 학자들을 초청하여 우리의 안에 대한 비평을 듣기도 했다. 내가 개혁신당 창원을 지구당 위원장을 할 때 대중 홍보용으로 만든 책 『자랑스런 나라는 정직한 사람이 만든다』(우정미디어, 1995)에 올려놓은 당시의 발제문을 찾아보았다. 왕따당하고 있는 소수파의 피맺힌 절규 같은 말들이 이어지고 있다. 현행 소선거구 다수대표제의 문제를 하나하나 열거하고 있다.

현행 국회의원 선거법은 소선거구 대수대표제를 근간으로 하고 있습니다만, 이 소선거구 대수대표제는 우리나라 정치 현실에서 여러 가지 문제를 낳고 있습니다.

첫 번째로 득표율과 의석 점유율 사이에 심한 불비례성을 드러내고 있습니다. 92년 14대 총선의 결과를 보면, 민자당의 득표율이 38.9%인데 의석 비율은 48.95%입니다. 민주당은 득표율이 29.2%인데 의석 비율은 31.65%입니다. 제1당인 민자당과 제2당인 민주당은 득표율에 비해 과잉 대표되고 있는 반면에 나머지 정당들은 모두 과소 대표되고 있는 것을 볼 수 있습니다. 민자당의 경우에는 득표율보다 10% 이상 과잉 대표되고 있습니다.

두 번째로 소선거구로서는 현재의 지역당 구조를 극복할 수 없습니다. 한국 정치의 또 하나의 숙제는 지역감정에 근거한 지역 대결 구도를 극복하는 것입니다. 그런데 한 선거구에서 3분의 1만 득표해도 당선되는 소선거구제가 유지되는 한 호남은 민주당이 휩쓰는 반면 영남에서는 민주당 국회의원이 한 명도 없는 상태가 계속 될 수밖에 없습니다.

세 번째로 새로운 정치 세력의 의회 진출이 힘듭니다. 한국 정치의 낙후성과 전근대성을 극복하기 위해서는 사회적 근거에 있어서나 이념에 있어서나 아무 차이가 없는 두 개의 보수 정당이 정치판을 독점하고 있는 현재의 보수 양당 구조가 타파되어야 합니다. 그러나 소선거구제가 유지되는 한 진보정당을 비롯한 새로운 정치 세력이 의회에 진출하는 것은 불가능합니다.

네 번째로 소선거구제 아래서는 한 나라의 대표를 뽑는다는 인식보다는 내 지역을 대변해 줄 지역 대표를 뽑는다는 인식이 지배적일 수밖에 없습니다. 그래서 선출된 국회의원이라는 사람이 국정의 방향이나 민족의 장래에 대해서는 무지하거나 무관심한 '토호'일 가능성이 높습니다.

다섯 번째로 소선거구제는 금권선거를 부추기는 역할도 하고 있습니다. 좁은 범위에서 후보자 개개인이 일정한 표만 얻으면 되니까 '당선되고 보자'는 심리로 표를 매수하고자 하는 유혹에 빠질 수밖에 없습니다. 또한 소선거구제에서는 후보자와 유권자가 서로 인지도가 높을 수밖에 없고 그에 따라 인사 차림과 금품이나 향응을 제공하는 것 사이에는 명확한 구분이 없습니다.

여섯 번째로 소선거구제 아래서는 국회의원이나 국회의원 후보자의 이른바 '지역구 관리'라는 부담이 엄청납니다. 경조사에 부조하고 꽃을 보내는 데 매월 수천만 원이 들기 때문에, 국회의원이나 후보자는 돈을 만들기 위해서 후원자를 만나는 데 시간을 다 쓰고 공부할 시간이 없는가 하면 권력형 청탁이나 부당한 이권개입을 하지 않을 수 없습니다.

또한 소선거구제 아래에서 정당의 지구당은 국회의원 후보자 개인의 일가친척이나 동창, 이권으로 얽힌 인맥, 그리고 그 주위에 전문적인 선거꾼이 집합한 사조직이 될 수밖에 없습니다. 다시 말해서 소선거구제 하에서 근대적인 정당이 성장할 수가 없습니다.

이런 문제들을 해결하기 위해서는 소선거구 다수대표제가 아닌 대선거구 비례대표제를 전면적으로 실시하지 않으면 안 됩니다 (34~36쪽).

처음에 든 세 가지 이유보다는 네 번째부터 일곱 번째까지 네 가지 이유가 더욱 중요할 것이다. 어쩌면 처음 세 가지는 감수할 수 있는지도 모른다. 그리고 특별히 새로운 정치 세력의 등장이나 원내 진출을 원하지 않는 사람들도 많이 있으니 그들에게는 별로 설득력이 없는 이야기일 수도 있다. 그러나 뒤의 네 가지는 모든 사람들이 고쳐야 한다고 한 목소리로 말하고 있는 문제다. 그러나 이 문제들도 오랫동안 소선구제와 한 덩어리로 뭉쳐진 문제이기 때문에 소선거구제의 타파 없이는 해결할 수 없다. 아니, 추상 논리적으로야 해결할 가능성이 전혀 없는 것도 아니다. 그러나 문제는 현실이다.

보수 정당들과 집권 세력은 지금까지 여러 차례 '돈 안 드는 선거'를 외치며 선거법을 개정해왔다. 그러나 아직 '돈 안 드는 선거'는 실현되지 않고 있다. 물론 그렇게 소선구제를 그대로 두고서도 부정선거에 대해서 엄격하게 법을 적용하고 처벌을 강화하여 마침내 새로운 정치문화를 만드는 데 성공한 나라가 없는 것은 아니다. 대표적으로 영국의 경우가 있다. 그래서 여러 방송국에서는 영국의 돈 안 드는 선거에 대한 프로그램을 만들어 거듭 거듭 보여주고 있다.

그러나 왜 쉬운 길을 두고 그렇게 어려운 길로 가려고 하는가? '소선거구 다수득표제'만 타파하면 지금까지 그것과 밀착되어 만들어진 한국의 정치문화 전체가, 쟁기로 밭을 갈아엎으면 고구마 줄기와 뿌리가 통째로 뽑히듯 할 텐데? 그것은 아마도 지금의 국회의원들이, 정당들이 소선거구제를 탈피하려 하지 않기 때문일 것이다. 얼마나 많은 노력을 하여 얼마나 많은 공을 들여 닦아놓은 나의 지역구요 우리 당의 텃밭이던가? 그것이 선거제도를 대선거구제 또는 비례대표제로 바꾼다는 말이 여러 차례 있었지만 아직도 바꾸지 못하고 있는 진정한 이유일 것이다.

1992년 총선 이후 우리는 여러 곳에서 소선거구제에 대한 비난을 쏟아놓았다.

소선거구제는 우리나라의 낙후한 정치문화와 깊이 결부되어 있다. 4년 동안을 매일같이 목욕탕에서 때밀어주고 경조사에 빠짐없이 참석하고 가가호호 방문하면서 보낸 결과 마침내 전국적으로 인기 있는 정치인인 노무현 의원을 물리쳤다는 허삼수 의원의 성공담이 바로 남부끄러운 우리나라 정치의 현주소를 가장 정확하게 가리키고 있다. 국회의원 후보가 해야 할 일은 공부하고 국정에 대한 경륜이라든지 전문적인 지식을 쌓는 일이 아니다. 그는 관혼상제에 빠짐없이 참석하고 주례를 많이 서야 한다. 그리고 그 비용을 만들기 위해서 후원자들을 만나고 돌아다녀야 한다. 지구당이라는 것은 그러한 활동을 하기 위해 가동되는 개인 사무실과 후보자 개인과 이해관계로 얽힌 사조직에 불과하다(주대환, 「대선거구 정당명부식 비례대표제의 도입만이 정치개혁의 유일한 길이다」, 『사회평론 길』, 1993년 11월).

소선거구제는 정당의 하부 구조를 국회의원, 지구당 위원장 개인의 사조직으로 변질시킨다. 소선구제는 각 선거구마다 소유주인 대리점 사장들이 재산과 노력을 투자하여 가꾼 정치 대리점들을 만들어놓는다. 이 대리점 사장들은 수시로 브랜드를 바꿀 수도 있다. 자기가 파는 정치 상품이 잘 팔리지 않으면 언제든지 다른 상품을 가져다 팔 수 있다. 그것은 대리점 사장들의 자유다. 국회의원들이나 지구당 위원장들이 이 정당 저 정당을 오간다고 '철새 정치인'이라고 비난하는 것은 뭘 잘 모르고 하는 소리들이다.

사정을 알고 보면 우리나라 정당들의 지구당들은 정치·경제 복합 이권 단체다. 온갖 연고의 그물망이 집약되어 지구당으로 나타난다. 지구당 위원장은 자기 자신이 온갖 사조직에 가담하고 있다. 그리고 온갖 사조직, 이권단체, 직능단체, 종교단체, 향우회, 동창회, 종친회의 유력 인사들을 지구당의 간부로 끌어들인다. 그래야 지구당이 대중에 뿌리를 내리고 힘을 얻고 튼튼해지는 것이다.

내가 잘 아는 선거구, 창원을 선거구를 보자. 현 한나라당 국회의원인 이주영 의원은 국회의원 출마를 준비하면서 부인 허영 여사와 함께 80여 개의 사조직에 가입하고 있었다. 온갖 종류의 단체에 가입하고 있었던 것인데, 이 단체들에 내는 회비만 하더라도 보통 가정의 한 달 생활비 몇 배가 될 것이다. 또 이주영 의원이 위원장으로 있는 한나라당 창원을 지구당의 부위원장은 무려 48명이다. 그 많은 부위원장 명함들은 어떤 대의를 위하여 어떤 명분을 위하여 쓰이고 있는가?

소선거구제를 그대로 두고서 선거법을 강화하여 선거운동 기간 중에 돈을 쓰지 못하게 해놓았으니 결과는 어떠한가? 과연 돈 안 드는 선거가 이루어졌는가? 아니다. 우선 여전히 돈을 쓴다. 그러니 모든 국회의원이 범법자다. 거의 모든 낙선자도 범법자다. 그리고 평상시에 경조사 부조금 등으로 더 많은 돈을 쓰게 되었다. 이미 오래 전에 박권상 선생은 이 점을 지적했다.

무엇보다도 선거구에 지구당을 두어 막대한 유지비를 쓰고 평소에 표를 의식해서 관혼상제에 돈 봉투를 보내면서 선거 때에 한해서 돈 안 쓴다는 것은 눈 가리고 아웅하는 것이 된다. 관혼상제를 남달리 챙기고 명절 때의 '예의범절'을 유난히 밝히는 우리 생활문화인데 이 '미풍양속'에 편승한 선거운동을 어떻게 다스릴 것인가?(『자랑스런 나라는 정직한 사람이 만든다』, 26쪽)

그래서 많은 사람들이 '소선거구 다수대표제'를 버리고 '대선거구 정당명부식 비례대표제'로 바꾸자는 주장을 오래 전부터 해왔다. 그

대표적인 논객인 박권상 선생의 말을 다시 들어보자. 『동아일보』(1993년 4월 27일)에 실린 그의 칼럼에서도 지론을 펼친다.

가령 인천시 국회의원 정수가 10명이라면 각 당이 10명의 후보자를 순서를 매겨 일괄해서 출마시키고 유권자들은 당이 제시한 명부에 표를 던지는 것이다. 지구당도 필요 없고 개개인 후보가 돈을 쓰고 서비스를 제공할 근원적 이유가 없어진다.

돈이 없었다

원내 진출 실패의 최후의 이유는 "돈이 없었다"는 것이다. 아무리 소선거제라고 하더라도, 그리고 소선구제와 얽힌 정치문화가 완강하더라도 그에 진보정당 하는 사람들도 적응하려고 노력하지 않은 바도 아니고 어느 정도까지는 적응하지 못할 것도 없다. 그러나 거기에는 한계가 있었으니 수십억 원의 돈이 없었다. 막말로 장기표가 92년에 서울 동작에서 수십억 원을 썼다면 당선되지 않았겠는가? 2000년 총선 당시 창원에서 권영길이 부산 강서에서 노무현이 쓴 만큼만 선거자금을 썼다면 당선되지 않았겠는가? 나는 단언한다. 권영길이 노무현이 당시에 쓴 돈의 반만 썼어도 반드시 당선되었을 것이다.

2000년 총선 당시에 이미 우리는 노무현이 충분한 자금을 쓰고 있다는 이야기를 듣고 있었다. 그런데 새삼스레 민주당 대선 후보 경선에서 그 이야기가 쟁점의 하나가 되고 있다. 워낙 노무현이 솔직한 사람이다 보니 기자들에게 털어놓고 이야기를 잘하고 그렇게 털어놓고 한 이야기들을 이인제 후보 쪽에서 입수해서 공격의 소재로 써먹고 있는 것이다. 이와 관련된 신문 기사를 보자.

민주당 대선 후보 경선에 출마 중인 이인제 후보와 노무현 후보측은 4일에도 치열한 공방을 벌였다. 이 후보측은 노 후보가 16대 총선 당시 법적 선거 비용을 훨씬 초과하는 금액을 사용했다고 공격했다. 이 후보의 김윤수 특보는 노 후보가 작년 12월 기자들 20여 명과 저녁 식사를 하는 자리에서 본인 스스로 선거에 여러 번 출마했는데 그 때마다 법적 선거 비용을 2배 정도 초과 지출한 사실이 있고, 2000년 부산에서 출마해서는 한도 원도 없이 돈을 써봤다, 컴퓨터로 유권자들을 O, X 표시하며 쓸 만큼 써서 얼마나 썼는지 기억도 못 한다고 말해 당시 저녁 식사 참석자들이 놀랐다고 한다고 말했다. 김 특보는 노 후보는 돈을 얼마나 썼는지, 그 돈을 어디서 났는지 출처를 밝히라고 말했다. 이에 대해 노 후보는 그런 비슷한 이야기를 한 적이 있으나, 다른 때보다 좀더 많이 썼다는 것이었지, 그런 터무니없는 얘기가 어디에 있느냐, 이 후보가 조직과 자금에 관해서 문제 제기를 한다는 것이 있을 수 있는 일이냐, 나는 지금 이 판에서도 지구당 위원장 한 사람 은밀하게 만나본 일이 없다, 대꾸할 가치가 없다고 말했다(『조선일보』, 2002년 4월 5일).

"이인제가 조직과 자금에 관해서 문제 제기를 한다는 것이 있을 수 있는 일이냐"는 노무현의 말은 맞는 말이다. 수백억 원의 경선 자금을 쓰고 있는 이인제가 그런 말을 할 자격은 없다. 그리고 그 문제를 지금 와서 선거법 위반 혐의로 몬다는 것도 우스운 이야기다. 그러나 2000년 총선에서 노무현이 '충분한' 자금을 썼다는 사실은 본인이 인정하는 사실이고 음미할 가치가 있다. 즉 '노무현 혁명'의 근원적 한계를 말해주는 대목이라고 할 수 있을 것이다.

진보정당이 원내 진출에 실패한 마지막 이유는 보수정당의 배려가 없었다는 것이다. 이렇게 말하면 "웬 남 탓이냐?"라든지 아니면, "아니, 보수정당의 힘을 빌어서 원내 진출하기를 바란다는 말인가?"라고 하면서 어거지라고 할 것이다. 그렇다 어거지다. 그러나 보수정당들이 소선거구제를 그대로 둔다면 그 대신에 진보정당에 대한 최소한 배려는 해야 마땅하다는 것이 내 생각이다.

진보정당의 처지를 잘 아는 두 보수정당 중의 한편에서 1992년 총선 당시 이우재 민중당 대표의 선거구에 굳이 후보를 내지 않았다고 한다면 민중당이 당선자를 내지 못해서 사라졌겠는가? 두 보수 정당 중의 한편에서 2000년 총선 당시 권영길 민주노동당 대표의 선거구에 굳이 후보를 내지 않았다면 민주노동당이 원내 진출을 하지 못했겠는가? 보수정당들끼리도 상대당의 대표가 출마하는 지역구에는 후보를 내지 않는 방식으로 상대당의 대표에 대한 예의를 차리는 경우가 과거에는 있었다. 그런데 그런 미덕을 살려 진보정당의 대표가 출마하는 선거구에 후보를 내지 않는 보수정당이 없다는 말인가? 그들은 실제로 진보정당의 후보가 한 명이라도 당선되어 국회에 진출하는 것을 두려워했던 것이라고 볼 수밖에 없다. 다른 사람에 대해서야 기대도 하지 않으니 할 말이 없지만, 역시 무식한 김영삼이고 소심한 김대중이었다.

과거 전두환은 1981년 총선에서 민주사회당의 고정훈 대표의 선거구에 후보를 내지 않아 고정훈이 당선되도록 도와주었다. 그래서 민사당을 우리는 관제 진보정당, 어용 진보정당이라고 부르고 진보정당으로 인정하지 않았다. 실제로 그런 규정이 틀리지 않을 만큼 당시의 민사당은 대중적 기반이나 자생력도 없었고 더욱이 쿠데타를 일으키고 광주 시민을 학살한 전두환의 도움을 받아 원내 진출했으니 좋게 봐 줄래야 좋게 봐 줄 수가 없었다.

그러나 87년 이후에 두 보수정당에서 선거 제도만 다르다면, 예를 들어 네덜란드 식이라면 충분히 원내 진출할 수 있는 자생력과 지지기반을 가진 진보정당의 대표 한 사람이 소선거구제도 하에서도 당선될 수 있도록 배려한다고 해서 누가 욕할 것이며, 그렇게 해서 한 사람의 당선자를 내어 원내 진출한 진보정당을 누가 관제 진보정당이라고 비난하겠는가? 그것은 정치개혁에 대한 온갖 논의와 캠페인보다도 더 실질적인 조치이고, 많은 변화를 가져올 수 있는 행동이며 미래를 위한 배려였던 것이다.

그러나 결국 진보정당을 바라보는 눈에서는 상대적 진보성을 가진 보수정당이나 그렇지 않은 보수정당이나 차이가 나지 않았다. 오히려 김대중 씨에게는 민중당이야말로 키워서는 안 될 호랑이 새끼로 보였는지도 모른다. 아니면 그의 상대적 진보성이나 도덕적 우위를 퇴색시킬 수 있는 귀찮은 존재였는지도 모른다. 실제로 김대중의 진보정당에 대한 냉대와 무시는 잔인한 것이었다. 손톱만큼의 배려도 없었다. 일반 국민들은 잘 모른다. "설마 군부독재에 저항해 싸울 때 함께 고생한 사이인데 설마 그렇게까지 했겠는가"라고 상식 있는 사람들은 생각할 것이다. 나의 소박한 보수 친구들은 1997년 대통령 선거 직후에 "이제 김대중 씨가 대통령 되었으니 당신 같은 진보파들에게 무슨 배려가 있지 않겠느냐"는 취지로 말하고는 했다. 그들은 모르는 것이다.

2000년 총선을 앞두고 논란이 되었던 비례대표제에 대한 선거법 개정안, 1인 2표제를 도입한다는 개정안에서도 민주당은 5퍼센트 이상의 득표를 한 정당에게만 의석을 배분하도록 하는 안을 냈다. 무슨 이야기인가? 진보정당의 원내 진출을 바라지 않는다는 말이다.

한국 사회에서
진보정당은 가능한가

거듭 말하지만 나는 지난 15년 동안의 고통스런 경험으로 이 땅에 진보정당이 뿌리를 내리지 못한 가장 근본적인 이유는 바로 '이 땅'이라는 토양에 있다는 것을 알았다(이 땅이라는 말이 당신의 몸 어딘가를 찔러 피가 흐르지 않는가? 그러면 윤한봉을 만나 그 분에게 이 땅이라는 말을 들어 보라. 나는 이 땅이라는 단어를 가장 치열하게 가장 날카롭게 가슴을 찌르는 비수처럼 쓰는 사람은 윤한봉이라고 생각한다). 이 땅에 진보정당이 뿌리내리기를 바라는 것은 자갈밭에 장미를 옮겨 심어놓고 뿌리를 내리기를 기대하는 것과 같다.

"진보정당은 가능한가?"라는 화두를 15년 가까운 세월을 가슴에 품고 살아오면서 나는 "진보정당은 불가능하다"라는 결론에 이르게 되었다. 그리고 진보정당이 불가능한 이유는 흡사 자갈밭에, 아니 바위 위에 옮겨 심은 장미가 뿌리를 내릴 수 없는 것과 마찬가지로 근본적인 토양의 문제라는 사실을 알게 된 것이다.

물론 그럼에도 불구하고 나는 진보정당을 만들기 위한 노력을 계속하고 있다. 그래서 나는 평생 풀리지 않는 화두를 안고 살아가는 행복한 사람이 되었다. 행여 나는 어느 날 갑자기 대오각성(大悟覺醒), 환희에 차서 오도송(悟道頌)을 부르며 득도할지도 모른다.

나는 진보정당은 불가능하다는 것을 알기 때문에 진보정당을 포기하고 보수정당에 들어간 모든 사람들을 이해하고 용서한다. 나는 이우재, 이재오나 김문수, 정태윤을 욕하지 않는다. 그나마 그 분들은 진보정당을 만들기 위해서 노력을 해보았다. 그리고 심지어 김근태나 이해찬처럼 아예 진보정당은 안 되는 일인 줄을 미리 안 분들에 대해서는 그렇게 일찍이 현실을 꿰뚫어 본 통찰력에 대해 감탄한다. 그리고 한 번 마음은 먹었지만 어려움을 느끼고 둘러갈 줄을 안 이부영 같은 분들의 지혜로운 행동에 대해서도 충분히 이해하고 나쁘게 말할 생각이 전혀 없다. 나는 그 분들이 틀렸다고 생각하지 않기 때문이다.

나는 1994년부터 마산, 창원에 내려가 살았다. 나는 서울을 떠났을 뿐만 아니라 오랜 세월 함께 해오던 동지들을 떠나고 운동권을 떠났다. 그리고 장기표, 서경석이 추진한 개혁신당 창원을 지구당 위원장도 잠시 했으며 학연, 지연, 혈연의 각종 단체와 행사에도 참여했으며 남들이 하듯이 이익 단체에도 가입했다. 나는 되도록 한국의 보통 사람들이 기대하는 대로 행동하기 위해 노력했다. 스스로 대중화하기 위해 노력한 것이다. 그러면서 나는 한국의 진정한 정치문화를 알게 되었다. 작년에 나는 이렇게 쓰기도 했다.

나는 한국의 정치문화를 안다. 나는 한국 사람들의 정치에 대한 사고 방식과 행동방식을 안다. 그리고 진보정당을 만든다는 것은 바로 그러한 문화와 전혀 다른 문화를 만들어 가는, 너무나 힘든 일임을 안다. 나는 창원에서 6년 동안 살면서 그것을 알았다.

나는 한국 사회에 진보정당이 뿌리내리는 것이 불가능하다는 사실을 안다. 나는 한국 사회에 진보정당이 뿌리내리는 일이 기적임을 안다. 그리고 그 기적을 일으키기 위해서는 누군가 순교자가 있어야 한다. 이차돈이 있어야 저 서역 만리 외국에서 들어온, 전혀 이질적이고 이해할 수 없는 불교가 신라 사회에 뿌리를 내릴 수 있다(『이론과 실천』 2001년 5월, 99쪽).

불가능한 일이 일어난다면 그것을 우리는 기적이라고 한다. 이차돈의 순교, 그의 목에서 쏟아진 흰 피, 아니 자기의 신앙을 위해 즐거이 죽는 이차돈의 자세, 그 자체가 보통 사람들로서는 이해하기 힘든 일이고 기적이었던 것이다. 경주 박물관에 가면 이차돈의 순교의 순간을 돌에 새긴 비석이 있다. 이차돈이 순교한 지 200년 후에 이 순교비를 만들었으니 흰 피의 신화가 만들어지는 데 200년 정도의 시간이 필요했음을 알 수 있다. 이차돈이 순교하는 모습을 그려놓은 이 비석 앞에서 나는 참으로 오랫동안 머물러 있었다. 그 인상이 너무나 강렬하여 위에 인용한 자전적인 글의 마지막 대목에 그 이야기를 써놓았던 것이다.

그에 앞서 「나는 한국 사회에서 진보정당은 가능한가?」라는 제목으로 1998년 여름에 짧은 글을 쓰기도 했다. 그 글은 1997년 12월의 대통령 선거를 치른 후 30만 표를 겨우 넘기는 저조한 득표를 하여 초상집 분위기가 된 <국민승리 21>의 내부 토론 과정에서 씌어진 것이다. 당시에 우리는 진보정당 창당의 시기나 방법에 대해서 심각한 토론을 하고 있었다. 그 글의 서두는 이렇게 시작되고 있다.

한국 사회에서 진보정당은 가능한가?

우리는 오랜만에 다시 이 문제 앞에 섰다. 오늘, 우리는 진보정당은 다음 세 가지 근거로 가능하다는 가설을 세운다.

(1) 21세기를 목전에 앞둔 시점과 장기적이고 심각한 경제 위기라는 객관적 조건으로 한국 사회의 진로와 사회 운영의 원리에 대해서 재검토하고 새로운 길을 모색하는 것이 자연스러운 분위기를 조성하고 있다.

(2) 권영길 대표가 있다. 그리고 민주노총이 있다. 권영길 대표는 진보정당과 민주노총의 관계의 상징이다. 그리고 민주노총은 1997년

대선 참여를 전후하여 여러 차례 대의원 대회에서 진보정당 창당에 관한 결의를 했다.

(3) 무엇보다도 CMS와 DM이 있다. 혁명은 CMS에서 시작될 것이다 (전국공익사회서비스노동조합연맹 창립 9주년 기념 정책 심포지엄 자료집, 『진보정당, 어떻게 건설할 것인가?』).

여기서 CMS라는 것은 본인의 동의 아래 통장 번호와 주민등록번호만 주면 전국의 모든 은행계좌에서 매달 지정된 날짜에 중앙금융결제원이 당비 또는 회비를 인출하여 모아 주는 제도를 말한다. Cash Management Service의 약자이다. 시민단체나 정당으로서는 회비나 당비를 걷는 데 아주 획기적인 방식인 것이다. 입당 원서에 주민등록번호와 자기가 일상적으로 사용하는 통장의 계좌번호만 적고 당비 약정금액만 적어주면 자동적으로 당비가 매달 납부되니 비로소 당비에 의해 운영되는 진보정당이 가능해진 것이라고 할 수 있다. 그리고 DM은 Daily Mail이니 컴퓨터의 발달과 우편 서비스의 발달로 주소가 파악되어 있는 다수의 회원이나 당원들에게 일상적으로 우편물을 보내는 일이 쉽고 편리해졌다는 것이다.

이 글은 진보정당의 창당을 위해 집중해야 할 일과 창당의 일정에 대해 나의 주장을 펼친 후에 그 이유를 설명하고 있다. 그 해설의 일부를 보자.

'시대의 화두' 중의 하나로서 한국의 지식인들의 마음속에 존재해온 진보정당이 한국 사회에서 현실적인 존재가 되기 위해서는 우선 당원이 있어야 한다. 당원은 진보정당의 근본이다. 그러나 한국전쟁 후이 땅에 일찍이 당원은 있어본 적이 없다. 전쟁으로 당원은 모두 죽었다. 그리고 정당도 역시 모두 죽었다. 한국전쟁 이후 한국 정치사를 이해하기 위해서는 완전히 다른 논리가 필요하다. 그러므로 진보정당을 창당한다는 이야기는 한국전쟁 이후 한국 정치의 논리와는 다른 논리를 관철하는 것이다.

지난 경험이 말해주는 것은 참으로 '당원'이 되살아나기 어렵다는 것이다. 당원 1만 명이 그토록 어려운 일이었을까? 그토록 노동운동이 활발하고 학생운동의 역사가 깊은 나라에서, 민주화 투쟁 과정에서 수만 명의 구속자를 낸 나라에서, 당원 1만 명을 가진 원외 정당 하나를 만들 수 없었다는 사실을 우리는 이해할 수 있는가? 지금도 믿을 수 없지만 그것은 현실이었다. 그것이 우리가 처한 현실이다. 우리는 진보정당을 만들뿐만 아니라 정당 자체를 만들어야 한다. 우리는 한국의 정치문화를 근원적으로 부정하고 극복해야 한다. 그것은 참으로 어려운 일이며 진정한 혁명이다.

국민승리 21이 대선에서나 지방 선거에서 가장 많은 득표를 한 울산에서 국민승리 21 회원이 한 사람도 없는 것이 지역적인 문제인가? 아니다. 그것은 전국적인 문제이다. 노력이 부족한 탓인가? 어떤 분파 때문인가? 아니다. 거기에는 좀더 깊은 원인이 있다. 그것은 한국의 정치문화를 알아야 이해할 수 있는 현상이다. 선거 때는 도와주지만 당원으로는 가입하지 않는 울산의 노동자들과 그 가족들의 행동 방식은 가장 한국적이다. 다른 지역에 몇십 명씩은 회원이 있다 하지만 대통령 선거 운동에 참여한 사람의 수에 비교하면 미미한 숫자이다. 그 미미한 숫자는 극소수의 예외적인 사람들일 뿐이다(전국공익사회서비스노동조합연맹 창립 9주년 기념 정책 심포지엄 자료집,『진보정당, 어떻게 건설할 것인가?』).

감옥 가기보다 당원이 되기를 더 두려워하는 독특한 정치문화가 진보정당이 이 땅에 뿌리를 내리지 못한 가장 근본적인 원인이다. 그것은 흡사 자갈밭, 아니 바위 위에 장미를 옮겨 심어놓고 뿌리를 내리기를 기대하는 것과 같다. 토양이 되지를 않는 것이다. 이 토양 위에 진보정당을 만들고자 했던 사람들의 비극이, 저 '천하의 장기표'의 비극이 있었던 것이다.

민중당이 문을 닫은 이유

민중당이 문을 닫은 이유도 가장 근원적으로는 당원이 없는 우리나라 정치문화 때문이다. 92년 총선에서 민중당은 52명의 후보를 내어서 전국 집계 2퍼센트가 되지 않는 득표를 하고 정당법의 규정에 따라 선거관리위원회에서 등록 취소를 통보 받았지만, 그거야 당을 해산할 이유가 되지 않는다. 당시 민중당의 상당수 지구당 위원장들이 진보정당을 할 뜻이 없었기 때문에 서류만 만들어서 선거관리위원회에 제출하면 되는 일, 법률적 절차로서 재창당을 하지 않았다. 그리고 「국민여러분에게 드리는 글」이라는 제목으로 신문광고를 냈다. 그 전문을 보자.

안타까움과 기대로 24일 밤을 지새며 저희 민중당을 격려하고 지켜봐주신 국민 여러분께 우선 감사의 말씀을 드립니다.
1990년 11월 10일, 40여 년 보수정당만이 판치는 정치판에 민중의 참 목소리를 전하고 노동자, 서민의 고통과 이해를 대변하고자 출범했던 저희 민중당은 많은 제도적 어려움과 탄압 속에서도 있는 힘을 다해 싸웠고, 이번 14대 총선 또한 52명의 후보를 내고 원내 진출을 실현, 진보정당의 토대를 마련하고자 최선을 다했습니다.

그러나 결과는 금권과 관권, 폭력이 판치는 선거풍토 속에서, 더욱이 현행 선거법상 1등을 제외한 60~70%의 유권자표를 사표로 만들어버리는 소선거구제의 불합리함, 그리고 유효득표의 2%를 얻지 못하면 정당을 자동 해산토록 되어 있는 현행 정당법의 위헌적 조항으로 인해 불가피하게 저희 민중당은 보수정치의 장벽을 뚫지 못하고 일단 당이 해산되는 고통을 감수하지 않을 수 없게 되었습니다.

여러 우려에도 불구하고 저희 당에 지지표를 던져주신 30여 만에 달하는 유권자, 그리고 뜻은 있어도 거대 여당의 견제를 위해 당장은 다른 야당을 선택하신 국민 여러분, 그리고 창당 이래 저희 당을 여러 측면에서 지원해주신 뜻 있는 분들의 지지와 격려에 다시 한번 뜨거운 마음으로 감사의 인사를 드리며, 우리 민중당은 여기에서 결코 좌절하지 않고 그릇된 선거제도 및 정당 제도를 개혁하고 이 땅에 서민의 진보정치를 뿌리내리기 위해 계속 분투할 것을 분명히 약속드립니다.

1992. 3. 27. 민중당

서울구치소에서 이 신문광고를 본 나는 뭔가 좀 수상하다고 느끼고 있었지만 자세한 사정을 모르고 있었다. 그런데 나중에 들은 이야기이지만, 뜻밖에도 이어서 열린 민중당 중앙위원회에서 이른바 당권파들은 당의 실질적인 해체를 주장하고 나섰다. 물론 명분이야 좀더 넓은 폭에서 다시 창당하자는 것이며 '왜소한 진보정당'이 아닌 '거대한 진보정당'을 만들자는 것이었다. 그러나 '왜소할 수밖에 없는' 진보정당을 탓하고 인정하지 않는 논리는 한국노동당계를 주축으로 하는 당내 소장파들을 설득할 수 없었다. 그래서 중앙위원회에서는 당권파가 소수파가 되는 상황이었음에도 불구하고 그들은 당을 떠났다. 그리고는 다시 「민중당을 아껴주신 국민 여러분께 알립니다」라는 신문광고를 내고 다음과 같이 선언했다.

존경하는 국민 여러분!

그간 민중당에 보내주신 지지와 성원에 깊이 감사드립니다.

우리 민중당은 지난 2년여 간 돈과 지방색에 물든 한국 정치의 구태를 걷고, 이념과 정책 대결이 중심이 되는 정치의 진정한 현대화를 실현하기 위해, 정치개혁과 서민정치 구현의 기치 아래 모든 노력을 다해 왔습니다. 그러나 이러한 노력에도 불구하고 우리 당은 이번 14대 총선에서 고배를 들어, 결국 당의 등록이 취소되는 어려움을 맞게 되었습니다.

이러한 사태는 물론 신생 진보정당에 절대적으로 불리한 현행의 불합리한 선거제도와 왜곡된 선거 풍토에서 기인된 바 크다 할 것입니다. 또한 이번 선거의 결과만을 놓고 우리 국민이 민주적, 합리적, 진보정당을 결코 원하지 않는다고 단정할 필요도 없을 것입니다.

그러나 그럼에도 불구하고 이러한 선거 결과가 국민의 기대에 부응하지 못하는 허약한 진보정당에 대한 국민적 심판의 의미를 담고 있다는 것만은 부정할 수 없는 사실일 것이며, 이런 점에서 명실상부한 진보정당의 탄생을 열망하는 진정한 개혁세력이라면 이러한 국민의 뜻을 먼저 겸허히 수용하지 않으면 안 될 것입니다.

이러한 상황 인식에서 그간 민중당을 이끌어 온 우리들은 깊고 진지한 고뇌 끝에 현재의 조건에서는 당의 형식적 유지가 아니라 오히려 당의 분명한 정치적 해체만이 보다 강력하고 보다 원숙한 진보정당 건설에 한 걸음 더 가까이 다가서는 길이라는 결론에 도달하게 되었으며, 이에 그간 우리가 모든 것을 바쳐 쌓아온 민중당을 정치적으로 해체하고 이를 통해 보다 강력한 진보정당운동의 새로운 출발점으로 삼으려 합니다.

존경하는 국민 여러분,

실패에 책임질 줄 알고 보다 큰 내일의 탄생을 위해 오늘의 자신을 버릴 줄 아는 용기만이 아마도 이 시대가 염원하는 진정한 진보정당의 탄생을 앞당길 수 있을 것입니다.

오늘 뼈를 깎는 심정으로 민중당의 정치적 해체를 선언하는 우리는 앞으로 이 땅의 모든 양심적, 개혁적, 민주적, 진보적 세력들과 힘을 합쳐 국민 여러분의 기대에 어긋나지 않는 보다 강력하고, 보다 성숙된 명실상부한 진보정당을 탄생시킬 수 있도록 모든 노력을 다할 것을 굳게 약속드립니다.

변함 없는 지지와 성원을 부탁드리며 다시 한 번 그간의 성원에 감사드립니다.

1992. 4. 15.

민중당 상임 대표 이우재, 공동대표 김낙중, 전당대회의장 장영근, 전당대회 부의장 김종신, 중앙당기위원장 김결
중앙당 집행위원 이재오, 장기표, 지은희, 김문수, 신철영, 임수태, 정태윤, 유인렬, 이원주, 염만숙, 송경평

이들은 밀린 월세로 보증금을 다 까먹은 상태로 여의도 민중당 중앙당사를 다수파에게 물러주고 나가서 '민사련'인지 뭔지 하는 이름을 달고서 몇 달 주춤거리는 모습을 보였다. 그러다가 얼마 안 가서 결국에는 이우재, 이재오, 김문수, 정태윤은 신한국당에 입당하고 말았다. 배가 파선하여 가라앉을 때 선장은 배와 운명을 함께 한다는 말도 있는데, 이우재는 선장으로서 마지막 책임을 다하지 않았다. 장

기표가 굳이 이들과 행동을 함께 하지 않았으니 선장으로서 역할을 했다고 할 수도 있다. 그러나 그 역시 2000년 총선을 앞두고 이회창에게 팽(烹)당한 사람들과 함께 민국당을 하고 말았으니 참으로 참담하여 무어라 말할 수가 없다.

그들이 굳게 약속한 바를 지켰다고는 도저히 볼 수 없으니 진보정당의 입장에서 본다면 그들의 이탈은 아무 명분이 없는 짓이고 나중에 역사적 책임을 묻지 않을 수 없을 것이다. 그럼에도 불구하고 나는 그들을 인간적으로 이해한다고 말하고 있으며 이 말은 정치적 수사가 아니다. 그만큼 이 땅에서 진보정당 하기는 어렵다.

그런데 이재오를 비롯한 네 사람 이외에도 여러 사람들이 이 때 진보정당을 포기하려고 했다는 점을 다시 살펴볼 필요가 있다. 이들 지구당 위원장들은 왜 더 이상 진보정당을 하려고 하지 않았던가? 또 왜 지구당 위원장들 중에 절반 정도가 진보정당을 하려고 하지 않는다고 곧 진보정당이 문을 닫았는가? 이상하지 않은가? 그것은 바로 민중당도 이념은 진보적이었지만 지구당 위원장들의 연합체라는 점에서 우리나라의 다른 정당들과 아무 다를 바가 없었다는 사실에서 비롯되었다. 구민중당계만 해도 당원들이 1,000명 정도 있었지만 사실상 운동가 수준이었고 대중 당원이 거의 없었다. 1998년 10월 14일 전국 공익사회서비스노동조합연맹의 창립 9주년 기념 정책 심포지엄 발제문에서 나는 이렇게 썼다.

민중당 지구당 위원장 했던 사람들에게 진보정당하자고 하면 어떤 반응을 보일 것 같은가? 대다수는 진보정당이라면 고개를 흔들 것이다. 왜 그들은 나자빠지고 말았는가? 사실 1992년 총선 후에 민중당 지구당 위원장들이 선거관리위원회의 등록 취소를 핑계로 당을 해체하자고 하지 않았다면 한국의 진보정당의 맥이 끊어지지 않았을지도 모른다. 그러나 그들은 더 이상 진보정당의 지구당 위원장을 하려고 하지 않았다. 왜 그랬을까? 그 또한 벼슬인데? 지금까지 주된 해석은 그들의 계급적 입장이나 사상적 밑바탕이 부실했기 때문이라는 것이었다. 그러나 이 문제를 다른 각도에서도 볼 필요가 있다. 지금까지 해석은, 지구당 위원장이 무한 책임을 지는 조건 속에서 그들이 느낀 고통을 간과하고 있지는 아니한가?

지구당 위원장이 거의 모든 책임을 지는 조건에서 버텨낼 수 있는 사람이 흔치 않을 것이다. 추측컨대, 민중당 지구당 위원장들을 비난하는 그 분들을 새로운 진보정당의 지구당 위원장으로 추대하더라도, 민중당과 같이 지구당 위원장 중심의 조직 구조를 가지는 한, 얼마가지 않아서 일부는 보수정당으로 가고, 일부는 진보정당은 "한국 사회에서 불가능하다"고 주장하고, 일부는 "그래도 진보정당은 해야 하지만" 자기는 "지구당 위원장이나 공직 선거 후보는 맡지 않겠다"고 말하는 양상이 재현될 것이다.

이제 새로운 진보정당은 지구당 위원장을 중심으로 조직을 하거나 그들에게 모든 책임을 지워서는 안 된다. 그것은 망하는 길이다. 그러므로 지금부터도 지구당 위원장 할 만한 사람, 즉 총선 출마할 만한 사람들로 선거구마다 조직책을 모집해가지고 그들을 중심으로 조직을 확대해가려고 해서는 안 된다(전국공익사회서비스노동조합연맹 창립 9주년 기념 정책 심포지엄 자료집, 『진보정당, 어떻게 건설할 것인가?』).

진보정당이 잘 안 된 내적인 이유들

참으로 어려운 객관적 조건이고 현실이지만 진보정당을 하는 사람들이 좀더 잘했다면 지금보다는 그래도 진보정당의 처지가 나았을 것이다. 우리나라에서 진보정당이 이렇게 지지부지한 데에는 우리나라의 진보적 사회운동, 노동운동의 내부적인 문제도 하나의 이유인 것이다. 그러한 내부적인 문제는 여러 가지로 말할 수 있지만 서로 얽혀있다. 대체로 (1) 조합주의의 문제 (2) 불필요한 혁명주의, 운동권 이데올로기의 문제, 주체사상과 비판적 지지의 문제 (3) 한국의 정치문화에 대한 무지 또는 선거에 대한 실용주의적 사고의 부족으로 살펴볼 수 있다.

먼저 조합주의의 문제를 보자. 그것은 노동운동에 해당하는 문제인데, 노동조합 일을 하는 사람들이 어느 정도는 조합주의자가 되는 것이 당연하다. 그러나 그것이 이론의 힘을 빌리고, 배타적인 주장을 하고, 엄청난 정당성을 주장할 때는 문제가 된다. 실로 이 문제는 오랜 문제로서 우리들 진보정당 하는 사람들을 괴롭혀왔다. 장기표는 자주 이런 말을 한다. "너희들 노동조합 하는 사람들, 김문수를 욕할 자격이 없다!" 김문수가 "노동자의 정치 세력화를 함께 해보자"고 호소할 때 외면하던 사람들이 김문수가 노동운동에 절망하고 진보정당을 포기하고 보수정당 들어간 것을 두고 '배신자'라고 욕할 자격이 있느냐는 것이다.

우리가 한국노동당을 하고자 할 때도 우리가 내민 손을 전노협과 단병호 위원장이 뿌리 쳤다. 이른바 '시기상조론'으로 응답한 것인데, 도대체 무엇을 기준으로 적절한 시기를 판단할 것인지부터 논의하고 보면 기준은 아무 것도 없고 다만 내가 할 형편이 아직 아니라는 것 이외에는 없다. 그래서 내가 모처럼 민주노동당 중앙정치연수원 게시판에 오랜 울분을 풀어놓았다. 아니, 이제는 이 문제를 해결해야 한다고 작정하고 우선 당내 토론을 위해 「아나코 생디칼리즘과 레닌주의」라는 제목으로 짤막한 글을 써 놓았다.

아나코 생디칼리즘이라니, 뜬금없이 무슨 영어, 어려운 말로 사람 헷갈리게 하려는 수작인가? 그러나 민주노총은 아직도 아나코 생디칼리즘의 망령에 쫓기고 있는 것이 사실이니 어쩌겠는가? 아니 우리 민주노동당이 가는 길도 이 아나코 생디칼리즘의 망령이 뒤에서 옷자락을 잡아당기고 있으니 다소 어려운 말이라도 공부를 해야 한다.
오랜 시기 전노협 시절부터, 아니 그 이전 서노련 시절부터 사실 우리나라 노동운동을 주도한 이데올로기는 이 무정부주의적 조합주의였다. 서노련 시절의 맹아기에 무정부주의적 조합주의의 정서는 '노동자의 깡다귀'라는 말로 표현되기도 하고 전노협 이후에는 한동안 '전투적 조합주의'로 불리기도 했다. 한때 이 무정부주의적 조합주의에 맞서 레닌주의가 노동운동의 패권을 다투었으나 결국 레닌주의자들의 한계, 거듭된 실패, 세계사적 대변혁 등으로 말미암아 레닌주의는 더 이상 노동운동의 주도권을 다툴 만한 영향력을 상실하고 말았다.
그러나 레닌주의의 패배는 그것으로 그치지 않았다. 그것은 노동운동의 탈이념화, 속류화, 탈정치화로 귀결되었다. 이제 무정부주의적 조합주의에 맞서 노동운동의 주도권을 다투는 이데올로기는 더 솔직한 조합주의, 더 이상 노동조합운동이 혁명적이라거나 혁명적이어야 한다는 허위의식을 가지지 않고 솔직하게 노동조합운동의 한계를 인정하는 실리적 조합주의였다. 그들은 '국민과 함께 가는 노동운동'을 기치로 내걸었다. 물론 그 실리적 조합주의의 일부 참호는 엄혹한 환경 속에서 자신의 사상을 그대로 드러낼 수 없는 주체사상파들에 의해 채워졌다.

무정부주의적 조합주의자들의 특징이라면 우선 진보정당의 필요성을 부정한다. 그리고 그러한 진보정당을 통한 선거 참여의 필요성을 부정한다. 그러한 활동을 그들은 개량주의라고 한다. 인텔리 사상가들이 진보정당의 선전가, 조직가로 노동운동에 들어와서 펼치는 장기간의 선전이나 교육, 조직 활동의 필요성을 부정한다. 왜냐하면 노동자는 스스로 원래부터 혁명적이고 인텔리는 타 계급, 소부르주아지이며 믿을 수 없는 자들이기 때문이다. 그들이 레닌주의자들을 비판할 때 가장 효과적인 방법은 노동자들의 지식인에 대한 불신을 조장, 이용하는 것이었다.

　　"지식인을 믿지 말라!" 그런데 그렇게 외치는 사람들은 다름 아닌 대학생 출신 노동운동가들이었다. (우리가 잘 알다시피 전태일은 대학생 친구 한 사람을 가지기를 원했다.) 그들은 노동조합운동을 혁명운동으로 착각한다. 그래서 그들은 노동자의 정치적 활동 일체를 개량주의라고 한다. 그것은 노동자정당을 결성하고 정기적인 선전활동과 조직 활동을 통해, 그리고 선거 참여를 통해 노동자정당을 만들어나갈 필요성을 인정하지 않고 노동조합 그 자체가 바로 혁명을 할 것이라고 생각했던, 아니 노동조합만이 유일한 혁명적 계급 조직이라고 주장했던 무정부주의적 조합주의자들과 꼭 같은 사고방식이다.

　　한때 노운협이 그 무정부주의적 조합주의를 대표했다. 그 당시 그들은 레닌주의자들을 여러 가지로 매도했다. 그들은 주로 야비한 언어로 저들은 조급한 인텔리 급진주의자들이고 출세주의자들이라고 비난했다. 그들의 진보정당 시기상조론을 오늘에 되돌아본다면 과연 이제야 계급의식이 성장하여 시기가 무르익은 것인지, 아니면 시기가 지나가 버린 것인지, 무어라고 할지 궁금하다. 이제는 <노동자의 힘>을 비롯한 민주노총 내의 좌파 조직들이 그러한 경향을 물려받고 있다.

　　과거 레닌주의를 퍼뜨렸던 사람들은 레닌주의의 오류와 한계를 인정하고 새로운 비전을 제시할 책임이 있다. 마찬가지로 무정부주의적 조합주의 이데올로기를 퍼뜨렸던 사람들도 청소를 해야 할 의무가 있다. 그들이 솔직하게 스스로가 퍼뜨린 사상 또는 사고방식에 대해 철저하게 반성하고 비판하고 분석하고 부정하지 않고 구렁이 담 넘어 가듯 그토록 부정해왔던 진보정당, 민주노동당에 참여한다면 스스로 도 헷갈리고 혼란스러울 뿐만 아니라 그에 영향을 받았던 많은 노동자 들이 혼란에 빠지고 끊임없이 흔들린다.

노운협이나 노운협 산하 여러 지역 노동 단체들, 아니면 그러한 경향을 이어받았던 영남노동운동연구소에 참여하여 활동했던 사람 들이 스스로의 활동이 무슨 대단한 혁명 활동이어서 남들을 개량주의 라고 비난했는지 한번쯤 돌아봐 준다면 얼마나 좋겠는가? 그러하지 않을 때 혼란과 어려움은 계속된다.

예를 들면 레닌주의에는 전략 개념이 있다. 레닌은 전략이 무엇이 라 했던가? 여러 계급과 여러 정치 세력들의 힘의 역관계를 정확하게 타산하고 그에 맞추어 당면한 적을 규정하고 그를 이길 수 있는 연합 이나 제휴를 뜻한다고 했다. 그런데 아나코 생디칼리즘에는 그런 전략 개념이 없다. 그런 전략적 사고란 아나코 생디칼리즘의 관점에서 본다 면 곧 개량주의인 것이다.

문제는 조합주의 노동운동이 남겨놓은 왜곡된 '계급의식'일 것이 다. 그것이 건강한 계급의식이 아니라 인간에 대한 불신, 지식인에 대한 불신, 동지에 대한 불신, 종파주의적인 의식이라면 심각한 것이 다. 그리고 여기서 말하는 무정부주의적 조합주의 경향에 반발하는 노동조합 지도자들은 '국민과 함께 하는 노동운동'을 주장하는 이른 바 '국민파'이니 그러한 경향이라고 제대로 된 것은 아니다. 그 역시 조합주의이며, 차이라면 좀더 소박하고 실리적이며 솔직한 조합주의라고 할 수 있을 것이며, 그렇기 때문에 결국에는 민주노총은 그런 방향으로 나아갈 것이다.

다음으로 불필요한 혁명주의, 운동권 이데올로기의 문제가 있다. 군부독재에 저항하는 민주화 운동을 통해 형성된 '운동권'의 정서와 관념은 혁명적 민주주의를 주조로 하는 것이며 인민주의적인 사조가 가미되었다. 그러한 사고방식과 관념의 덩어리를 우리는 운동권 이데올로기라고 부른다. 그리고 그에 따르는 '운동권 사투리'도 있다. 그것은 군부독재가 무너진 뒤에도 오랫동안 남아서 운동권의 사고를 지배했다. 지금 우리나라 노동운동이나 그 주변에서 좌파라고 하는 사람들은 거의 모두 이러한 운동권 이데올로기, 혁명적 민주주의, 인민주의에 사로잡혀 있는 사람들이다.

그러한 운동권 이데올로기에 따르면 개량주의는 나쁘고 사회민주주의는 개량주의이기 때문에 매우 나쁜 것이다. 그래서 사실상 개량주의적인 실천을 하고 있으면서도 나는 개량주의자가 아니라고 말하고, 사실상 사회민주주의적인 정책을 주장하면서도 나는 사회민주주의자가 아니라고 말하는 것이 아직도 남은 운동권의 낡은 풍습이다. 그래서 민주노동당을 비롯한 진보정당은 운동권의 유산을 얼마나 빨리 정리하고 낡은 풍습과 사고방식에서 벗어나는가가 성공과 실패를 가름할 하나의 조건이다. 그러나 운동권의 인적인 유산, 물적인 유산을 물려 받고 있기 때문에 쉽게 운동권을 부정하지도 못한다. 그래서 딜레마에 빠져 있으며 매우 곤혹스러운 처지에 있다.

나는 한국에서의 사회민주주의가 분명 수요도 있고 가능성이 있다고 생각한다. 한국의 사회경제적 조건은 이미 사회민주주의가 성공할 수 있는 단계에 왔다. 한국 자본주의가 그만큼 성숙한 것이다. 그럼에도 도대체 사회민주주의를 주장하는 것은 아직도 금기에 속한다. 권영길 대표 같은 경우에 강연과 연설에서 엄연히 사회민주주의를 말하면서도 "나는 사회민주주의자다"라고 말하지 않는다. 그것은 당 내부와 노동운동 내부의 분위기를 고려하기 때문인데, 이렇게 하기 때문에 외부, 즉 일반 국민을 상대로 하는 장사가 잘 되지 않는다.

작년에 마침 유팔무 교수를 비롯한 여러분들의 수고로 <사회민주주의 연구회>가 창립되어 나는 당연히 회원으로 가입했는데 창립대회에 이은 기념 토론회에 토론자로 참석해보니 민주노동당 당원은 거의 보이지 않고 내가 아는 사람도 별로 없었다. 그 자리에는 독일 가서 사회민주주의자가 되어 돌아왔다는 민주당의 정범구 의원도 토론자로 참석했다. 그는 실망스럽게도 김대중 정권을 옹호하는 발언이나 하고 말았는데 그의 말을 듣고 있자니 내가 좋아했던 또 다른 한 사람의 사회민주주의자, 독일 가서 공부하고 돌아온 성균관대학교 서양사학과 교수 정현백이 생각났다. 나는 그녀가 쓴 19세기 말 초창기의 독일 사민당의 활동 방식에 대한 글을 너무나 감동 깊게 읽었던 터라 정현백에 대해 엄청난 기대를 했던 것이 사실이다. 그러나 그녀는 김대중 정권이 들어서고 나서 '민화협'이라는 관변단체에 이름을 올리고 우리와는 멀어지고 말았으니 도대체 '이 땅'이라는 곳은 어떤 곳이길래, '이 땅의 삶의 방식'은 어떤 것이길래 이토록 지식인의 삶을 굴절시키는 것인지, 나는 그녀를 생각할 때마다 혼자 분노하곤 한다.

나는 다소 흥분하여 발제된 주제를 약간 벗어나서 내 마음을 토로하고 말았다. 다음은 돌아와서 나의 발언의 요지를 정리하여 민주노동당 중앙연수원 게시판에 「논평의 요지」라는 제목으로 올린 글이다.

지난 11월 19일 사회민주주의 연구회 창립 기념 토론회에 토론자로 참석하여 발언한 내용, 유팔무, 윤도현 두 교수의 발제에 대한 논평을 대략 정리한 것입니다. 참고하시고, 동지들의 관심과 지도를 부탁합니다.

1. 오늘 발간된 책『사회민주주의 선언』에서, 그 일부가 오늘 발표되었지만, 나는 용기를 읽는다. 깊이 있는 분석이나 이론적 검토보다는 우선 이 책에서 용기를 읽는다. 그 용기는 3중의 의미에서 용기이다. 극우로부터 탄압이나 어설픈 좌로부터 개량주의라는 폄하를 무릅쓴다는 뜻에서 2중의 용기가 있었다면, 이 땅 한국 사회에서 감히 정치적 자아의 정체성을 고백한다는 것이 얼마나 큰 용기를 필요로 하는지를 생각하면 세 번째 의미에서 용기가 여기에 있는 것이다. 심지어 민주노동당 안에서도 "니는 뭐냐? 나는 무어다"라는 식으로 정치적 자아를 드러내지 않는 분위기이다. 그래서 나는 이 자리에 오기 전에 우리 중앙당 사무실에 들렀는데, 농담으로 "동지들을 만나러 간다"고 말하고 여기에 왔다. 여하튼 만시지탄이 있으나 이러한 사회민주주의자들의 공개 선언과 활동에 대해 대환영이다.

2. '국가사회주의와 사회민주주의의 한계를 지양, 극복한다'는 식의 진보적 지식인들이 즐겨 쓰는 상투적 수사를 벗어나서 좋다. 90년대 초반에는 나도 그렇게 글을 썼다. 우리 당 정책위원장이신 장상환 교수는 지금도 그렇게 쓰고 있고(민주적 사회주의론) 민주노동당 강령에도 그렇게 씌어 있다. 나는 그런 레토릭이 한편으로는 솔직하지 못한 것이며 다른 한편으로는 분에 넘치는 것이라고 생각한다. 세계사의 첨단은 거기까지 가 있겠으나 우리는 첨단에 있지 않다.

3. 사회민주주의 운동을 위한 객관적 조건은 성숙했으나 주체의 사고방식과 역량에 문제가 있다는 지적에 깊이 공감한다. (진보당의 50년대와 달리) 분명히 한국 자본주의의 발전으로 물질적 조건, 사회경제적 조건은 성숙했다. 그러나 노동운동과 '운동권'의 인식과 사고

방식은 시대착오적이며 비현실적이다. 흔히 민주노동당은 사회민주주의적이라고 규정되고 비판받는다. 그런데 나는 민주노동당을 창당할 때 강령의 작성에 참여하면서 사회민주주의를 이념으로 해야 한다고 주장했지만 찬성하는 동지를 여기 참석한 김두수 동지밖에 얻지 못했다(그만큼 아직도 사회민주주의는 한국의 노동운동과 '운동권'에서 시민권을 얻지 못하고 있다).

4. 노동운동의 '아나코 생디칼리즘적 정서'에 대한 인식도 좋다. 존재하는 모든 것에 대한 반감과 불신을 부추기고 그러한 정서를 거스르는 일체의 시도에 대해 '개량주의'라고 매도해온 한국 노동운동의 이데올로기를 가차없이 비판할 필요가 있다. 어려운 여건에서 고생한다고 무조건 봐주기만 해서는 안 된다. 한국 노동운동은 전투적이었지만 사회 전반의 개조에 대한 전망을 결여한 채 임금인상 투쟁, 경제투쟁에 몰두했다. 그러면서 어처구니없게도 (여기 장기표 선배도 참석하셨지만) 90년대 초 전노협은 민중당에 대해 출세주의자 지식인들이 노동자들을 이용하여 정치를 해보려는 불순한 시도라고 규정했다. 그것은 엄연한 역사적 사실이다. 한국 노동운동의 지배적 이데올로기는 반지성주의, 반정치주의였으며, 한때 전투적 조합주의라고 불렸고 지금도 민주노총의 단병호 집행부의 발목을 잡고 있는 민주노총 내의 이른바 좌파들이 그러한 이데올로기를 이어받고 있다. 전투적 경제투쟁을 혁명적 투쟁이라고 생각하고 진보정당의 필요성을 부정하는 그러한 경향을 내가 본 세계노동운동사에서 아나코 생디칼리즘에 가장 가까운 사고방식이라고 생각한다.

5. 한국의 사회민주주의운동을 새로이 자리잡아 나가는 데 '운동권 이데올로기'에 대한 비판도 필요하다. 여기서 주의할 점은 문제는 맑스-레닌주의의 잔재가 아니라는 점이다. 왜냐하면 사회민주주의는 (합리주의 철학을 바탕에 둔) 과학적 사회주의로서 맑스-레닌주의의

진화(進化)이기 때문이다. 그리고 맑스-레닌주의는 우리나라 운동권의 지배적 이데올로기가 된 적이 없다. 운동권의 혁명주의는 혁명적 민주주의, 혁명적 민족주의, 아나코 생디칼리즘의 혁명주의였다. 참으로 공개적으로 말하기 어렵지만, 솔직히 말하면 실제로 존재하는 주체사상이야말로 스스로는 진화할 수 없는 종교 신앙이 되어 있기 때문에 더 심각한 장애가 되고 있다. 노동운동과 반파쇼 민주화운동의 전통을 이어받는 운동권과 연관 없이 대중적인 사회민주주의 운동이 성립하기 힘들다. 그러나 동시에 그를 극복하지 못하고, 그로부터 자유롭지 않고서는 사회민주주의 운동은 성립할 수 없다. 그것이 한국의 사회민주주의자들이 당면하고 있는 딜레마가 아닐까?

6. 통일된 새 나라. 통일 한국의 새 나라를 구상하는 차원에서 사회민주주의는 특별한 가치를 가지고 빛나게 된다. 즉 통일로 만들 새 나라의 사회경제 체제 구상으로서, 국가 이데올로기로서 사회민주주의를 말하면 다수의 국민들이 찬성한다. 그래서 사회민주주의의 선전에서 통일과 사회민주주의를 연관시켜 원대한 새 나라 건설의 비전을 펼칠 필요가 있다(조동일 교수가 강조하듯이 정도전이 조선을 세울 때와 같은 마음으로 새 나라를 구상해야 한다).

7. 마지막으로 지적하고 싶은 것으로, 민주노동당의 선거(2000년 총선)에서의 실패에 대한 이해는 다소 피상적이라고 생각한다. 그것은 한국의 정치문화에 대한 깊은 이해 위에서 봐야 한다. 그런데 발표자는 한국의 정치문화, 한국의 선거정치와 진보정당의 정체성간의 모순과 충돌에 대한 깊은 이해가 없는 것 같다.

진보정당은 이상이고
선거는 현실이다

지금까지 진보정당이 실패한 또 하나의 이유로 한국의 정치문화에 대한 무지 또는 진보정당과 한국 정치문화의 모순에 대한 불충분한 이해, 그리고 선거에 대한 실용주의적 사고, 유연한 사고의 부족을 들 수 있다. 그래서 나는 "진보정당은 이상이고 선거는 현실이다"라고 거듭 강조하고 있다. 선거는 지금 당장의 현실, 우리가 아직 정치문화를 바꾸지 못한 이 현실에서 벌여야 하는 싸움이다. 그래서 얼마간은 우리나라의 정치문화에 우리가 적응해 들어가야 한다. 쉬운 예를 들어, 지금 당장의 선거들에서 우리는 인물 위주의 선거를 할 수밖에 없다. 그러나 이것은 진보정당의 원칙과는 충돌한다. 이 점을 잘 알고 있어야 한다.

"얼음을 깨는 것은 망치가 아니라 송곳이다"는 장기표의 송곳론이 나오는 것은 바로 이 지점에서다. 진보정당은 정책을 위주로 선거를 해야 한다는 것이 우리들의 당연한 생각이었다. 영국과 같은 선진국에서와 같이 정책을 내세워서 표가 적든 많든 그 정책에 대한 지지를 모아나가야 한다고 우리는 생각했다. 그런데 실제로 선거를 해보니 그렇게 실천할 수가 없었다.

한국의 현실에서는 정책 선거를 한다고 폼을 잡다가는 망한다. 그래서 실제 선거에 들어가서는 이론과는 달리 한국 사람들의 정서에 맞추어 인물 위주로 선거를 하게 마련이다. 그런데 후보로 내세운 한 사람의 인물을 위주로 선거를 한다는 것이 진보정당 당원들의 정서에 맞지 않아 그들을 설득하는 데 애를 먹는다.

그래서 장기표는 "얼음을 깨는 것은 망치가 아니라 송곳이다"라고 자꾸 말했던 것이다. 물론 "내가 송곳의 예리한 끝 부분이 되겠으니 나에게 힘을 모아주고 대중에게 나를 칭송하고 나를 높여 달라. 그러면 내가 얼음 같은 현재의 질서를 타파하겠다"는 주문이다. 그런데 이런 식으로 설득하는 것이 모두가 똑똑하고 제 잘난 맛에 사는 운동권에서는 잘 먹혀들지 않았다. 그리고 송곳의 뾰족한 날은 항상 송곳론을 말하는 장기표 자기 자신이었으며, 한번도 다른 사람을 송곳날로 만들고 자기 자신은 송곳의 손잡이가 되려고 하지 않았기 때문에 송곳론은 해가 갈수록 설득력이 떨어졌다.

어쨌거나 우리가 우선 원내 진출의 장벽을 정면 돌파해내기 위해서는 우리나라의 정치문화를 잘 알고 그에 적응해 들어가야 한다. 그렇게만 했다면 2000년 총선에서도 얼마든지 원내 진출을 할 수 있었다는 것이 나의 주장이다. 마찬가지로 그렇게 하지 않으면 앞으로도 원내 진출하기 어렵다는 것이 나의 생각이다. 그리고 당장 지방 선거에서도 좀더 실용주의적인 사고로 임하여 함부로 다수의 후보를 출마시키고 보자는 방식을 지양하고 실제로 많이 당선시키기 위해 노력해야 한다고 주장했다. 그래서 나는 지방 선거의 전략에 대하여 민주노동당 실명게시판에 글을 연속하여 세 편 썼다. 그러나 나의 주장은 당론으로 채택되지 못하고, 지금 민주노동당의 지방 선거 전략은 매우 딱딱한 정면 돌파의 방향으로 가고 있다. 그리하여 규합할 수 있는 다양한 지방적, 시민적 진보세력들을 규합하지 못했다. 그만큼 민주노동당이 대중성 있는 진보정당으로 나아가지 못하고 있는 것이다. 내가 2001년 9월 17일, 민주노동당 게시판에 「이길 수 있는 길을 가자」라는 제목으로 올린 글은 다음과 같다.

보름 전 서울에서 만난, '사무라이'라는 별명을 가지고 있는 어떤 동지가 말했다. "송철호는 개새끼입니다!" 나는 송철호라는 사람을 전혀 알지 못한다. 그래서 나는 그 동지가 그렇게 말할 만한 어떤 허물이 그 사람에게 있을지도 모른다는 생각을 했지만, 반드시 그렇다는 단정을 짓지는 않았다. 나는 그를 전혀 모르기 때문이다. 그러나 나는 오늘 그가 매우 '좋은' 울산시장 후보라는 사실을 알게 되었다. 물론 여기서 '좋은'이라는 말의 뜻은 그가 도덕적으로 또는 인격적으로 훌륭하다는 말은 아니다. 다만 우리 당의 입장에서 내년 지방선거에서 연대, 지지하여 한나라당과 대결하기에 매우 적합한 무소속 후보라는 뜻이다. 한나라당 소속이 아니면서 이런 정도의 지지도를 가진 후보가 있다는 사실 자체가 영남 전체에서 볼 때 매우 예외적인 현상이다.

9월 10일자 『부산일보』에 보도된 한길리서치의 조사에 따르면, 내년 울산시장 후보로 거론되고 있는 인물 중에서 가장 적합한 인물로 울산 시민의 22.6%가 송철호 씨를 지목했다. 이는 현 울산시장 심완구 7.6%에 비해서는 물론이고 고원준 12.2%, 차수명 10.8%, 권기술 7.4%, 김무열 6.8%, 이규정 3.5%에 비해서도 매우 높은 지지도라고 할 수 있다. 그리고 남녀 구분에서는 남자(27.5%), 연령별로는 40대(31.9%), 직업별로는 공무원(44.4%), 사무전문직(36.4%), 생산기술직(35.4%), 지지정당별로는 민주노동당 지지자(42.1%)들이 높은 지지를 보내고 있다는 사실도 매우 좋다. 다시 말해서 여론 주도층과 민주노동당 지지자들 사이에서 높은 지지를 받고 있다는 사실을 알 수 있다.

이 정도 되는 '친 민주노동당 무소속 후보'가 있다면 우리 당도 무언가 해볼 수 있지 않겠는가? 내년 지방 선거에서 울산에서만큼은 민주노동당이 한나라당을 이길 수 있는 전략이 나올 수도 있지 않겠는가? 물론 송철호 씨가 과연 '친 민주노동당 무소속 후보'로서 울산시장 선거에 출마할 뜻을 가지고 있는지 아닌지는 나는 전혀 모른다. 다만 그가 지난 번 울산시장 선거에도 무소속 후보로 출마한 적이 있고,

2000년 총선 직전에는 우리 당에 입당한 적도 있는 만큼 우리가 적극적으로 연대 제의를 하고 끌어당긴다면 한나라당으로 들어가지는 않을 것이라는 기대를 가지고 있을 뿐이다.

그러면 우리 당이 울산시장 선거에서 '민주노동당 후보'를 내어서 이길 가능성은 전혀 없는가? "천지개벽이 일어나지 않는 한, 그렇다!" 는 것을 나는 오늘 새삼 알았다. 9월 10일자 『부산일보』에 보도된 한길리서치 조사에 따르면 울산에서 정당별 지지도는 한나라당 47.3%, 민주당 15.3%, 민주노동당 7.6%, 자민련 2.2% 이다. 한나라당과 우리 당의 지지도 격차는 6:1 정도 된다. 이 조사 결과는 너무 실망스럽기 때문에 인정하기 싫어서 잠시 접어두고 다른 조사를 살펴보았다. 9월 12일자 『경남신문』에 보도된 경남데이타연구소 조사를 보면 울산에서 정당별 지지도는 한나라당 33.9%, 민주노동당 11.9%, 민주당 5.9%, 자민련 2.5%이다. 우리 마음에 드는 『경남신문』의 여론조사를 인정하더라도 아직 우리 당은 울산에서 한나라당과 3:1의 지지도 격차를 보이고 있다. 현실은 현실로서 인정하자. 현실을 현실로서 인정하지 않고 이길 수는 없다.

이 논의를 경남으로 가져와 보자. 이른바 '자치연대'의 공동대표이기도 한 김두관 남해 군수가 경상남도 지사 선거에 무소속으로 출마할 뜻을 밝히고 있다. 나는 김두관 씨에 대해서는 다소 알고 있지만 그의 사상이나 인격을 평론할 만한 입장은 아니다. 그러나 그의 존재의 정치적 영향은 남해에서 멀리 떨어진 마산에서도 느낄 수 있다. 그의 청렴함과 능력과 진취성은 군수를 연임하면서 충분히 검증되었기 때문에, 나는 부패무능한 마산시장에 실망한 시민들이, 물론 그 중에서 식자층이라 할만한 사람들이 "마산에는 김두관이 같은 놈은 없나?"라고 하는 말을 여러 차례 들었다. 마산에서도 이제 김두관 같은 사람이 시장이 되어야 한다고 말하는 것인데, 그러한 말은 바로 우리 민주노동당을 하는 사람들, 또는 시민운동을 하는 사람들에 대한 기대로 들을 수도 있는 말이다. 분명히 조그만 섬, 남해에서 지역 운동을 열심히 해서 군수가 된 김두관 씨, 그는 이제 상징적인 인물이 되어 있고 도지사 후보로서 충분한 자격을 갖추고 있다. 아마 당선을 장담할 수는 없지만 한나라당 후보에 도전하여 상당한 득표를 하고 2위를 할 수도 있을 것이다. 그러면 낙선하고서도 아쉬운 낙선자로, 다음 도지사 감으로 경상남도 도민의 마음속에 남을 것이다. 그리고 바로 이 사람을 우리 민주노동당이 민다고 한다면 실질적으로 민주노동당 후보나 마찬가지이고 민주노동당이 경남에서는 한나라당에 대항할 만한 유일한 정당으로 다시 확인되게 될 것이다. 김두관 후보와 우리 당은 지고도 이긴 후보와 정당으로 사람들의 평가를 받게 될 것이다.

그러면 김두관 군수가 민주노동당 후보로 출마하도록 권유하는 것은 어떠할 것인가? 그것은 김두관 후보가 가지고 있는 탄력성, 그가 충분히 해낼 수 있는 플러스 알파를 포기하는 우둔한 전략이다. 왜 그러한가? 작년 연말 마산문화방송이 경상남도에 대해서만 조사 발표한 보고서가 최근『부산일보』나『경남신문』조사보다 표본수가 많기 때문에 신뢰도가 높다. 그래서 그 조사를 본다면 경남에서의 정당별 지지도는 한나라당이 31.7%, 민주당이 9.1%, 민주노동당이 7.3%, 자민련이 2.1%이다. 다시 말해서 우리 당의 지지도는 아직 경남에서 도지사 후보를 내서 2위를 할 수 있는 입장이 아니라는 것이다. 민주당에게도 밀리는 처지인 것이다. 그런데 김두관 후보는 무소속으로 나서서 잘 한다면 충분히 민주당 후보를 제치고 2위로 올라설 수 있다. 그리고 그러할 때 비로소 상당한 탄력성을 가질 수 있다. 많은 선거를 해보지 않았는가? 2위로 올라서는 것이 얼마나 중요한지 잘 알지 않는가?

그러면 마지막으로 이러한 논의를 부산으로 가져가면 어떻게 될 것인가? 우선 부산에서는 우리 당이 민주당에 크게 열세라는 사실을 살펴야 한다. 우리 당이 조금이라도 앞선다고 주장할 수 있는 울산이 나 조금 뒤지지만 곧 따라잡아 추월할 것이라고 주장할 수 있는 경남 과는 달리 부산에서 우리 당은 민주당에 크게 뒤지는 것이 현실이다. 그러므로 부산에서는 실제로 이기거나(울산), 지고도 이길 수 있는(경남) 어떤 전략도 없다. 또한 바로 그렇기 때문에 그러한 연대 지지의 대상이 될 만한 후보도 없는 것이다. 그러므로 지난 9월 5일 부산시지 부 대의원대회가 부산시장 후보를 내기로 결의한 것은 올바른 결정이 다. 부산시장 선거와 관련하여 어떤 전략을 논할 만한 힘이 우리에게 는 없기 때문이다. 애석하지만 우리 당은 아직 서울이나 부산에서 시장 선거의 판을 흔들 만한 어떤 변수가 되지는 못하는 것이 현실이 다. 그리고 거꾸로 경남과 울산에서는 우리 당이 선거판을 흔들 만한 변수가 되기 때문에 전략을 논하고 승패를 논할 수 있으며, 또 논해야 만 하는 것이다.

나의 이런 글은 여러 갈래의 비판에 부딪쳤다. 특히 송철호는 2000년 총선을 앞두고 입당을 했다가 울산 북구에 국회의원 후보로 추대를 해주지 않자 탈당을 했던 사람인데 그런 사람 이야기는 왜 하느냐는 비판이 많았다. 그러나 더 근본적인 질문은 "도대체 정당이, 민주노동당이 무소속 후보를 지지한다는 것이 타당한가"라는 것이었다. 그래서 나는 다시 「전략 지역에는 전략이 없다?」라는 글을 올렸다.

11월 8일 화요모임의 월례토론회, 젊은 동지들의 순수하고 아름다운 마음들과 다시 만났다. 8월 28일의 토론회와 같은 주제였기 때문에, 재보궐 선거라는 전투에 함께 참여하지 못한 미안함으로 자청하여 토론회에 갔다. 그리고 어제, 장시간 여행과 추위가 두려워 노동자대회를 가지 않고서는 "작년에는 갔으니까 올해 한해는 쉬어야지" 스스로 달래면서 사흘 전의 대화를 되새김질 해본다. "우리 당원들에게는 민주노동당원이라는 자존심 하나밖에 없다." 쟁쟁하게 남은 한 젊은 동지의 말, 그만큼 정당으로서, 현실의 존재로서, 현실에 존재하는 정당으로서 우리 당이 아직 인정받지 못하고 있는 지금이 가슴 아프고 고달프고 답답하다. 우리의 자존심은 큰데 현실에서는 인정받지 못하고 있다. 그래서 나는 "진보정당은 이상이고 선거는 현실이다"라고 그들을 위로한다. 쉽게 말하면 아직은 우리가 선거를 통해 인정받지는 못한다는 말이다. 우리나라의 정치문화와 우리가 만드는 진보정당은 거리가 멀기 때문이다. 우리가 무엇을 잘못했기 때문이 아니다. "앞으로 십 년을 진보정당과 함께 고난의 행군을 하자" 이렇게 말한 또 다른 젊은 동지는 그 거리를 시간 단위로 재었다. 그 마음들이 왜 이해가 되지 않고 왜 고맙지 않겠는가? 그러나 나는 한 마디를 덧붙이고 싶다. 그런 각오라면, 참으로 그런 각오라면 내 말을 진지하게 들어야한다고, "십 년을 가더라도 무작정 가서는 안 된다"고, 겸손하게 촌로(村老)에게라도 길을 물어 올바른 길을 가야 한다고.

우리 당에는 전략 지역이라는 말이 있다. 나는 지금까지 그 말을 좋아하지 않아서 쓰지 않았다. 그러나 오늘 한번 써보련다. 전략 지역이라면 어디를 말하는지는 우리 모두 잘 안다. 그러면 전략 지역의 뜻은 무엇인가? 전략 지역 당원들의 임무는 무엇인가? 한 마디로 대답해 보라. 그것은 원내 진출의 돌파구를 여는 것이다. 소선거구제에서라도 원내 진출을 해내는 것이다. 1인2표 정당명부제를 도입하면서도 5퍼센트라는 장벽을 쳐놓더라도 기필코 지역구에서 원내 진출을 해내는 것이다. 물론 우리 당이 훌륭한 진보정당으로 성장하는 것이 모두 원내 진출로만 이루어지는 것도 아니다. 원내 진출만이 모든 문제를 해결해주는 것도 아니다. 그러나 그것은 정당으로서 현실에 뿌리내리기 위해서는 중요한 일이다. 우리의 이상에서는 큰 가치가 없는 일이지만 현실에서는 큰 가치를 가진 일이다. 그런데 그러한 전략 지역에는 원내 진출을 이루기 위한 전략이 있어야 한다.

전략이란 무엇인가? 일찍이 세계사회주의운동사에서 '전략'이라고 하면 아군의 수와 힘이 적군을 압도할 수 없을 때라도 이길 수 있는 방법, 적을 고립시키고 많은 우군을 모으고 단결시켜 승리할 수 있는 방법을 말했다. 노농동맹의 전략이든, 민족전선전략이든, 인민전선전략이든 그러한 전략을 거부하는 사람들에게는 종파주의, 섹티즘, 좌익 소아병이라는 어마어마한 진단 결과, 병명이 붙었다. 그런데 우리 당의 중앙, 수도권에서 일하는 그 젊고 패기 찬 동지들은 일체의 '전략'을 거부했다. 아니 전략 지역에 무엇보다도 '전략'이 필요하다는 사실을 이해하지 못했다. 그 이유는 무엇인가? 그것은 나름의 현실로부터 유래된 이유가 있다. 우리 당은 아직 수도권에서는, 그리고 전국적으로는 전략을 구사할 만한 현실적 존재가 아니다. 현실적 정치 세력으로 인정받지 못하고 있다. 그러한 환경에서만 활동하면 그렇게 생각할 수밖에 없다. 그러나 이른바 전략 지역이라는 창원-경남과 울산에서는 지난 총선 이후 현실적 정치 세력으로 인정받고 있다. 그래서 전략을 구사할 수 있는 입장인 것이다. 우리 당의 정체성의 상실을 두려워하지 않고, 자신감을 가지고 잘만 한다면 얼마든지 나름대로 주도권을 쥐고 전략을 구사할 수 있는 입장인 것이다. 물론 우리는 그곳에서 아직 당면한 적, 한나라당을 압도할 만한 힘은 가지지 못했다. 그러나 많은 우군들과 손을 잡고, 새롭게 우리 편에 합류하거나 중간지대로부터 우리 편으로 넘어오는 여러 세력들을 폭넓게 받아들이고, 피아의 중립지대에 있는 중간 세력들과 제휴를 한다면, 아니 심지어 적진의 분열까지도 이용한다면, 물론 그래도 힘겹지만, 그 지역을 지배하고 있는 한나라당을 이길 수도 있는 것이다. 특히 국회의원 선거와 대통령 선거는 우리의 전쟁이고 다만 우군들의 후방에서의 지원이나 도움을 기대할 수 있을 뿐이다. 그러나 지방선거는 정당 정치의 본령이 아니기 때문에 여러 우군들이 앞장을 설 수도 있다. 우리와 함께 직접 전쟁에 참여할 수도 있다. 그래서 나는 이미 끝난 토론회를 향하여 이렇게 말하고 싶다. "전략 지역에는 전략이 필요하다!"

여러 차례 주장했음에도 불구하고 결국 나의 주장은 당론으로 채택되지 않았다. 우선 광역단체장 후보를 많이 내어 전국적으로 유효득표수의 2퍼센트 이상을 득표하면 앞으로 4년 동안 25억 원 이상의 국고보조금을 받을 수 있다는 것은 민주노동당으로서는 지나칠 수 없는 유혹이었다. 그러나 울산에서는 송철호 후보를 영입하는 데 성공하고, 특히 민주노총의 수만 조합원이 모두 민주노총 지지 후보 결정을 위한 투표에 참여하는 형식으로 실질적으로는 민주노동당 당원들과 함께 울산시장 후보를 선출하는 절차를 거침으로써 후보 개인에 대한 지지를 거의 그대로 가져올 수 있었던 점은 다행이다. 나의 주장이 변형된 형태로나마 실현되었다고, 아니 만약 본선에서 결과적으로 당선만 된다면 더 나은 결론이 난 것이다. 참으로 나로서는 상상하지 못했던 일이고 민주노총 울산시지부장 박준석의 고집이 없었다면 이루어지기 힘든 일이었다. 그리고 본선 경쟁력이 높은 북구청장 조승수가 후보 선출 경선에서 낙선하는 등 희생도 많았던 과정이었다.

반면에 경남에서는 민주노동당이 확고한 방침을 결정하지 못하고 머뭇거리고 있는 사이에 경남 출신인 노무현이 민주당 대통령 후보가 되면서 김두관 군수가 민주당에 입당해버리고, 할 수 없이 민주노동당은 당의 후보를 낼 수밖에 없는 처지가 되었다. 그러면서 연대 가능한 세력으로서 자치연대라는 하나의 중요한 세력을 놓치고 또 그럼으로

써 우호적이었던 시민단체들과도 소원해지고 지방선거를 거치면서 당의 외연이 축소되는 안타까운 결론이 나고 말았다. 지방선거를 대중성 있는 진보정당, 한나라당에 이은 제2당으로서 지위를 확고히 할 수 있는 기회로는 만들지 못하고 말았다. 이제 경남에서 민주노동당은 다시 출발하지 않으면 안 되는 처지가 되었다. 이번 지방선거는 선거에 대한 유연한 사고, 현실적인 사고를 하지 않으면 유리한 조건도 살리지 못한다는 구체적이고 뼈저린 경험이 될 수도 있다.

단일 진보정당은 불가능한가

이회창과 노무현이 대통령 후보로 확정되고 지방 선거는 진행 중이다. 나는 이 시점에서 상당한 실망을, 아니 깊은 절망을 느낀다. 특히 서울시장 선거와 인천시장 선거에 민주노동당 후보와 사회당 후보와 녹색평화당 후보가 모두 출마한 이런 상황에 깊이 절망한다. 나는 민주노동당과 사회당과 녹색평화당이 하나의 단일 진보정당이 되어 대통령 선거에 임하기를 바란다. 그래서 세 진보정당이 지방선거 전에 단일 진보정당 창당에 합의를 하고 지방선거에서는 후보 조정 또는 연합공천을 하기를 바랐다. 그리고 노무현의 민주당과도 일부 지역에서는 이를테면 울산과 경남에서 서로 교차 지지를 하는 방식으로 연대하기를 바랐다. 그러나 그런 소박한 꿈들은 실현되지 못했다.

우리나라에는 지금 진보정당이라고 할 수 있는 정당이 셋이나 있다. 민주노동당, 사회당, 녹색평화당이 그것이다. 얼마 전까지 프랑스 조스팽 내각을 구성했던 사회당, 공산당, 녹색당이 우리나라에도 모두 존재하고 있는 것이다. 그러나 애석하게도 아직 이 세 개의 정당 들 중에서 하나도 원내 진출을 하지 못하고 있다. 아니 솔직하게 말해서 셋 중에 어느 하나도 아직 정당으로 인정받지도 못하고 있다.

프랑스에는 무슨 좌파 정당들이 그렇게 많은지, 트로츠키주의 정당만 해도 둘이나 된다. 그러나 프랑스에서는 좌파가 50퍼센트를 가지고 나누어 먹는다. 그러니 그렇게 자유로이 진보정당을 만들 수 있는지도 모르겠다. 각기 다른 정치철학으로 각기 다른 주장으로 진보정당을 만들 수 있다. 그러나 우리나라에서는 좌파는 5퍼센트를 가지고 나눠야 한다. 그래서 우리나라의 좌파는 마음대로 당을 만들지도 못하고 단일 진보정당을 벗어나면 진보대연합을 벗어난 종파주의자라는 비난에 시달린다.

최소한 5퍼센트의 지지는 확인해야 정당으로 인정을 받을 수 있으며 원내 진출도 가능하다. 하나의 학파를 형성하는 데 만족하는 것이 아니라 하나의 정당을 만들어 대중적 정치실천을 하고자 한다면, 나라를 만들고 바꾸는 일, 국정에 참여하고자 한다면 국민의 5퍼센트의 지지는 받아야 한다. 실로 나 같은 사람들, 수십 년 사람들에게 인정받지 못하는 정치를 해온 사람들은 정당으로 인정받는 진보정당에서 일해보는 것이 소원이다. 그래서 나는 진작부터 단일 진보정당을 주장하고 진보대연합을 명분으로 다른 좌파들의 자유를 부정해왔다. 실상 이런 주장들은 상당히 파쇼적이고 다양한 좌파의 정치적 자유를 부정하는 주장이기는 하지만, 또한 이 땅에서 진보정당을 만들자는 충정이라 이해해주기 바란다.

5퍼센트의 지지가 10퍼센트가 되고 15퍼센트가 되고 그러는 사이에 통일도 되고 우리나라도 여러 가지 측면에서 정상적인 국민국가가 되고, 해서 조건이 성숙했을 때 진보정당들도 여러 갈래로 나뉘어져도 좋을 것 같다. 아니 그 사이에 한국 진보정당의 사상 이념적 특성과 독특한 문화가 만들어져서 그 날이 와도 새삼스레 여러 갈래로 나누어지지 않을지도 모른다.

내가 보기에 사회당 동지들이나 녹색평화당을 하는 분들이나 이 땅에 진보정당이 뿌리내리는 일이 얼마나 어려운 일인지 진실로 잘 모르는 것 같다. 아니 민주노동당을 하는 분들도 마찬가지다. 한국의 정치문화를 잘 모른다. 한국의 정치문화, 한국 사람들의 정치 생활은 진보정당이 뿌리내릴 수 없는 자갈밭, 아니 거의 바위 덩어리다. 한국의 진보정당들의 처지는 바위 덩어리가 갈라진 틈, 바람에 날려와 쌓인 흙먼지들에 뿌리를 내리고 자기 뿌리의 힘으로 바위틈을 넓히고 바위를 깨고 그 사이에 더 많은 흙먼지를 받아들여 스스로가 뿌리내릴 토양을 만들어가야 하는 곳에 옮겨 심겨진 장미와 같다. 이러한 혹독한 조건 속에서는 장미는 말라죽을 수밖에 없다. 장미가 뿌리를 내리고 자라나서 숱한 꽃을 피울 가능성은 제로다.

나는 이 땅의 진보정당의 앞날에 대해 매우 비관적이다. 미국 같은 나라에서도 진보정당은 하나의 대중정당으로 성장하지 못했다. 대중정당으로 성장할 듯하다가 소멸되기도 했다. 그런데 우리나라의 조건은 미국보다 훨씬, 아니 수십 배는 어렵다. 그런데 깃발 하나만 흔들면 정당이 될 것이라고 생각하는가? 진실로 그렇게 생각하는가?

미국은 유럽에서 이주해온 사람들이 만든 나라다. 유럽 본국에서 못살아서 이주해온 사람들이 적지 않았을 터이니 진보적 이데올로기가 이주민들과 함께 미국으로 들어왔을 것이다. 그럼에도 무제한의 토지가 있어서 대부분의 초기 이주민들이 소자산가, 개척 농민이 될 수 있었다든지, 1, 2차 대전 덕분에 지속적인 경제 성장이 가능했다든지 하는 몇 가지의 사회 역사적 조건의 차이로 인하여 진보정당은 대중정당으로 자리 잡지 못했다. 그리고는 유럽과는 전혀 다른 보수양당 체제가 성립했다. 기본적으로 압도적인 자유주의 우세의 정치사상적 질서와 보수 양당 체제가 정착한 것이다.

우리나라는 한국전쟁이라는 세계사적으로도 독특한 경험을 한 나라다. 한국전쟁을 거치면서 우리나라 정치는 어떤 정치학 이론으로도 설명할 수 없는 특수성을 가지게 되었다. 그것은 진보정당, 진보이념, 진보사상, 진보인물, 진보와 관련된 일체의 것들을 소독약으로 세균을 박멸하듯, 소독을 완벽하게 한 후에 오직 생존, 살아남는 것이 가장 중요한 가치가 된 극한적 나라에서 권력은 그 자체로 가치가 되고 그것을 추구하는 적나라한 행위가 정치로 되었다.

거의 완벽한 무균 상태, 거기서도 자연발생적으로 진보적인 사고 방식과 요소들은 나타났다. 그러나 그들, 진보적인 사고방식을 가진 사람들, 소수파의 생활은 매우 고달픈 것이다. 사회 생활 자체가 힘들다. 어디서나 왕따 당하고, 그래서 함부로 자신을 드러내지 못하는 소수파의 처지인 것이다. 잠시 민주화운동을 열심히 하면서 빨갱이들이 인정받을 기회를 가지기는 했다. 그러나 빨갱이들은 그 기회를 살리지 못했다. 한가하게도 남북한의 양김 씨에게 그동안 모아놓은 정치적 재산을 가져다 바치고 말았다. 그 후에는 이제 생존 자체가 힘든데 무슨 진보정당을 만들고 국정에 참여할 욕심까지 내겠는가?

그래서 이제 진보정당은 민주화운동의 유산으로 득 볼 생각은 말아야 한다. 무(無)에서 새출발을 해야 하는 것이다. 그러므로 당원들은 사명감을 가지고 스스로 공부를 열심히 해서 진보적이려고 노력해야 한다. 그런데 내가 활동하는 민주노동당에 대해서 솔직하게 말하면 아직 문제가 많다. 민주노동당의 신입당원들은 입당을 할 때 민주노동당 당원이 되면 무엇을 배울 것이며 생활에 어떤 새로운 요소가 보태져서 삶의 의미와 재미를 더할 것인지 기대하지 않는다. 민주노동당의 분회장은 당의 대표만큼이나 하기 어렵다. 도대체 분회 모임에 당원들이 나와 주시지 않기 때문이다. 그렇다고 분회 모임에서 당의 강령이나 정책이나 정치방침이 토론되는 것도 아니다. 주로 술 마시고 노동조합 이야기하고 친목을 도모하다가 선거철이 되면 선거에 대해서 의논한다. 이러한 민주노동당의 분회들의 활동은 보수정당의 하부 조직들의 활동과 크게 다르지 않다. 기관지에 실린 글을 읽고 그 내용을 토론한다든지 신문에 난 당의 성명이나 당 대표의 인터뷰를 읽고 토론하지 않는다. 아니 당원이라고 해서 신문에 보도된 당의 성명서를 특별히 더 많이 읽지도 관심을 가지지도 않는다.

아마도 투표율은 민주노동당 당원들이 일반국민 가운데서 낮은 편일 것이다. 현실의 정치, 특히나 지방정치에 대해서는 일반 시민들, 특히 자영업자들이 주된 구성 요소인 보수정당 당원들보다 더 무관심하다. 그러면서도 민주노동당은 선거를 중심으로 하는 활동에 너무 치우치고 있다. 지금의 민주노동당은 평당원의 입장에서 본다면 거의 선거만을 하는 정당이다. 당원들이 자발적으로 학습하고 선전하고 조직하지 않으니 선거밖에 할 일이 없다. 물론 당 간부들과 상근자들은 열심히 정치 활동을 한다. 그러나 이것은 보수정당들도 마찬가지다. 평당원들의 능동적 활동에 의해 당이 커지고 튼튼해지지 않는다.

우리나라 사람들이 학습하고 선전하고 조직하는 것은 교회나 절에 가서 하는 일이다. 우리나라 사람들은 정치와 관련해서는 학습하고 선전하고 조직할 필요가 없다. 누군가 정치를 하려는 사람들, 공직 선거에 출마하려는 사람들이 자기 주변에 연고를 만들고 사람을 모은다. 나 같은 사람들, 지구당 위원장들은 자기가 국회의원 출마할 때를 대비하여 열심히 조직하고 열심히 선전하고 다닌다. 그리고 지구당 사무국장들은 시의원에 출마할지도 모르기 때문에 열심히 연고자를 확보하고 다닌다. 그리고 바로 그들의 친척이, 동창생이, 동향 사람이 나중에 선거운동을 해줄 것이다.

왜 민주노동당 당원들은 학습하고 선전하고 조직하지 않는가? 그 이유는 민주노동당 당원들도 우리나라 사람이기 때문이다. 민주노동당의 당원은 2만5천 명이 넘어섰다. 2만5천 명이라면 적은 숫자가 아니다. 그들이 모두 진정한 당원이라면 민주노동당은 본격 성장기에 들어섰어야 한다. 그런데 당 기관지『진보정치』의 정기 구독자는 5천 명밖에 안 된다. 민주노총 산하의 조합 간부이기 때문에 민주노총의 조직적 결의에 따라 입당 원서를 쓴 사람이 대부분이다. 그 당원들은 당비는 내지만 마음이 당을 향하고 있지 않다. 당에 대한 충성심이나 소속감이 크지 않다. 당 모임이 아닌 곳에서 당에 대해 이야기하지 않는다. 다른 당의 당원들, 진보정당을 비난하는 사람들과 맞서서 당을 옹호하지 않는다.

이런 정당을 이념정당이라고 할 수 없다. 순수한 이념의 푯대가 없다. 저 푸른 해원(海原)을 향하여 휘날리는 깃발 아래 모인 사람들이 아니다. 그러니 힘이 모이지 않는다. 그래서 나는 민주노동당에 만족하지 못하고 민주노동당에 안심하지 못한다. 그럼에도 불구하고 민주노동당은 상대적으로는 한국 사회에 존재하는 정당들 중에서 이념정당이고 진보정당이다. 그리고 앞으로 진정한 이념정당이 될 수도 있고 진보정당이 될 수도 있다. 그래서 나는 민주노동당에 희망을 건다. 그리고 민주노동당이 운동권의 어두운 붉은 색 깃발을 버리고, 밝은 붉은 색 깃발을 휘날리는 사회민주주의 정당으로 발전하기를 진심으로 바란다.

우리나라 사회주의자들은 원래 레닌주의를 정통으로 받아들였다.

그리고 레닌주의의 언어들을 사용했다. 그래서 사회민주주의라는 말은 욕설로 사용되었다. 거기에다가 개량주의라고 하면 노동조합에서는 자본측과 뒷거래하는, 사측과 타협하려는 경향이라는 뜻으로 쓰였으니 유식한 학출 활동가들이 개량주의라고 말하는 사회민주주의는 뭔지는 모르지만 얼마나 나쁜 것인가? 민주노동당 내에는 이런 언어 습관이 강력하게 남아있다. 그래서 나같이 공공연하게 사회민주주의자를 자처하는 사람은 별로 많지 않다. 내가 보기에 틀림없는 사회민주주의자도 나는 사회민주주의자라고 말하지 않는다. 진중권은 그러한 분위기를 바꾸는 데 큰 역할을 하고 있다. 그는 우리나라는 앞으로 수십 년이 걸려도 유럽 사회민주당들이 만들어놓은 나라를 만들지 못한다고 일침을 놓는다. 사회민주주의를 우습게 알던 분위기를 바꾸고 있는 것이다.

민주노동당의 정책 가운데 사회민주주의를 뛰어넘는 정책은 없다. 아니 대부분 사회민주주의, 보다 정확하게 말하면 현대 사회민주주의 정당들의 정책에 못 미친다. 그러나 그것은 우리나라의 현실이 그만큼 뒤떨어져 있기 때문이다. 우리나라가 유럽의 제대로 된 나라들을 따라잡으려면 몇 번이나 혁명을 해야 할지 모른다. 그런 현실 때문에 민주노동당 강령과 정책 역시 뒤떨어진 것이다. 그걸 정직하게 인정하면 되는 것이다. 그래서 겸손해진 민주노동당이 단일 진보정당을 만드는 중심이 되기를, 모든 기득권을 버리고 보다 폭넓은 진보정당을 만들기를 바란다.

진중권이 말하는 대로 적(赤), 녹(綠), 흑(黑)이라는 세 가지 색깔이 하나의 깃발에 새겨질 수는 없을까? 민주노동당과 사회당과 녹색평화당이 하나로 되어 올해 대통령 선거에서 진보정당의 깃발을 휘날릴 수는 없을까? 그리하여 이념은 뚜렷하고 전략은 유연한 그런 단일 진보정당이 만들어질 수는 없을까? 그러면, 아니 그래서 또 많은 노력이 기울여지면 우리나라에도 대중성 있는 진보정당이 뿌리를 내리고 그 진보정당이 주체가 되어 이 나라의 정치구도와 정치질서와 정치문화를 모두 바꿀 수 있을 것이다. 그것은 비단 사회주의자만 바라는 일이 아니다.

4

자유주의자는 사회주의자와 함께 나아갈 수 없는가

강준만의 『노무현과 국민 사기극』은 분명한 목적으로 씌어진 책이었다. 일찍부터 노무현을 민주당 대통령 후보로 점지하고 공개적인 지지를 분명히 한 책이니 용감무쌍하고 정확한 판단에 근거하여 씌어진 책이다. 『김대중 죽이기』에 이은 강준만의 회심의 작품이고 훌륭한 정치선동문이고 예언서라고 할 만하다. 그러나 그 책이 선동적인 만큼 비판적인 사람의 눈에 거슬리는 부분도 많다.

이 책에 대해서 당연히 민주노동당 사람들이 비판하기 시작했다. 감옥에 있는 민주노동당 서울 강북을 지구당 위원장 박용진이 비판문을 민주노동당 정책이론지 『이론과 실천』에 실었다. 그리고 그에 대한 반론을 강준만이 보내왔다. 그래서 내가 다시 재반론을 쓰게 되었는데 나의 재반론에 대해 강준만이 다시 한번 반론을 쓰면서 초두에다 이렇게 썼다.

곧장 본론으로 들어가겠다. 내가 그의 글에서 가장 주목한 부분은 다음과 같은 발언이었다. "말로 상대할 놈이 아니구나!" 왜 나는 그 말에 주목했을까? 나를 욕했기 때문에? 그래서 나는 말꼬리 잡기식의 시비를 걸려는 건가? 그건 아니다. 나는 그 표현에 그냥 웃었다. 지금 나는 나와 주대환 같은 사람 사이에선 차분한 대화가 거의 불가능하며 그 점이 매우 중요하다는 걸 말하려는 것이다(『이론과 실천』 2001년 12월).

말로 상대할 놈이 아니구나! 좀 심하지 않았을까? 과연 강준만은 여러 차례 그 부분을 거론하면서 내가 논쟁과 대화 자체를 거부하는 자세를 보이고 있다고 단정지었다. 나의 글에서 그 부분을 다시 한번 읽어보자.

강준만은 그 당시 비판적 지지론자들이, 4파전 필승론자들이 무엇을 망쳤는지 모른다. 노태우의 당선이라니, 도대체 말이나 되는가? 그로 인해 민주화는 불철저하게 추진되고, 지지부진하다. 과거는 청산되지 아니하고 지역 감정은 심화되었다. 그런데 왜 김대중이 책임을 지느냐고? 그 이유는 비판적 지지론자였던 유시민이 이미 잘 설명하고 있으니 덧붙일 말이 없다. 다만 유시민처럼 그런 이론적 분석을 하지 않고서도 대다수 국민들은 알고 있었다는 것이다. 그것을 황광우가 지적했는데 그에 대한 반론을 펼치면서 대학교수라는 편안한 직업을 가지고 글이나 쓰는 주제에 감히 풍찬노숙하며 의병을 일으킨 사람에게 결코 해서는 안 될 말까지 하고, 선거에서의 득표수까지 들먹거리면서 인신공격을 하는 것을 보고서는 "말로 상대할 놈이 아니구나!"라고 생각했다(『이론과 실천』 2001년 11월, 164쪽).

강준만은 여기서 특히 "대학교수라는 편안한 직업을 가지고 글이나 쓰는 주제에 감히 풍찬노숙하며 의병을 일으킨 사람에게 결코 해서는 안 될 말까지 하고"라는 대목을 문제삼았다. 내가 논리가 아닌 도덕적 우월감으로 상대방을 찍어누르려고 한다는 것이다. 그래서 나는 강준만이 내가 지적하는 대목을 읽어보지 않았다는 것을 알게 되었다.

내가 왜 그토록 무례하고 심한 말을 했을까? 그것은 강준만이 1995년에 쓴 『김영삼 이데올로기』라는 책의 373쪽부터 397쪽을 보면 알의 생각이나 조갑제의 생각이나 큰 차이가 없다고 하는 점을 우리는 어떻게 받아들여야 하는 걸까? 아니다. 오히려 황광우가 더 심하다. 그는 김대중이 87년 대선에서 자신의 당선을 확신했었다는 착각마저도 믿지 못하겠단다.

그의 말을 들어보자.

'정치 9단이라 불리는 김대중이 87년 대선에서 자신의 승리를 진심으로(!) 기원하였으리라 나는 추호도 생각하지 않았다. 김대중의 대선 출마 이유는 당선에 있었던 것이 아니고, 평민당이라고 하는 '자신의 독자 정당'을 챙긴 데 있었던 것이다.…… 그리하여 김대중의 의도대로 87년 대통령선거 이후 김대중은 톡톡히 재미를 본다. 딴날 남의 자가용에 빌붙어 여행 다니다가 마침내 오너 드라이버가 된 것이다.…… 선거란 나가면 미쳐야 하는 것이고 나가서 깨지면 끔찍한 상처가 남는 것이지만, 선거에 나가지 않으면 자신의 정치세력을 남에게 빼앗기기 때문에 '지는 줄 알면서 나가는 것이다.'

그것 참 해괴한 주장이다. 내가 그러면 남들도 그러는 줄로 아는 건가? '지는 줄 알면서 나가는 것'은 황광우 자신의 이야기가 아닌가 말이다. 아는 사람은 알겠지만, 황광우는 92년 총선시 민중당 후보로 광주 동구에 출마했다. 물론 낙선됐다. 낙선은 해도 5명 중에 꼴찌를 했다. 1등이 민주당 신기하(51,804표), 2등 무소속 이문옥(22,731표), 3등 민자당 조규범(4,043표), 4등 국민당 윤계걸(2,712표), 5등 민중당 황광우(1,267표)였다.

참여하는 데 의의를 두었던 걸까? 그런 참혹한 결과를 전혀 예상치 못했단 말일까? 그는 당시 자신이 출마한 이유에 대해 '광주가 이번 대선이 끝난 후 정치적 무정부주의로 흘러버릴 우려가 크기 때문'이라고 밝히면서 이제 '광주는 새로운 대안을 가져야 할 때'라

고 주장한 뒤 '앞으로 10년 후 2002년에 대권을 잡을 수 있는 새로운 나무를 선택하고 가꿔나가자.'고 호소했다.

자신의 국회의원 출마는 미래를 위한 준비고, 김대중의 대통령 출마는 자신의 정치세력을 남에게 빼앗기지 않기 위해서다? 그건 좀 심하지 않은가? 황광우식으로 보자면 김대중은 71년에도, 아니 92년에도 자신의 정치세력을 남에게 빼앗기지 않기 위해 대통령에 출마한 것이 된다. 아니 실제로 그렇게 주장하는 인물이 있었다. 충북대 교수 유초하는 92년 대선시 김대중과 민주당을 '민주적인 야당'이 아니며, 민자당과 민주당의 차이는 무의미하다고 규정하면서 다음과 같이 말했다.

'더욱 빽을 드러내는 식으로 표현할 때 김대중이나 정주영씨가 당선되기 매우 어렵다는 것을 스스로 잘 알면서도 끝까지 대권경쟁에 나서는 것은 향후 이루어질 보수연합 제2차 판짜기에서 제2인자 또는 그 비슷한 지위를 계속 누릴 수 있기 위해서인 것이다.'(『말』 92년 12월호)

빽을 드러내놓고 이야기하든 빽을 감추고 이야기하든, 그런 주장은 궤변의 극치에 다름아니다. 그렇게 성공을 했느냐 실패를 했으나 하는 결과만으로 동기까지 의심한다? 황광우나 유초하는 실제로 자신들의 민중운동이 그런 결과에 의해 동기까지 의심받는다면 기분이 어떻겠는가?

언론을 몰라도 너무 모른다

김대중에 관한 한 조갑제와 황광우의 생각에 통하는 점이 있다는 건 황광우의 『조선일보』에 대한 인식에도 심각한 문제가 있다는 걸

수 있다. 그는 거기서 황광우가 『사회평론 길』(1995년 5월)에 쓴 『김대중 죽이기』에 대한 반론을 반박하면서 온갖 소리를 다 늘어놓다가 마침내 황광우가 92년 총선에 광주 동구에 민중당 후보로 출마하여 몇 표나 얻었는지를 말하고 있다. 즉 '형편없는 득표를 한 네가 무슨 말이 그렇게 많으냐'는 식이다. 아니, 처음부터 "독자들께서는 '황광우가 누구야?'라면서 그 주장을 무시하지 말기 바란다. 여기서 중요한 것은 황광우라는 이름이 아니라 그의 논리이기 때문이다"라고 시작하여 상대를 무시하고 들어갔다.

80년대부터 정인, 황인평, 조민우 등 여러 가지 필명으로『소외된 삶의 뿌리를 찾아서』,『들어라 역사의 외침을』을 비롯한 많은 책들을 쓰고 편집하고 번역해서 아마도 모두 합하면 백만 권은 넘는 책이 팔린 대중성 있는 좌파 문필가를 그가 모르고서, 중요한 것은 황광우라는 이름이 아니라 그의 논리라고 말한 것이 큰 실례는 아닐지도 모른다. 모르는 것이 죄는 아니기 때문이다. 그러나 민중당 후보로 1992년의 광주에서 출마한다는 것이 무엇을 의미하는지를 몰라서, 득표도 얼마 하지 못했으니 무시해야겠다고 하는 것은 참을 수 없어서 내가 "대학교수라는 편안한 직업을 가지고" 운운했던 것이다. 그런데 내가 지적했던 그 대목을 읽어보지도 않고 내가 도덕적 우월감으로 자기를 대한다고 단정지어 버렸다. 그 후에는 아예 진보정당 사람들은 독선과 오만에 가득 찬 사람으로 규정하고 든다.

강준만은『말』의 고동우 기자의 지적을 받아들여『인물과 사상 2』의 245쪽에서 다음 대목을 다시 읽어보는 데 그치지 말고『김영삼 이데올로기』의 392쪽도 읽어보기 바란다. 거기 무어라고, 어떤 예의바른 말들을 써놓았는지. 그리고 제발 앞으로는 87년 대선에 대해서는 말하지 말기를 바란다.

행여 진보 진영도 독자 후보를 내겠다고 발버둥치지 말라. 97년 대선은 진정한 그리고 건설적인 3김 청산의 절호의 기회이다. 왜 그렇게 성급한가? 왜 이 몇 달을 못 참는가? 진보 진영은 공정 선거를 이루는 데 모든 노력을 경주하라.

왜 민주노동당은
노무현을 비판하는가

강준만은 우리의 김대중-노무현 비판에 너무 민감하다. 그는 우리가 김대중이나 노무현을 때려서 우리 표를 늘리려고 한다고 믿고 있다. 그리고 우리가 김대중이나 노무현에 대해 비판하는 것이 극우파와 싸우는 김대중이나 노무현을 등 뒤에서 공격하는 행위라고 생각한다. 그러나 우리는 진보정당의 길이 민주당의 길과 다르다는 것을 말할 따름이다.

> 제발 부탁하지만, 민주노동당은 코에 손도 안 대고 코 풀려는 생각으로 행여 노무현 때려서 표 얻을 생각하지 말고 한나라당 때려서 민주당으로 표 이동시켜주는 동시에 민주당 때려서 민주당 표 빼앗아오는 전략을 택해야 할 것이다(『인물과 사상 21』, 31쪽).

이런 말은 우리에 대한 중대한 모독이다. 우리가 노무현을 비판하면 그것은 코에 손도 안 대고 코 풀려는 생각에서 비롯된 것일 수도 있다는 이야기인데, 얼마나 모욕적인 발언인가? 또 그는 1997년 대선에서는 진보진영이 김대중 물어뜯기 전략으로 일관했다고 말한다. 아마도 그가 그렇게 느낀 것인데 왜곡된 인식이라 하지 않을 수 없다. 그도 또 다른 파쇼가 아닌지 의심스럽다.

처음 노무현에 대한 비판적 지지론이 나왔을 때는 민주노동당 안에서는 가벼운 비판이 주를 이루었다. 문제의 심각성을 바로 인식하지 못한 것이다. 그래서 노무현이 상대적으로 진보적이고 친노동자적이라는 사실은 인정하지만, 그 한 사람이 보수정당을 기반으로 대통령이 된다고 해서 크게 바꿀 수 있는 것은 없다든지, 노무현은 민주당의 대통령 후보가 될 가능성이 없다는 정도였다. 즉 당시의 비판은 주로 한 인물에 과도한 기대를 거는 것은 너무 순진하고 단순 소박한 정치 행동이라는 상식적인 비판이었다. 민주노동당 기관지 『진보정치』(74호, 2002. 2. 1~2. 7)에 실린 민주노동당 중앙연수원 총무부장 홍기표의 글 「인물 중심 세계관 한계 못 벗어나」는 당시의 민주노동당 분위기를 대변하고 있다.

노무현은 더 이상 노무현이 아니다. 곧 우주미아가 될 정치 세력에 있다. 노무현 지지론으로 위장된 김대중 정권 재생산론이 그것이다. 이 세력이 최근 노동자의 정치 세력화를 위해 노동자가 노무현을 지지해야 한다는 주장을 하고 나섰다(『말』 2002년 2월, 이충렬, 「노동형제들 노무현 카드로 승부를 냅시다」). 이러한 주장은 역사가 스스로를 개혁하는 과정에 대한 매우 천박한 이해를 전제로 하고 있다.

노무현이 이회창에 대항할 수 있는 유일한 대안이라는 이들의 주장은 허구다. 노무현은 이번 선거에서 대통령이 될 수 없다. 민주당은 김대중–권노갑 헤게모니의 통제를 받는 당이기 때문이다(권노갑은 김대중의 자금담당이었다). 호남의 정치 대부인 권노갑의 정치적 기득권이 유지되려면 현재의 지역간 대결구도가 흐트러져서는 안 된다. 따라서 호남정권을 위한 영남후보는 애초부터 고려 대상이 아니다. 만에 하나 어떤 이변이 일어나 노무현이 후보가 되고 이인제가 경선에서 탈락할 경우 이인제는 또 탈당할 것이다. 이번에는 한나라당이 아니라 민주당에서의 탈당이기 때문에 어차피 노무현은 대통령이 될 수 없는 것이다. 노무현 대통령론은 이래저래 실현 불가능한 구상이다.

노동자의 정치 세력화는 어떤 개인을 지지한다고 해서 될 일이 아니다. 따라서 노동자를 위해 노무현을 지지하자는 주장은 도무지 이해할 수 없는 발상이다. 인물중심 세계관을 가지고 정치현상을 바라보는 것은 정치 초짜들이 술판에서 하는 어리숙한 분석에 지나지 않는다. 노무현 지지론은 노무현 팬클럽론이나 다름없다. 인물 중심 세계관에 만취된 이들은 그냥 집구석에 처박혀 강준만의 『인물과 사상』이나 보고 또 보면 된다. 노동자가 무슨 연예인 따라다니는 10대 소녀들인가? 특정 정치인 한 사람을 따라다니자는 주장을 어떻게 조직된 노동자의 정치방침으로 제출할 수 있단 말인가?

노무현 지지론은 노무현이 민주당 후보가 되지 않으면 어쩌겠다는 것인지 아무런 대안이 없다. 그래서 이 주장은 노무현이 민주당 대통령 후보가 되기 위해서 구세력에 대한 비판 의지를 상실하는 것도 이해해주는 당연한 논리적 귀결을 보인다. 노무현이 더 이상 노무현이 아닌 상황도 기꺼이 감수하는 것이다. 노무현은 당내 개혁 과정에서 아무 역할도 하지 않았다. 소위 쇄신파 명단을 아무리 눈을 씻고 찾아봐도 노무현은 없었다. 그 순간 노무현은 권노갑의 눈밖에 나지 않기 위해 노심초사하며 복잡한 논리 개발에 열중하고 있었을 뿐이다.

역사는 기득권 세력에 대한 구걸을 통해 발전하지 않는다. 지난 대선에서 한국노총이 김대중을 지지했지만 달라진 것은 없었다. 민주당의 이번 당내 개혁 과정을 보자. 민주당의 불철저하지만, 소위 정당 개혁이 있을 수 있었던 것은 민주당 바깥에 많은 견제, 비판 세력들이 존재했기 때문이다. 주요하게는 10월 재보선에서 민중들이 민주당에 몰락을 안겨줬고 이로부터 당내 위기감이 촉발됐기 때문이다. 결국 김대중 당이 자기가 하고 싶어 개혁을 한 것이 아니라 외부의 역학관계로부터 강제된 힘에 의해 개혁이 추진됐던 것이다. 노무현 지지론은 이러한 역사의 자기 개혁 과정을 이해하지 못하고 있다.

결국 노무현 지지론은 노무현이 대선 후보 경선에서 탈락하는 순간 우주미아처럼 거리를 방황하다가 게임의 규칙에 대한 승복을 핑계로 대고 이인제 지지론으로 탈바꿈해 결국 구세력의 기득권을 지탱해주는 본색을 드러낼 것이다.

왜 권력은 바뀌어도 부패는 반복되는가? 그것은 지금까지의 권력교체가 모두 기득권 세력의 품에 안기는 형태로 진행됐기 때문이다. 우리는 기존의 기득권으로부터 완전히 독립된 전혀 새로운 힘을 조직해야 한다. 혹자는 이 작업이 불가능하다고 하지만 이것은 성공 여부를 떠나서 그 자체로 기득권 세력에 대한 거대한 압박요인이다. 역사 발전을 위한 필수 구성 요소인 것이다. 따라서 그 힘은 클수록 좋다. 천박한 인물 중심 세계관으로 노동자를 기만하려는 시도를 초저녁에 박살내고 노무현보다 한 걸음 앞에서 강력한 힘을 결성해야 하는 까닭은 여기에 있다. 이것이 권력 재편기를 맞는 조직된 노동자의 정치방침이다.

그러나 '노풍'이 거세게 불고 노무현이 민주당 대통령 후보가 될 가능성이 현실화되자 민주노동당 주변에서는 상당한 흔들림이, 또는 앞으로의 흔들림에 대한 우려가 증폭되었다. 이런 동요 가운데 여러 사람들이 나서서 글을 발표하고 다양한 토론을 전개했다. 나도 『진보정치』(81호, 2002. 4. 1~4. 7)에 「우리는 그들과는 다른 나라를 만들려고 한다!」는 제목으로 짧은 글을 한편 썼다.

솔직하게 인정하자. 우리는 노무현 바람에 민감하다. 계급적으로나 지역적으로나 우리 당의 지지층이 여러 대통령 후보들 중에서 노무현이 우리와 가장 많이 겹친다고 느끼기 때문이다. 3월 16일 대의원대회장에 날아든 전화들, 민주당 경선 광주 노무현 1위의 소식에 우리는 뒤통수를 얻어맞아 아무 소리도 들리지 않는 얼얼함을 맛보았다. 그리고 연이어 터지는 후보 사퇴의 지뢰들, 이인제가 말하는 음모가 있는지는 모르지만, 돌풍이 태풍으로 바뀌는 듯하더니 금새 민주당의 대선 후보 경선 자체가 엉망이 되어가고 있다.

그래도 다시 한번 솔직하자. 우리는 안일했다. 노사모가 뜨고 강준만이나 문성근이 노무현을 지지하고 나섰을 때 노무현은 민주당의 대통령 후보가 될 가능성이 없다고 일축하고 세월이 흐르기만을 기다리던 우리는 안일했다. 그만큼 지금 우리는 당황하고 있다. 그리고 여러 동지들이 고민하고 토론하고 있다. 과연 노무현이 새천년민주당 대통령 후보가 된다면 우리는 어떻게 대응해야 할 것인가?

우선 나는 군자는 어려울 때 의연하다는 공자 말씀을 상기하고 싶다. 우선 지나치게 위축되어 수세적으로 되어서는 곤란하다. 지나친 공격성의 표출도 새로운 상황을 패배적으로 수용하는 것과 마찬가지로 심리적 위축과 공포로부터 나오는 것이다. 지방선거의 전략이나 대통령 선거의 전략을 수정하자는 말들이 있는데 대부분 이런 주장들도 심리적 위축과 수세적인 사고에서 나온다. 폭넓은 연대를 기조로 하는 우리 당의 지방 선거 전략을 부정하는 듯한 주장이 있다. 그러나 지방 선거는 어디까지나 지방선거다. 또 대선에서 노무현과 손잡자는 이야기는 당연히 성급한 주장이다.

문제는 선거 전략보다 훨씬 더 근원적인 곳에서 제기되고 있다. "왜 진보정당인가?" "왜 노무현이 아니고 진보정당인가?" 바로 그것이 문제가 되고 있는 것이다. 그렇기 때문에 발전 산업의 민영화에 맞선 발전노조의 파업이 노무현 바람과 절묘하게 겹치고 있는 이 현실을 딛고 우리는 일어설 수 있다. 그런데 엉뚱하게도 선거 전략의 수정을 요구하는 것은 남의 다리를 긁는 것이다. 지금 우리가 할 일은 진보정당의 독자적 존립 근거, 존재 이유가 될 정치철학과 그에 기초한 정책과 국가적 현안들에 대한 우리 당의 주장을 세우고 선전하는 일이다.

그것은 말하자면 노무현 바람, 또는 보수정당의 진화와 발전에 맞서서 우리 당원들이 대중을 설득할 수 있는 논리를 개발하고 그 논리로 우리 당원들을 무장시키는 일이라 할 것이다. 정당 정치는 대중을 설득하여 자기편으로 많이 끌어들이는 편이 이기는 싸움이다. 그런데 보수정당은 새로운 메뉴를 들고 나와 흥행을 성공시키고 있는데 우리끼리 모여서 우리만이 알아들을 수 있는 말이나 나누고 있다면 진보정당은 가능성이 없다.

그래서 노무현 바람은 분명히 시련이지만 그에 맞서 수세적으로 움츠러들기만 하지 않고 적극적으로 대응한다면 오히려 우리에게 좋은 기회라고 할 수 있을 것이다. 지금 우리는 "우리가 어떤 나라를 만들려고 하는가?"를 더 깊이 생각하고 더 큰 소리로 말해야 할 때다. 그래서 "우리는 그들과는 다른 나라를 만들려고 한다!"는 것이 당 안팎에 분명해져야 한다.

토론이 진행되면서 논의는 깊이를 더하게 되었다. 최근에 민주노동당 중앙당 상근자로 발령받은 김정진 변호사가 민주노동당 사이트에 「당이 처한 어려움」이라는 제목으로 깊이 있고 설득력 있는 글을 썼다.

아마도 노무현 지지자들은, 마치 97년 김대중 지지자들이 그랬던 것처럼, 민노당에게 후보 사퇴 압력을 가하면서 온갖 비난을 퍼부을 것이다. 이번에도 강준만이 선두에 서지 않을까 한다.

상당수 많은 당원들은 흔들릴 것이다. 노무현이 몇몇 영역에서 구미에 맞는 주장을 하기에 노무현이 집권하면, 혹시(?) 무언가 되지 않을까 하는 생각을 하게 된다.

문제는, 당이 이에 대해서 명확한 입장을 표시하건 안 하건, 당 외부의 비난과 당 내부의 흔들림을 막기가 쉽지 않다는 것이다. 우리 당의 당원들은 김대중의 당의 지지자들과 노사모보다도 어떤 면에서 그 응집력과 충성도가 떨어지고, 당의 대사회적 발언력은 그 정치적 힘의 미약함 때문에 외부에 전달되기는 대단히 어렵다(진중권 동지와 같은 대중적 논객이 노무현 지지자들과 선을 긋는 글쓰기를 한다면 어느 정도 알릴 수는 있을 것이다. 하지만, 이는 진중권 동지로서도 쉬운 일은 아닐 것이다).

논리적으로는 분명한 것이 하나 있다. 노무현이 집권하면 그는 변한다. 이유는 그가 사기꾼이어서가 아니다(이런 점에서 김대중도 사기꾼은 아니었다). 그가 당선자의 지위만 되도 공식적인 국가기구가 그에게 충성하면서 엄청난 양의 고급정보를 올릴 것이다. 아마도 공기업을 민영화하지 않으면 안 되는 이유에 대해서 엄청난 양의 보고서——학자들, 관료들이 만든——를 올릴 것이다. 당선자가 되어서 만나는 사람들은 완전히 다르다. 최고위결정권자들을 만나면서 그들의 식견에 나름대로 공감할 것이다. 그가 그 견해를 바꾸는 것은 시간 문제이다. 국가보안법 문제도 이런 식으로 볼 수 있다. 국정원장은 정기적으로 대통령과 독대한다. 최고급 정보를 가지고 있는 국정원장은 북한의 남한 혁명전략 및 그 실태에 대해서 아주 현실적으로 설명할 것이다(물론, 그 중의 일부는 사실일 것이다).

김대중은 97년 선거 일주일 전에 정리해고를 안 하겠다고 했다가 당선 후에 바로 뒤집었다. 표를 얻기 위한 술수라고만은 볼 수 없다. 정리해고의 불가피성과 한국경제가 처한 상황, IMF 구제금융 사태의 실체 등등에 대해서만 많은 보고와 정보를 얻었을 것이다. 아마도 특별한 사정이 있지 않는 한 그의 생각이 바뀌는 것은 시간 문제였을 것이다.

김영삼은 쌀 시장을 절대 개방 안 하겠다고 했다. 아마도 그도 일부러 거짓말을 하지는 않았을 것이다. 쌀 시장을 개방하지 않을 수 있다고 생각했을 수 있다(물론, 김영삼이 지적으로 약간 멍청하기는 하지만 …). 나중에 WTO 협상과 그것이 한국경제에 미치는 여파, 이해관계, 득실에 대해서 보고를 들었을 것이다. 생각이 바뀌는 것은 시간 문제이고, 남는 것은 농민들을 돈으로 매수하는 것밖에 없었다.

확고한 신념 못지 않게 중요한 것이, 자유주의적 학자 및 보수적 관료들의 생각에 포섭되지 않을 정도의 구체적, 현실적 정책 및 그를 뒷받침할 수 있는 강력한 조직이 있어야 한다는 것이고, 이것은.현대 사회에서는 정당일 수밖에 없다. 이러한 것이 뒷받침되지 않는 한, 노무현이 자신의 견해를 뒤집는 것은 시기가 문제일 뿐이다.

문제는 이러한 주장이 대중들한테 별로 설득력이 없다는 것이다. 사람들은 다르다고 생각한다. 노무현이 김대중과, 김대중이 김영삼과. 분명히 사람은 다른 사람이다. 하지만, 정책과 조직이 뒷받침되지 않는 사람은, 결국은 관료, 학자, 최고위 여론주도층에게 넘어가고 만다.

당은 당분간 어려운 행보를 계속하여야 할 것이다. 노무현 지지자들로부터는 우리의 정체성이 노무현과 다른 것이 무어냐고 끊임없이 공격당할 것이고(조금 억울한 일이다. 당은 그 강령이 공개되어 있고, 상당한 분야의 문제에 대해서 분명한 입장을 밝혀왔다. 이만큼 자신의 입장을 많이 밝힌 정당이 어디 있을까? 그럼에도 불구하고 정책이 빈약한 몇몇 정치인을 지지하는 자들이 우리 당에 대해서 정체성 운운하는 것은 우스운 일이다), 흔들리는 당원들은 노무현 쪽으로 자꾸 쏠리게 될 것이다.

어려워질수록 중요한 것은 미래이다. 우리 당이 당답지 못한 가장 큰 이유는 원내 진출을 하지 못했기 때문이고, 노무현 지지자들이 우리 당을 무시하는 것 또한 그런 이유 때문이다. 마음껏 비웃게 하라. 총선에서 2%도 못 얻고, 온갖 구박을 당하는 당이지만, 그 속에서 계속 단련되어 왔다. 2년 남은 총선, 그때까지 당은 여러 가지 어려움에 직면할 것이다. 그때까지 당직자들과 당원들은, 끈기와 인내를 가지고, 대장정을 하는 심정으로 임해야 한다.

어찌 보면 우리 당원 모두는 일정 정도 소모품일지도 모른다. 진보정당의 기초를 닦는 데에 자신의 노력을 투자하지만, 그 결과는 자신에게 돌아오지도 않고, 성공보다는 끊임없는 실패로 점철되어 실망 속에서 포기하기도 하고, 그 자리를 누군가 다시 메워 자신의 노력을 또 투여한다. 그 열매는 후세들이 취할 것이다.

오랫동안 산길을 가다보면 산짐승, 들짐승, 잡짐승들이 출몰하기 마련이다. 일일이 신경 쓰다가는 목적지에 도착하지 못한다 ….

민주노동당이 느끼는 어려움은 진보정당에 우호적인 많은 분들, 대부분이 소박한 진보주의자들이고 그래서 대중적 영향력이 큰 분들이 '노풍'에 흔들리고 노무현 지지 선언에 동참함으로써 새삼스럽게 민주당 지지자로 돌아가는 현상이다. 물론 노무현 지지와 민주당 지지는 엄연히 다르지만 결국에는 진보정당의 입장에서는 마찬가지인 것이다. 이에 민주노동당의 지부들과 지구당들도 진보정당의 정체성을 분명히 하려는 노력을 하지 않을 수 없게 되었다. 먼저 지난 3월 30일 마산실내체육관에서 열린 경남지역 민주당 대선 후보 경선을 앞두고 낸 2002년 3월 28일자 민주노동당 마산합포지구당의「권영길의 길과 노무현의 길은 다르다」란 성명을 보자. 이 성명의 요지는 지역 신문 『경남도민일보』에 보도되었다.

권영길의 길과 노무현의 길은 다르며 민주노동당의 길과 새천년민주당의 길은 다르다. 이인제 씨가 노무현 후보는 민주노동당의 후보가 되어야 한다고 말했지만 그것은 무지의 소치다. 노무현 후보는 지금 수천 명의 조합원들이 목숨을 걸고 저지 투쟁하고 있으며 국민의 대다수가 반대하고 있는 발전 산업 민영화에 대하여 아무런 입장을 표명하지 않고 있다. 반면에 우리 민주노동당은 총력으로 발전 산업 민영화에 반대하고 있다.

노무현 씨는 나는 김대중 대통령의 정책 노선을 계승하겠다고 말하고 있다. 그런데 김대중 정권의 정책 노선의 핵심은 IMF가 요구한 사항, 즉 일방적 금융 개방, 공기업 민영화 및 해외 매각 또는 재벌 매각, 대공장 대기업의 해외 매각, 구조조정이라고 표현되는 대량 해고에 다름 아니다. 그 결과 여러 개의 은행과 포철, 삼성전자, 하이닉스, 대우자동차, 발전소들이 줄줄이 외국 자본에 넘어가고 있다. 거기에 대해서 노무현 씨는 반대 입장을 표명하지 않고 있는데 이러한 노무현 씨를 어떻게 진보라고 할 수 있겠는가?

이른바 '노풍'은 지역주의에 기반한 보수 정당들의 대립 구조, 구정치 체제에 대한 거부 현상이고 바람직하다고 본다. 이 바람은 더 일어나야 한다. 실상 우리는 노무현 씨가 대통령 되기를 바라고 있다. 왜냐하면 그것이 민주노동당 집권의 시기를 앞당기는 길이기 때문이다. 그러나 우리 당은 신자유주의를 반대하는 유일한 진보정당으로서 노무현과는 명백히 다른 정치노선을 가고 있음을, 민주당이 만들어놓은 나라와는 전혀 다른 나라를 만들고자 분투 노력하고 있음을 분명히 천명한다.

며칠 후 인천 지역 경선을 앞두고 인천 지역의 '민주인사'들 수백 명이 노무현 지지 선언에 합류하자 민주노동당 인천시지부는 「노무현은 김대중의 전철을 밟을 수밖에 없음을 분명히 알아야 한다」는 제목으로 장문의 성명을 발표했다. 민주노동당 인천시지부는 일단 지난 4월 3일 발표된 '노무현을 지지하는 인천지역 208인 선언'에 대해 긍정적으로 평가했다. 즉 그것은 한국 사회와 정치의 개혁을 바라는 국민의 열망의 표현이라고 평가했다. 그러나 노무현에 대해 과도한 기대를 하는 것은 '완전히 환상이며 엄밀히 말해 정치적 순진함'이라고 비판했다.

또한 "노무현이 주장하는 국가보안법의 폐지와 대체 입법 등과 같은 개혁적으로 보이는 대부분의 정책들은 야당 시절 김대중이 주장했던 정책 수준에 지나지 않는다. 그런데 김대중은 대통령이 된 후 이를 휴지조각으로 만들었다"는 점을 상기시키면서, 김대중 정권의 신자유주의적 경제개혁의 실정에 대해 강도 높게 비판했다. "IMF의 처방을 무비판적으로 추종해온 지난 4년 반 동안의 경제 정책의 결과는 실로 참담하다. 국가의 기간산업은 대부분 외국 자본에 넘어갔으며 빈부격차는 78년 통계를 내기 시작한 이후 최악으로 벌어져 있다. 또한 탈규제와 시장 경제, 노동유연화 등으로 인해 국제투기자본이 국내 금융과 자본시장을 장악했으며 60퍼센트가 넘는 비정규직 노동자가 양산되는 등 나라경제는 완전히 결딴이 난 상태다."

그리고 마지막으로 다시 한번 노무현에 대한 환상을 경계하고 비판적 지지의 망령을 물리치자고 호소했다. "2002년 또 다시 비판적 지지라는 망령이 출몰하고 있다. … 마치 노무현이 대단히 진보적이고 노동자, 서민의 벗인 것처럼, 노무현이 대통령이 되면 한국 사회의 거대한 개혁이 있을 것처럼 무분별한 기대와 맹목적인 지지가 횡행하고 있다"는 것이다. 노무현 지지 선언이 민주노동당에 우호적인 사람들로 확산되는 것을 차단하기 위한 이 성명은 이렇게 끝을 맺는다.

"민주노동당은 다가오는 지방선거와 대통령 선거를 통해 '다른 사회가 가능하다'는 사실을 노동자, 서민의 가슴 속에 새로운 희망으로 깊이 아로새길 것이다."

한나라당이 제기한 이념 논쟁은
시대착오적 반공 소동이다

이회창은 4월 3일, 출마 선언을 하면서 김대중 정권을 좌파적 정권으로 규정했다. 그것은 무식한, 참으로 한심한 대선 전략을 드러내는 것이다. 즉 김대중과 그의 후계자인 노무현을 좌파로 몰아 대선을 보혁 대결 구도로 몰고 가겠다는 전략을 노골적으로 드러냈다. 『동아일보』(2002년 4월 4일)는 그런 이회창의 전략에 동조라도 하듯이 「여야 좌파이념 논쟁 격돌」이라고 머리기사의 제목을 뽑았다.

한나라당 이회창 전 총재가 3일 현 정권을 좌파적인 정권으로 규정한 데 대해 청와대와 민주당이 강력히 반발하고 나섬으로써 민주당 대선 후보 경선 과정에서 불거진 이념 공방이 정치권 전체로 확산되고 있다. 대선을 앞두고 벌어지고 있는 정치권 전반의 이념 논쟁은 격렬한 사회적 논란과 이념적 갈등을 초래할 가능성이 커 대선 정국은 갈수록 혼란한 국면으로 접어드는 양상이다.

이렇게 시작하는 1면 머리기사와 함께 3면에다 자세한 소식을 전하고 있다.

정치권의 이념 공방이 전방위로 번지고 있다. 민주당 대선 후보 경선 과정에서 노무현 후보의 이념 검증을 명분으로 이인제 후보측이 점화한 이념 공방은 한나라당 이회창 전 총재의 좌파적 정권 발언을 기점으로 이제 민주당의 울타리를 넘어섰다. 이회창 전 총재는 3일 기자회견에서 현 정권을 좌파적 정권으로, 노무현 후보를 사실상 급진세력으로 규정해 이념 공세를 폈다.

그러나 이러한 이념 논쟁은 너무나 어처구니없는 허구적인 것이다. 아무 내용이 없는 것이다. '벌거벗은 임금님' 같은 거짓 놀음에 상식 있는 사람이라면 누구나 웃음을 터트릴 수밖에 없다. 그러나 문제는 이런 식의 선거 전략이 어느 정도는 먹히는 현실에 있을 것이고, 터무니없는 소리를 해도 나중에 추궁당하지 않는 이상한 풍토에 있을 것이다.

급기야 한나라당 대변인 남경필은 4월 7일 논평에서 "좌익 활동을 하다가 사망한 아버지를 지켜본 노무현 민주당 고문의 부인의 가슴속에 무엇이 남아 있겠는가?"라고 말했다. 그는 노무현의 부인의 가슴속에 우익에 대한 처절한 복수심이 남았을 것이라고, 그렇기 때문에 노무현의 부인은 좌익임에 틀림없을 것이라고 말하고 싶었던 것이다. 이런 어처구니없는 작태에 대해 민주노동당은 당사자가 아니면서도 즉각 "가까이는 연좌제를, 멀리는 조선시대 삼족멸문의 야만을 떠올리게 된다. 부모의 죽음을 본 아이는 반드시 복수의 한을 가질 것이니 살려둬서는 안 된다는 야수적 야만 말이다"라는 반박 논평을 냈다.

한나라당의 노무현에 대한 이념 공세가 계속되자 사회평론가이자 변호사인 박주현이 「보혁구도의 허와 실」이라는 제목으로 『한국일보』(2002년 4월 10일)에 상식적이고 합리적인 논평을 했다. 참으로 이렇게 임금님이 벌거벗었다고 말하는 어린이 같은 마음을 가진 분들이 좀더 많이 나타났으면 좋겠다.

한나라당 이회창 전 총재가 최근 현 정부를 좌파적 정권으로 규정한 것은 우리 사회의 이념적 빈곤을 여지없이 드러낸 것으로 보인다.

유럽에서 비교적 오랫동안 보수연합이 집권한 독일의 예를 들어보자. 독일의 각 정당을 진보적인 차례로 열거하면, 민주사회당, 녹색당, 사회민주당, 기독교사회당, 기독교민주당, 자유민주당의 순이다. 1998년 선거의 각 정당 득표율은 민사당 5.1%, 녹색당 6.7%, 사민당 40.9%, 기사당 6.7%, 기민당 28.4%, 자민당 6.2%이다.

현 정부는 이 중 어느 당에 가장 가까울까? 필자에게는 사회정책에서 어느 정도 진보적이고 경제정책에서 신자유주의 정책을 취하는 기독교민주당 혹은 기독교사회당이 가장 가까워 보인다. 물론 다른 견해도 있을 수 있지만 사회보장 예산이 아직 10% 남짓이고 국가기간산업인 발전산업의 민영화를 추진하는 현 정부에 그 이상의 진보적 성격을 부여해 주기는 어렵다.

그렇다면 한나라당이나 자민련은 어느 당에 가까울까. 현 정부를 급진적이니 좌파정권이니 하며 공격하는 것을 보면 자민당 혹은 그보다 조금 더 오른쪽인 것 같다. 중도좌파인 사회민주당이 40%, 중도우파인 기독교민주연합(기사당과 기민당)이 35%를 차지하고 서로 정책 대결을 벌이는 나라와 중도우파와 극우파가 색깔논쟁을 벌이는 나라는 정책의 치밀함이 다를 수밖에 없다. 우리의 정책이 조야한 것은 서로 다른 견해를 놓고 진정한 토론을 벌일 기회가 적었기 때문이다.

최근 일부 신문의 슬로건처럼 된 보혁(保革)구도라는 말도 설득력이 없다. 보수와 진보라는 구별이 일반적이며 보수와 혁신이라는 구별은 어색하기 짝이 없다. 정책대결이라는 쉽고도 분명한 단어가 있음에도 보혁구도라는 낡은 개념을 끄집어내는 것은 색깔론으로 끌고 가려는 의도임을 짐작케 한다.

혹 북한에 대한 입장이나 북한과의 관련성을 들어 보혁구도 혹은 색깔론을 적용하려는 입장이 있을 수 있다. 그러나 매우 역동적인 현대사로 인해 이미 우리는 친형이 공산주의자였고 자신 또한 남로당원으로 징역살이를 한 박정희 씨를 극우 대통령으로 모신 바 있고, 내란죄로 사형선고를 받았던 김대중 씨를 중도우파 대통령으로 모시고 있다.

민주당의 유력한 대통령 후보인 노무현 씨의 장인이 부역죄로 징역살이를 했고, 또 다른 유력 후보인 이회창 씨 역시 부친이 일제하에서 검사 서기를 하다가 해방 후에는 반공법 위반으로 재판을 받은 바 있다. 색깔론이 부적절하다는 역사적인 증거들이다.

또 남북관계는 이미 세계 정세의 불안정함 속에서 상호신뢰를 바탕으로 스스로 평화를 정착시켜야 하는 관계로 변했고, 무엇보다도 그동안 색깔론이 악용된 나머지 국민이 신물이 날 정도로 지긋지긋해 한다는 점에서도 색깔론은 그 존재 근거를 잃어버렸다.

일부에서는 영국에서의 '제3의 길'이나 독일의 신중도주의를 근거로 아예 보수 대 진보의 정책대결이 무의미하다는 주장을 펴기도 한다. 그러나 보수 대 진보의 정책대결은 때로 그 차이가 미미해 보이더라도 반드시 필요한 것이다.

미국의 민주당과 공화당이 대외정책에서 똑같이 보수라고 할 수 있지만 보수적인 대외정책 기조 내에서 나타난 정도의 차이가 우리에게는 평화 무드냐 전쟁 무드냐 하는 엄청난 차이를 가져오는 것이다. 유럽의 제3의 길 모색은 오랜 기간 좌우 정책대결로 좌파와 우파의 정책이 상호 접근하게 된 데 기인한다.

　아직 정책대결이 제대로 시작하지도 못한 우리나라에서 보수와 진보의 구별이 무의미하다고 치부하는 것은 색깔론과 마찬가지로 정상적인 정책대결을 방해할 뿐이다.

　결과적으로 보혁구도와 관련된 논쟁은 이렇게 정리할 수 있겠다. "뒤집어씌우기식 색깔론은 지양하고 보수 대 진보의 정책대결은 지향한다."

　이인제와 이회창의 "너는 좌파가 아니냐?"라는 공세에 대해 노무현과 김대중은 "아니다!"로 일관하고 있으니, 우리나라 보수 정치권의 오랜 이념 공방의 한계를 전혀 벗어나지 못하고 있다. 근거 없는 공격이나 방어, 구체적인 정책에 대한 토론이 없는 이념 공방은 생산성이 전혀 없다. 다만 우리나라에서 좌파로 규정되면 끝장이라는 대전제 아래 서로를 좌파로 규정하여 장외로, 씨름판 바깥으로 밀어내려는 씨름 선수들의 단순무식한 전략이 있을 따름이다. 그래서 양식 있는 사람들은 걱정을 하는데, 간혹 진보적인 사고를 가진 사람들은 제대로 된 이념 논쟁을 해야 한다고 말하기도 한다. 제대로 된 이념 논쟁이 이루어지면 오히려 『동아일보』가 말하는 '혼란'은 없다. 그것이 제대로 이루어진다면 '삶과 무관한 정치'가 '삶과 관련이 있는 정치'로 되는 것이다. '격렬한 사회적 논란과 이념적 갈등'이 단순무식한 선거 전략이 아니라 '삶과 관련이 있는 정치'가 된다면 얼마나 좋겠는가?

진정한 좌우 이념 논쟁은 필요하다

진중권은 민주노동당 기관지 『진보정치』(83호, 2002. 4. 15~4. 21) 칼럼에서 보수정당들과 그 대통령 후보들끼리 벌이고 있는 이념 논쟁에 「도토리 키재기」라는 이름을 붙이고 이렇게 풍자했다.

소위 이념 논쟁이 한창이다. 『중앙일보』에서는 후보들 이념의 스펙트럼을 만들어 놓고 그걸로 후보를 검증하자고 설치고 있다. 좌파라는 의미를 친북과 동일시하는 『조선일보』나 한나라당보다는 낫지만, 이걸 조사라고 내놓고 사설에서 진보/보수로 검증하자고 주장하는 걸 보니 어이가 없다. 최근 색깔론이 버전업했다. 고전적 색깔론은 『조선일보』나 한나라당의 트레이드마크인 국가주의적 색깔론이었다. 이것이 먹히지 않자 새로운 형태의 색깔론이 등장하고 있다. 이번에 『중앙일보』에서 마련한 자유지상주의적 버전의 색깔론이 그것이다.

진보/보수 이념 논쟁의 중심은 역시 사회복지와 환경 문제가 되어야 한다. 그런데 거기서 극좌를 달린다는 노무현의 입장은 정작 실망스러울 정도다. 가령 사회복지 문제에 관해서 노무현의 진보성은 한나라당의 이부영, 박근혜, 이상희 후보와 같게 나타났고, 환경 문제에서는 여야를 가리지 않고 모든 후보가 성장과 환경을 함께 추구하되 양자가 충돌할 경우 환경에 역점을 둔다고 대답했다. 외교안보에 관한 입장은 어떠한가? 여기서도 노무현 후보의 진보성은 실망스럽게도 이부영과 이회창을 합해놓은 정도로 나타났다.

그런 노무현이 왜 졸지에 극좌로 둔갑한 걸까? 조사 항목에 문제가 있기 때문이다. 거기에는 호주제, 국보법, 사형제, 양심적 병역거부, 인터넷 등급제처럼 이념을 초월한 보편적 인권에 관한 항목이 들어가 있다. 현대의 상식으로는 호주제, 국보법, 사형제, 등급제는 폐지되어야 하고 양심적 병역거부는 당연히 인정되어야 한다. 이건 이념의 문제가 아니라 상식의 문제, 인권의 문제다. 아울러 정간법, 평준화, 기여입학제 등 이념과는 전혀 상관없는 항목도 들어가 있다. 이런 식이라면 다음 번 조사에는 초등학교 한자교육에 관한 의견도 물을 법하다.

이건 가짜 스펙트럼이다. 0부터 10까지 우익의 스펙트럼만 있을 뿐, 0에서 −10까지 왼쪽은 통째로 생략되어 있다. 이념을 검증하자며 왜 정작 민주노동당은 빼놓은 것일까? 이념 없는 이념 논쟁, 혁신 없는 보혁구도, 그걸 전문 용어로 '도토리 키재기'라 부른다. 발돋움하는 노무현 도토리, 뾰로통한 이회창 도토리. 싸우지 마세요, 둘 다 커요, 졸라 커요.

실로 그렇다. 제대로 된 이념 논쟁이 필요한 것이다. 그래서 민주노동당에서는 4월 8일, 기자회견을 열어 급기야 공개적인 이념 논쟁을 제안했다. 「공개적인 이념논쟁을 제안하며」라는 기자 회견문을 보자.

최근 기성 정치권의 대선 주자들 간에 소위 '색깔 논쟁'이 치열하다. 민주당 내의 대선 후보 예비 경선에서 노무현 후보가 부상하자 이에 맞선 이인제 후보가 노무현 후보의 이념과 노선에 대해 공세를 취하더니만, 이제는 이회창 한나라당 총재까지 가세하여 김대중 정권과 노무현 후보를 '좌파'로 몰아붙이기 시작함으로서 보수정치권의 이념 논쟁이 갈수록 격화되고 있다.

그러나 우리는 작금의 색깔 논쟁이 건강한 정책대결이나 생산적인 이념 논쟁이 아니라 맹목적 인신공격이나 정략적 흠집 내기로 흐르고 있다는 점에서 이를 심히 우려하는 바이다. 민주당 내에서 부동의

1위를 달리던 이인제 씨가 전세가 역전되자 하루가 멀다 하고 노무현 씨를 물고늘어지는 모습은 참으로 보기에도 안타깝고, 대세론이 흔들리고 당내의 경선구도가 급변하자 민주당을 통째로 좌파로 규정하고 인위적인 '보-혁 대결'을 조장하는 이회창 씨의 모습도 구태의연 그 자체이다.

뿐만 아니라 공세를 취하는 쪽도 문제이지만 정작 공세를 당하고 있는 노무현 씨나 김대중 정부 쪽의 태도도 문제이다. 양 이씨로부터 협공을 당하고 있는 노무현 씨의 처지가 이해되는 측면도 있지만, 과거의 발언을 스스럼없이 번복하면서 정작 중요한 국가적 현안 문제에 대해서는 입을 닫고 있는 모습은 과연 노무현 씨의 정체성이 무엇인지에 대해 심각한 의문을 갖지 않을 수 없다.

따라서 작금의 색깔논쟁은 정책과 노선을 기반으로 한 이념 논쟁이 아니라 인신공격과 상호비방에 바탕을 둔 저급한 정치적 공방에 지나지 않는다. 더욱이 자신의 이념과 노선을 일관되게 견지해온 진보정당인 민주노동당이 논쟁의 한 축에서 빠져 있다는 점에서, 이번 논쟁은 기성 정치권 내부의 '더 보수'와 '덜 보수'의 반쪽 짜리 논쟁에 지나지 않는 것이다.

그리고 한 쪽은 '흠집 내기'로 덤비고 또 한 쪽은 '피해가기'로 일관하는 모습은 당당하고 책임 있는 정치인의 자세가 아니고 반사적인 이익이나 노리고 대중적 인기에만 영합하는 정치꾼의 모습 그 자체이다. 따라서 우리는 차라리 이번 기회에 제대로 된 '이념 논쟁'을 벌일 것을 제안하는 바이다.

이제 이회창 씨와 이인제 씨는 남을 공격하고 비방하기 이전에 '보수'라면 보수에 걸맞는 그리고 '중도'라면 중도에 어울리는 자신의 이념과 노선을 국민에게 제시하고 이에 대한 국민적 심판을 받는 것이 제대로 된 정치인의 도리이다. 그리고 노무현 씨는 더 이상 번복하거나 피해갈 것이 아니라 솔직한 자신의 생각과 입장을 밝히는 것이 자신의 정체성을 분명히 하는 길이고 더 이상 국민들을 헷갈리게 하지 않는 방법이다.

따라서 재벌 규제 완화, 공기업 민영화, 조세개혁, 의약분업, 언론개혁, 공교육 확대, 정당명부비례대표제 도입, 용산 미군 기지 이전, 차세대 전투기 사업, 남북관계 개선 등 중요한 국가적 10대 현안 문제에 대해 노무현, 이회창, 이인제 씨와 민주노동당 권영길 대표간의 공개적이고 공식적인 토론을 가질 것을 제안하는 바이다. 만약 후보들 간의 토론이 어렵다면 3당의 책임 있는 당국자간의 당 대 당 토론회도 가능하다는 것을 밝힌다.

자신에게 불리하면 색깔론을 들이대고, 진보를 얘기하면 좌파로 규정하고, 좌파는 곧 불순한 것으로 매도하는 낡은 매카시적 수법은 이제 우리 정치에서 영원히 사라져야 한다. 이제 진보와 개혁과 중도와 보수가 각기 자신의 색깔을 분명히 하고 정체성을 구체화한다면, 우리도 보수 일색의 낡은 정치구도가 아니라 보수와 진보가 공존하는 새로운 정치 지형을 만들 수 있을 것이고, 이는 우리 정치 발전의 획기적 계기가 될 것이다.

다시 한번 여야의 대선 후보들에게 '상호 비방'이 아니라 '상호 비판'을 통해 그리고 '정치 공방'이 아니라 '정책 대결'을 통해 '구시대적 색깔공세'가 아닌 '생산적 이념논쟁'을 할 것을 촉구한다.

물론 이러한 민주노동당의 제안에 보수정당들이 응할 리 없다. 그러나 더 큰 문제는 언론이 이러한 민주노동당의 제안을 묵살했다는 것이다. 심지어『한겨레』마저 단 한 줄도 이를 보도하지 않았다. 너무나 당연한 주장이 아닌가? 그리고 너무나 중대한 제안이 아닌가? 그런데 언론이 이렇게 묵살하다니! 참으로 이해하기 힘든 태도이고 바로 『한겨레』의 한계를 드러낸 보도 태도라고 하지 않을 수 없다.

신민주대연합론은
돌아갈 수 없는 과거로의 회상이다

노무현이 민주당 대통령 후보로 확정되면서 가장 먼저 쟁점이 되었던 것은 그가 밝힌 '신민주대연합론' 과 그에 입각한 정계개편론이었다. 그러나 바로 '신민주대연합론' 때문에 '노풍'은 수그러들고 노무현의 지지도는 엄청나게 낮아졌으니 인심(人心)은 조석변(朝夕變)이라는 말이 실감난다. 나는 흔히 김영삼의 지지기반이라고 알려져 있는 경남 마산에서 살고 있기 때문에 김영삼 전대통령이 이미 정치적으로 시체가 되었음을 잘 알고 있다. 그래서 처음부터 노무현의 신민주대연합론과 그에 입각한 정계개편 시도는 커다란 실책이라는 것을 느끼고 있었다. 그리고 바로 이 패착은 다른 곳도 아닌 부산 경남에서 결정적으로 노풍의 기세가 꺾이도록 만들었다. 나는 『진보정치』(86호, 2002. 5. 6~5. 12)에 「신민주대연합론은 돌아갈 수 없는 과거로의 회상이다」라는 글을 썼다.

노무현이 김영삼을 만난 날, 노무현의 유식한 언론 특보 유종필이 읊조린 "죽은 땅에서 라일락을 키워내며, 추억과 소망을 섞고 봄비로 죽은 뿌리를 일깨운다"라는 「황무지」의 한 구절은 정확하게 진실을 말하고 있다. 그는 이 구절로서 무심결에 노무현의 신민주대연합론을 기조로 하는 정계개편은 과거지향적이라는 사실을 고백하고 있는 것이다.

시에서는 봄비가 죽은 뿌리를 쉽게 살려내기도 하지만 현실에서는 그렇지 않다. 노무현이 돌아가고 싶어하는 행복했던 과거는 87년 양김의 분열 이전의 상황이다. 물론 노무현 자신은 정계에 입문하기도 전이지만, 87년 양김씨가 분열하기 전에는 친일지주들이 만든 한민당의 원류로부터 흘러나온 이 땅의 보수정당의 흐름은 하나였던 것이다. 이합집산을 거듭했지만 그래도 한민당-민주당-신민당이라는 기억할 만한 이름을 가진 단일한 보수정당이 존재했던 것이다.

이 정통 보수정당이 복원되면 지역 대립 구도를 극복할 수 있다고 그는 생각한다. 정통 보수정당의 맞은편에는 공화당, 민정당의 법통을 이어받는 또 하나의 보수정당, 개발독재의 전통을 이어받아 다소 파쇼적인 냄새를 풍기는 정당이 또 하나 성립하는 것이다. 그러면 지역적 대립구도가 아닌 정책적 대립구도로 우리나라 정치를 재편할 수 있다고 보는 것이다.

물론 지역 정당이 아닌 정책 정당을 만들어야 한다. 그러나 21세기가 1980년대로 돌아갈 수는 없다. 그래서 지역 대립의 정치 구도를 넘어선 정책 대립의 정치 구도는 아마도 그가 생각하는 것보다는 훨씬 복잡한 과정을 통해서 훨씬 오랜 시간에 걸쳐 형성될 것이다. 즉 일거에 80년대의 민주 대 군부독재의 대립 구도를 복원하는 방식으로 정계개편이 이루어질 수는 없다는 것이다.

아마도 상당한 우려곡절을 거쳐 형성될 두 보수정당의 경계선은 훨씬 정통 보수정당의 흐름 내부로 들어오게 될 것이다. 즉 상대적으로 개혁적인 보수정당은 기존 보수정당의 좌익이 시민운동이나 지방자치적 흐름들을 흡수하여 형성되고 상대적으로 수구적인 보수정당은 정통 보수정당의 우익과 공화당, 민정당 계열이 합쳐져서 만들어질 것이다. 예를 들면 민주당의 권노갑-이인제 계열은 상대적으로 수구적인 보수정당으로 합류해야 맞을 것이다. 물론 이부영이나 김덕룡, 김원웅은 그 반대다.

그런 관점으로 본다면 박종웅의 부산시장 후보론은 너무나 터무니없는 것이다. 박종웅의 행태나 언어는 과연 이회창보다 개혁적, 근대적이라고 할 수 있는가? 김영삼과 손잡기 위해서 박종웅을 부산시장 후보로 영입할 수 있다는 노무현의 생각은 크게 시대착오적인 것이다. 그래서 사람들은 노무현이 노망든 정치 9단 김영삼을 만나 휘둘리다가 낭패를 당할 것을 우려하고 있다.

노무현은 김영삼보다는 권영길을 만나 부산경남권의 지방선거 공조를 의논하는 것이 옳다. 왜냐하면 이미 부산경남권에서 김영삼의 영향력보다는 진보정당의 힘이 더 크기 때문이다. 그리고 그렇게 갈 때 오히려 한나라당의 일당 독재 하에 성장한 다양한 개혁 세력들, 그 중에서 여러 가지 이유로 진보정당이 흡수할 수 없는 세력들을 영입할 수 있다.

대중의 눈에 비치는 그의 신민주대연합은 김영삼과 김대중이 손을 잡는 것에 다름 아니다. 그렇기 때문에 노무현은 이 점을 분명히 인식하지 않으면 안 될 것이다. 김영삼과 김대중은 그에게는 정치적으로 친아버지이고 양아버지인지는 모르지만 국민들에게는 현철의 아버지이고 홍일, 홍업, 홍걸의 아버지일 따름이며, 김영삼과 김대중이 그의 기억 속에서는 1987년 이전의 민주투사인지는 모르지만 국민들에게는 이미 실패한 대통령이고 더 이상 떠올리고 싶지 않은 과거의 인물이다.

노무현은 역사의 수레바퀴를 거꾸로 돌리려는 헛된 시도를 하지 말아야 한다. 그가 양김 씨나 그들의 부하들의 힘에 의존하지 않고 자기의 길을 나아가기를 대다수 국민들은 원한다. 오히려 그런 낡은 정치 세력보다는 새로운 세력들, 여러 시민적 세력들과 손을 잡거나 협력하여 민주당을 실제로 개혁적인 정책정당으로 만들어 나가기를 바란다. 그래서 현대적 진보정당과 함께 개혁적 보수정당, 그리고 수구적 보수정당으로 이 나라의 정치가 재편되기를 바란다. 이런 방향으로 나아가야 진정으로 지역주의를 극복할 수 있다.

우리가 노무현의 신민주대연합론을 비판하는 진정한 이유는 그가 김대중의 '진보정당에 대한 철저한 무시'라는 정책까지 이어 받지 않을까 하는 우려 때문이었다. 문제를 순수하게 영남에서의 지방선거 전략이라는 차원에서만 바라본다면 김영삼을 만나는 것보다 권영길을 만나는 것이 훨씬 실속이 있는데도 굳이 권영길은 만나지 않고 김영삼을 만나는 그가 우려스러운 것이다. 어차피 울산에서 민주당은 시장 후보를 내지 못했다. 그렇다면 노무현이 권영길을 만나 공식적인 회담을 열고 울산에서의 민주당 무공천을 통한 송철호 지지와 경남에서의 민주노동당 무공천을 통한 김두관 지지를 서로 하기로 합의하고 발표한다면 얼마나 참신한 정치 행동이 되었겠는가? 이러한 일종의 교차 지지, 또는 연합 공천은 앞으로 다른 선거들, 국회의원 재선거나 총선 등에서도 민주당과 민주노동당이 서로 연대할 수 있는 전례를 남겼을 것이다.

그런데 실망스럽게도 우리의 이런 바램과는 다른 길을 갔다. 민주당의 경남도지사 후보 김두관도 후보 수락 연설을 통해서 노무현의 신민주대연합론을 비판했다. 그러나 노무현은 즉시 격려 연설을 통해서 그러한 비판을 반박하고 신민주대연합론의 정당성을 주장했다. 이런 노무현의 잘못된 노선은 노사모와 그 모태가 되었던 안티조선 운동에도 상당한 짐을 지웠으니, 진중권은 「노사모와 안티조선은 타락하는가?」라면서 이렇게 비판했다.

하지만 이보다 더 나를 절망시키는 것은 노무현이 박종웅을 부산시장 후보로 거론했을 때 안티조선의 네티즌 논객들이 보인 이해할 수 없는 태도였다. 박종웅이 누구인가? 조중동 족벌언론을 위해 18일간 단식

투쟁을 했던 인물이 아닌가? 안티조선에서 노무현을 지지한 것이 그가 조선일보와 대립각을 세운 유일한 정치가라는 것 때문이 아니었던가? 그런데 어느새 노무현의 안티조선에 대한 지지가 반(反)안티조선의 선봉장에 대한 지지로 바뀌게 된 것일까?

얼마 전까지만 해도 박종웅을 비난하고 비웃던 그 사람들이 이제 와서 갑자기 태도를 바꾸어 그래도 박종웅은 민정계가 아니라 민주계라고 얘기하는 것을 보며, 어떤 절망감을 느꼈다. 안티조선 운동이 기껏 민주당의 선거운동에 불과했단 말인가?『노무현과 안티조선』이라는 책을 쓴 김동민 교수는 왜 이 사태 앞에서 침묵만 지키고 있는 것일까? 도대체 이해할 수 없는 일이다(진중권, 「이문옥 외면하는 국민사기극을 집어치워라」, 『말』 2002년 6월).

사회주의자는 자유주의자와 함께 나아가기를 바란다

신동엽이 이런 시를 썼다는 사실을 나는 처음 알았다. 이 시는 처음 『월간문학』 1968년 11월, 창간호에 발표되었으며 제목은 「산문시」라고 한다.

스칸디나비아라든가 뭐라구 하는 고장에서는 아름다운 석양 대통령이라고 하는 직업을 가진 아저씨가 꽃 리본 단 딸아이의 손 이끌고 백화점 거리 칫솔 사러 나오신단다. 탄광 퇴근하는 광부들의 작업복 뒷주머니마다엔 기름 묻은 책 하이덱거 렛셀 헤밍웨이 장자 휴가여행 떠나는 국무총리 서울역 삼등 대합실 매표구 앞을 뙤약볕 흡쓰며 줄지어 서 있을 때 그걸 본 서울역장 기쁘시겠오라는 인사 한 마디 남길 뿐 평화스러이 자기 사무실 문 열고 들어가더란다. 남해에서 북강까지 넘실대는 물결 동해에서 서해까지 팔랑대는 꽃밭 땅에서 하늘로 치솟는 무지개빛 분수 이름은 잊었지만 뭐라군가 불리우는 그 중립국에선 하나에서 백까지가 다 대학 나온 농민들 추럭을 두 대씩이나 가지고 대리석 별장에서 산다지만 대통령 이름은 잘 몰라도 새 이름 꽃 이름 지휘자 이름 극작가 이름은 훤하더란다. 애당초 어느 쪽 패거리에도 총 쏘는 야만엔 가담치 않기로 작정한 그 지성 그래서 어린이들은 사람 죽이는 시늉을 아니하고도 아름다운 놀이 꽃동산처럼 풍요로운 나라, 억만금을 준대도 싫었다. 자기네 포도밭은 사람 상처 내는 미사일기지도 땡크기지도 들어올 수 없소 끝끝내 사나이 나라 배짱 지킨 국민들, 반도의 달밤 무너진 성터가의 입맞춤이며 푸짐한 타작소리 춤 사색뿐 하늘로 가는 길가엔 황토빛 노을 물든 석양 대통령이라고 하는 직함을 가진 신사가 자전거 꽁무니에 막걸리병을 싣고 삼십리 시골길 시인의 집을 놀러가더란다.

이 시를 노무현의 공식 홈페이지 노하우(knowhow.or.kr) 자유게시판에 노마아빠라는 분이 소개한 글과 함께 『노무현, 상식 혹은 희망』에 실어놓았다. 노마아빠 님은 이 시를 오래 전부터 좋아했다고 하면서 이렇게 말한다.

2002년 새해가 밝은 지금 이 무렵에 저는 다시 한번 이 시를 읊조려 봅니다. 그리고 재임기간 동안 꼭 이 시 속의 나라를 만들지는 못하더라도 이 나라를 이와 비슷한 나라로 만들기 위해 노력할 정치가로 노무현 님을 떠올립니다.

또한, 이 시 속의 대통령처럼 자전거 뒤꽁무니에 막걸리 병을 싣고 시인의 집을 찾아가는 겸손한 대통령, 그런 친구 같은 겸손한 대통령과 함께 함으로 해서 더욱 강해질 이 나라를 떠올립니다.

이루어질지 이루어지지 못할지 아직 알 수는 없지만 아직도 이런 꿈을 꿀 수 있는 저는 행복한 사람이라고 생각합니다. 이 행복을 노하우를 즐겨 찾는 분들과 노사모 식구들에게도 나눠주고 싶습니다(『노무현, 상식 혹은 희망』, 353쪽).

나는 바로 이 노마아빠 님의 글에서 그리고 신동엽의 시에서 노사모의 꿈이 새천년 민주당 대통령 후보 노무현을 통해서는 결코 이루어질 수 없다는 것을 알았다. 내 생각으로는 노사모의 꿈은 진보정당을 통해서 만이 이루어질 수 있다. 스칸디나비아라든가 뭐라구 하는 고장, 이름은 잊었지만 뭐라 불리는 그 중립국은 노무현이나 민주당이 만들 수 있는 나라가 아니다. 그 나라는 진보정당이 만들 수 있는 나라다.

이렇게 말하면 너무 진보정당 편에서만 말하는 것 같아 말을 바꾸겠다. 스칸디나비아라든가 뭐라구 하는 고장, 이름은 잊었지만 뭐라 불리는 그 중립국은 사회주의자와 자유주의자가 함께 만들어 가야 하는 나라다. 사회주의자와 자유주의자가 함께 지켜야하는 공화국이다.

나는 노마아빠 님의 글과 신동엽의 시를 통해서 아직은 노사모와 진보정당이 뚜렷하게 구분되어 있지 않다는 것을 알았다. 그것은 급격한 변화를 겪고 있는 우리나라가 근대화를 하면서 동시에 현대화를 해야 하는 사정과 관련이 있을 것이다. 근대화 세력과 현대화 세력이 서로 뒤엉키고 섞여 있는 것이다.

조직적 측면에서 보더라도 비슷한 점이 있다. 민주노동당과 노사모는 둘 다 우리나라 최초의 자발적인 정치결사다. 다만 노사모가 좀더 열려 있다면 민주노동당은 좀더 닫혀 있다는 점이 다를 뿐이다. 그래서 법학자 전재경이 민주주의의 이상적이 모습을 그린 이런 말들에 대해 강준만은 마치 노사모를 염두에 둔 듯하다고 하지만 나에게는 마치 민주노동당을 염두에 둔 듯이 느껴진다.

정치가 남의 일을 대행하는 것이 아니라 바로 자기의 일을 직접 수행하는 것이라면 정치활동에 많은 보수가 필요하지 아니하다. 21세기의 정치는 무수한 아마추어들의 자원봉사 마당이 되어야 할 것이다. 돈 없는 정치가 실현되어야 한다. 조직책들이나 중간관리자들에게 돈이 지급되지 않는다면 횡령 내지 삥땅도 저절로 없어질 것이다. 모든 사람들의 정치참여를 촉구하기 위하여서는 자기 직업을 수행하면서 틈틈이 정치 활동에 참여할 수 있는 제도적 보장이 필요하다. 사회개혁의 열정을 안고 뛰는 시민운동가들도 정치에 참여하여야 한다. 각계의 전문가들이 바쁘더라도 시간을 쪼개어 정치에 할애하여야 한다. 법관이나 교사 또는 회사원들도 당당하게 정당원이 될 수 있어야 한다. 정치적 무관심과 냉소주의를 부끄럽게 여기고 정치참여가 시민윤리로 정착되어야 한다. 여럿이 모여 먹고 마시는 일(회식)에 돈을 쓰지 말아야 한다. 회식을 꼭 하고 싶으면 각자 내기(dutch pay)로 하여야 한다. 여러 명의 회원 또는 정당원들이 한 명의 정치지도자를 접대하는 방식이 그 반대의 경우보다 여러 모로 낫다. 종래의 시민운동은 이러한 측면에서 기성의 정치권에 시사하는 바가 많다. 또 선거 때 얻어먹고 다니는 유권자나 표를 모아 주겠으니 활동비를 달라는 매표노(권력자에게 돈을 받고 주권을 넘기는 노예)의 행태가 사라져야 한다. 자기의 일을 하면서 돈을 받겠다는 발상은 봉건사회의 노비들도 몰랐다(전재경, 「한국의 민주화와 권력구조 개편의 과제; 헌법개정론을 중심으로」, 강준만, 『노무현과 자존심』, 199쪽에서 재인용).

그래서 노무현이든 노사모든 노무현 바람이든 우리 진보정당의 당원들은 친근하게 느끼며 어떤 동지 의식도 느낀다. 그리고 우리는 그들과 우리가 함께 일으키며 또 받아 안고 있는 변화의 큰 흐름 속에서 새로운 정치가 만들어질 것이라고 생각한다. 그렇기 때문에 노사모가 핵이 되어 일으킨 노무현 바람은 민주당과 노무현이 다 받아 안을 수 없다. 민주노동당 울산시장 후보 송철호는 『말』(2002년 6월)과의 인터뷰에서 이렇게 말하고 있다.

"노무현은 '노풍'을 이어갈 수 없다"

민주당의 당 조직이나 구성원의 면면을 뜯어볼 때, 민주당이 과연 '노풍'을 제대로 끌어안고 갈 수 있을지 의문스럽습니다. 수구적이고 보수적인 인물들이 여전히 주류입니다. 처음에는 노무현이 진보적 정책 중심의 정계개편을 해나갈 것으로 생각했습니다. 하지만 최근 김영삼 전 대통령을 만나서 협조를 구하는 등 또 다른 세 결집을 위한 이합집산의 모습으로 가고 있습니다. 노무현 자신이 과연 '노풍'을 이어갈 수 있을지가 의문입니다. 노무현 스스로 그 바람을 이어가기에는 많은 어려움과 한계가 있을 수밖에 없습니다.

우리는 민주당과 노무현과 노마아빠 님 사이에는 큰 차이와 모순이 있다고 느낀다. 그래서 우리는 노무현 바람을 노무현이 다 안고 갈 수 없으며 또한 노무현을 민주당이 다 담을 수 없다고 느낀다. 그래서 우리는 '노풍'이 휩쓸고 간 이 땅 한켠에 장미꽃을 피우려 한다. '노풍'이 몰고 온 흙먼지로 진보정당이 뿌리내릴 수 있는 토양이 조금이라도 더 마련되고 있다고 느낀다. 그래서 우리는 노무현과 노무현 바람에 대해 적대적이지 않다. 오히려 감사한다. 다만 진정한 경쟁자인 노무현과 우리가 어떻게 다른가를 명확하게 하는 과정에서 한국의 좌파의 강령과 주장의 핵심, 그리고 정체성을 한층 구체화하고자 노력할 따름이다. 그것은 한국의 좌파가 대중적 정치 세력이 되기 위해 필수적인 과정이다.

우리는 다만 우리의 길, 좌파의 길, 사회주의자의 길을 갈 뿐이다. 그러나 노무현과 함께 가기를 원한다. 우리는 우파 진영에서도 좀더 나은 자유주의자가 헤게모니를 잡기를 원한다. 그래서 연말의 대통령 선거에서도 만약 프랑스식의 결선 투표제가 있다면, 그리고 우리가 못 나가고 노무현이 결선 투표에 진출한다면, 결선에서 우리는 훌륭한 경쟁자인 노무현을 지지할 것이다. 그러나 결선 투표제가 없기 때문에 연대의 방식을 달리 할 수밖에 없고, 그것은 '비판적 지지'라는 낡은 수사로는 표현할 수 없는 것이다. 그리고 그 구체적인 모습은 일차적으로 우리의 선택이라기보다는 노무현과 민주당의 선택이다.

비판적 지지는 없다

나의 마음이 이 글을 쓰고 싶은 욕구가 넘치는 상태가 아님을 먼저 밝혀야겠다. 강준만이 써놓은 글을 반이라도 읽어봐야 강준만에 대해 무어라고 말할 수 있을 것이다. 그런데 나는 그가 쓴 글을 십분의 일도 읽지 않은 것 같다. 나도 게으르지만 그 사람도 너무 많은 글을 써놓았다. 아니 그보다 더 중요한 것은 내가 글을 쓰지 않는 생활의 즐거움에 깊이 빠져 있다는 사실이다. 여러 동지들과 친구들에게는 죄송하지만 나는 시비(是非)를 가리지 않고 옳고 그름을 따지지 않는 한없는 게으름의 경지에 오른지 오래 되었다. 그래서 간혹 내가 충성하는 당을 위하여 몇 줄씩 쓰는 매우 실용적인 글 이외에는 거의 글을 쓰지 않고 살아왔다. 그럼에도 불구하고 『이론과 실천』 최영민 편집장의 요청에 따라 박용진과 강준만의 토론에 대한 나름의 느낌과 감상, 연상되는 생각들을 몇 자 적어 보려고 한다. 우리 당의 당원 동지들이나 우리 당을 지지하는 분들에게 조금이라도 도움이 될지 모르겠다.

우선 문제가 된 책은 『노무현과 국민 사기극』이다. 이상하게도 나는 그 책을 읽고서는 별다른 자극을 받지 않았다. 아마도 이미 『김대중 죽이기』를 통해서 그의 어법이나 사고방식에 면역이 되었기 때문일 것이다. 그리고 나는 속으로 그가 무어라고 하든 노무현이 민주당 대통령 후보가 될 가능성은 전혀 없다고 생각했다. 노무현이 민주당의 대통령 후보가 되지 않을 것이기 때문에 나는 아무 걱정을 하지 않고 빨리 세월이 가기만을 기다리고 있었다. 민주당 대선 후보 경선을 통해서 정리될 일, 민주당 내부의 문제라고 생각한 것이다. 그런데 역시 젊은 박용진이 참을 수 없었다. 그리고 매우 좋은 글을 썼다. 그러나 박용진의 계급투쟁 및 계급의식의 성장에 대한 과장과 비판적 지지에 대한 피해의식은 마음에 들지 않았다.

그리고 박용진이 당원들은 이 책을 절대로 읽지 마라고 하였지만 나는 좀 생각이 다르다. 나는 말을 바꾸어 당원들은 이 책을 절대로 사지 마라고 하고 싶다. 우선 돈을 주고 사서 읽을만한 가치는 없기 때문이지만, 사지 않아도 이 책은 노무현 캠프에서 사서 돌리고 있기 때문에 가만히 있으면 손에 들어오기 때문이다. 우리 민주노동당이나 당원들이 가장 부족한 것이 돈이 아닌가? 그러나 이 책을 읽는 것은 말릴 필요가 없다. 아니 오히려 이런 책을 읽고서 자기가 지지하는 사람을 위해 성의를 다하는 자세를 우리는 본받아야 한다.

또 하나 박용진과 생각을 달리하는 부분이 있다. 김대중이 당선된 것이 강준만의 덕이 아닌 것과 마찬가지로 김대중 정권의 실패에 대하여 강준만이 책임이 있는 것은 아니다. 그에게 김대중을 지지한 데 대하여 반성을 요구할 필요는 없다. 나의 기억이 맞다면 강준만은 『김대중 죽이기』에서 김대중은 결코 정계 복귀를 하지 않을 것이라고 장담을 했다. 그리고 유시민의 논리적 예언에도 불구하고 김대중이 당선된 것은 다른 사람의 노력에 의해서가 아니라 이인제의 노력에 의해서였다. 이인제야말로 유시민이 예상하지 못했던 변수였다. 아니 그런 점은 중요하지 않다. 중요한 점은 박용진이 말하는 김대중 정권의 죄악은 충실하게 신자유주의 이념을 실천할 때 필연적으로 발생하는 문제이니 실패가 아니라 성공이라는 것이다. 그래서 강준만이 김대중 정권이 국민 앞에 석고대죄를 해야 한다고 생각하는 이유가 무엇인지는 알 수 없으나 그것은 분명히 박용진이 김대중 정권을 악의 무리라고 규정하는 이유와는 다르다는 것이다.

그런데 뜻밖에도 박용진의 글에 대해 강준만이 반론을 보내왔다. 그가 『이론과 실천』도 읽고 있다는 말인데 정말 그 부지런함에는 감탄하지 않을 수 없다. 그리고 그 내용도 반파쇼 투쟁에서 사회주의자와 자유주의자의 연대를 제안하는 매우 신중한 글이라 놀라운 일이다. 나는 그의 글에 대해 대체로 동의하지 않을 수 없다. 그러나 강준만의 이 글은 지금까지 그가 했던 말들과는 일치하지 않는 점이 있다. 아니 그는 말을 너무 전략적으로, 흡사 정치인처럼 하는 것 같다. 그의 글은 거의 외교 문서에 가깝다. 그래서 신뢰감이 가지 않는다. 그가 나 역시 이른바 비판적 지지의 망령에 대해 내 나름대로 오랫동안 고민해왔다고 하니 믿기지 않는다. 그리고 나는 민주노동당이 잘되기를 바라는, 민주노동당에 대해 대단히 우호적인 사람이라고 하니 귀를, 아니 눈을 의심하지 않을 수 없다. 그러나 웃는 낯에 침을 뱉을 수는 없다. 그래서 그의 이야기를 일단 믿고 받아들이는 것이 옳다.

언론개혁의 투사인 강준만이 정치개혁에 대해서는 헛발질하고 있다

나는 강준만이라면 언론개혁의 투사로 알고 있다. 중요한 순간마다 파쇼적 시각으로 왜곡 보도를 일삼는 『조선일보』에 대한 그의 비판과 공격은 선구적이었다. 그가 집요하게 『조선일보』를 물고 늘어진 끝에 이제는 『조선일보』를 반대하는 운동에 민주노총까지 가담할 정도가 되었다. 나는 『조선일보』 반대 운동이 널리 확산되고 언론개혁이 시대적 과제로 된 데에는 그의 공이 크다고 알고 있다. 그러니까 아마도 언론학자로서 그에 대해서 우리는 인정해야 할 것 같다. 거기에다가 대중이 읽을 수 있는 좋은 문장으로 많은 글을 써서 지식을 대중화하는데 공이 크다. 또 실명을 거론하며 인물 비평을 하여 지식인들의 비일관성과 위선을 폭로하고 있는 그의 작업도 의미가 크다.

이렇게 훌륭한 강준만이지만 그의 우리나라 정치에 대한 이해는 아무래도 다소 피상적인 것 같다. 그가 언론개혁에 대해 정곡을 찌르는 주장을 하고 있을 것이라고 믿지만 정치개혁에 대해서는 정곡을 찌르지 못하고 있다. 그래서 좀 엉뚱하게 김대중을 지지하거나 노무현을 지지하고 있다. 물론 그가 지식인이 공개적으로 정치인을 지지하는 모습을 보이고 싶어하는 의도는 좋다. 그러나 그 정도에 그치지 않고 구체적인 사람을 선택하여 그를 지지하고 밀어주면 정치가 실제로 달라지거나 개혁될 것이라고 믿는다면 그것은 매우 순진한 생각이다. 사람이라면 좋은 사람들이 많다. 그럼에도 한국 정치는 개혁이 되지 않고 있으며 거기에는 근본적인 원인이 있다.

그가 학벌주의와 연고주의를 비판하는 것도 정치개혁에 도움이 될 것이다. 우리나라 사람들의 정치에 대한 냉소주의, 그것을 부추기는 지식인들의 행태를 비판하는 것도 정치개혁과 연관이 있다. 정치인들을 도매금으로 비난하면서 권력에 접근하고 싶어 안달하는 우리나라 지식인들의 이중적 태도와 위선을 폭로하는 것도 좋다. 그러나 우리나라 정치의 가장 근본적인 문제를 아직 인식하지 못하고 있다.

우리나라 정치의 가장 근원적인 문제는 정당이 없다는 점에 있다. 아니 당원이 없다는 점이다. 우리나라에는 진정한 의미의 당원이 없다.

당원이 없으니 정당이 없는 것이다. 중앙선거관리위원회 보고를 보면 1997년 당시 신한국당에서 2만2천7백93명의 당원이 당비를 냈다. 그리고 국민회의는 2천6백37명의 당원이 당비를 냈다. 자민련은 4백 명이었다. 신한국당이 당비를 낸 사람 수가 좀 많지만 그들이 어떤 사람들인지, 그들 한 사람 한 사람이 어떤 실존적 이유에서 당비를 냈는지는 당시에 신한국당이 여당이었다는 사실을 알면 금방 알 수 있다. 당비를 낸다는 것은 당원의 가장 기본적인 의무다. 그런데 지구당 부위원장 명함이라도 하나 받아서 생업에 도움이 되거나 장차 시의원이라도 한번 해볼 생각이 없으면서 당비를 내는 평당원은 없다. 이런 사정은 지금도 전혀 달라지지 않았고 앞으로도 달라지지 않을 것이다. 그리고 이 현실 위에 우리나라 정치는 서 있다.

현재 당비를 내는 당원의 수는 민주노동당이 가장 많음이 분명하다. 당원의 수로 본다면 민주노동당이 우리나라 최대 정당이다. 아니 당원이 있는 정당은 민주노동당이 유일하다. 물론 그런 민주노동당도 역시 당원의 범위를 당비를 낼뿐만 아니라 당의 이념과 정책을 학습하고 선전하고 조직하는 사람으로 본다면 2만 명의 당원 가운데 5천 명 정도가 진정한 당원이고 1만5천 명은 후원회원이라고 해야 할 것이다. 그만큼 당원은 우리나라에서 희귀한 존재인 것이다. 매우 진보적이라고 알려진 대학 교수라도 정작 우리가 입당 원서를 들고 가면 온갖 평계로 입당 원서를 써주지 않을 때 우리는 슬픔을 느끼면서 한국적 삶의 방식의 힘을 다시 한번 확인한다. 그래서 나는 강준만이 민주당 당원이 아니며 될 뜻도 없다고 촌스럽게 순한국식으로 버틸 것이 아니라 민주당에 입당하는 모범을 보이는 것이 우리나라 정치의 발전과 개혁, 현대화에 책 몇 권 쓰는 것보다 더 큰 도움이 될 것이라고 생각한다.

나 자신에 대해 이야기해서 미안하지만, 나는 사회주의자로서 나의 정체성을 확인한 후부터 나는 당원이었으며 당인(黨人)이었다. 당은 내 마음속에 항상 빛나는 별처럼 존재했다. 그리고 모든 사람들에게 우리 당을 이해시키고 모든 사람을 우리 편으로 끌어들이기 위해 노력해왔다. 그리고 그것은 당연한 일이라고 생각했다. 그러나 나의 불행은 내가 당원이라는 데 있었다는 사실을 이제 와서 깨달았다. 그리고 나의 조국과 동포들에 대해 화가 났다. 그래서 나는 『경남도민일보』라는 지역 신문에 「그대 진정으로 정치개혁을 원하는가?」라는 제목으로 산문시(散文詩) 비슷한 글을 쓰기도 했다. 짧아서 한번 인용해보겠다.

그대, 혹시 우국지사인 척하려고 정치개혁을 부르짖고 있지는 않은가?

그렇지 않다면 그대는 왜 개혁신당이나 국민신당에, 아니 이 말은 그대가 혹시 자유주의자일 경우에 할 말이지만, 당원이 되지 않았던가? 그대는 왜 이인제 후보를 찍기만 하고 국민신당의 당원이 되지는 않았던가? 500만 명의 그대들이여, 그대들 중에서 100분의 1이라도 국민신당의 당원이 되어주었더라면, 당원이 된 그대들이 한 달에 1만 원씩의 당비라도 내고 당 활동에 자발적으로 참여해주었더라면 이인제 씨가 몇 달도 버티지 못하고 그 찬란한 국민신당의 깃발을 포기했을까?

그대가 혹시 사회주의자라면, 아니 사회주의자까지는 아니라도 급진적 민주주의자이거나 급진적 민족주의자라면, 왜 민중의 당이나 한겨레민주당, 또는 민중당의 당원이 되지 않았던가? 감옥살이를 두려워하지 않았던 그대들이여, 왜 그토록 당원이 되기를 두려워하는가?

우리는 믿지 않는다. 진정으로 정치개혁을 원 한다는 그대의 말을 믿을 수 없다. 우리는 그대가 그저 한 번 농담을 하였다고 받아들인다. 우리는 그대가 진정으로 정치개혁을 원한다면, 그토록 간절히 원한다면 여러 가지 말을 하기 전에 먼저 진보정당이든 보수정당이든 어느 당에나 그대의 세계관과 정치적 취향과 신조와 원하는 정책에 맞는 정당의 당원이 되어야 한다고 생각한다. 특히 정치개혁을 열망하는 국민, 바로 그대들을 믿고 정치개혁의 깃발을 들었던 신생 정당들에 참여했어야 했다.

그대들, 정치개혁의 온갖 방법을 논하는 그대들이여, 혹시 그대들은 대로를 피하기 위해서 다른 길을 찾고는 있지 않은가? 아니면 피할 수 없는 길을 피하기 위한 의논을 하고 있지는 않은가? 시민의 의무를 피할 궁리를 하고 있지는 않은가? 그대들이 공무원이라서, 언론인이라서, 교사이기 때문에, 노동조합의 간부라서, 온갖 핑계로 당원이 되기를 죽기로 회피할 때 이 땅에는 당원이 없는 이상한 정당들이 정권을 잡아 여당이 되거나 야당 행세를 하고 있다.

당원이 없는 이상한 정당에는 또 다른 국민이, 공직 선거에 출마하기를 원하는 사람들이 있다. 그리고 그들의 주위에는 그들의 동창생과 친척과 고향 사람들이 있다. 물론 그대는 그들 중의 한 사람이다. 아, 그럼에도 불구하고 그대는 순수한 마음으로 정치개혁을 열망하고 있다.

정치개혁을 진정으로 원하는 그대여, 먼저 당원이 되라!

사정이 이러하기 때문에 김대중이든 노무현이든 정치인 개인을 지지하는 그런 방법으로는 우리나라 정치를 개혁할 수 없다. 우리나라 정치를 개혁하기 위해서는 보다 근본적인 방법이 필요하다. 다시 말해서 우리나라 사람들의 정치 생활의 방식, 정치문화를 바꾸어야 한다.

우리나라 사람들은 입만 열면 정치인이 다 도둑놈이라고 욕하지만 자기가 어떤 정당의 당원이 되어 당비도 내고 직접적인 대가를 바라지 않고 정당 활동이나 선거운동을 할 생각은 없다. 이런 정치문화를 그대로 두고서는 돈이 없으면, 검든 희든 돈을 만들지 않으면 정치를 할 수 없다. 왜 너는 기업으로부터, 각종 이해당사자로부터 검은 돈을 받았느냐고 질타하는 여론에 대한 정치인들의 항변을 진지하게 들어보았는가?

우리나라의 정치문화를 그대로 두고서는 이념 정당, 정책 정당이 나올 수가 없다. 오로지 연고의 그물망으로 얽힌 패거리가 나올 수밖에 없다. 그런 점에서 민주당도 전혀 예외가 아니다. 그리고 정책 정당, 이념 정당이 나오지 않고서는 지역감정이 우리나라 정치의 가장 큰 동력일 수밖에 없다. 강준만이 우리나라 정치의 개혁을 원한다면 어느 정당의 당원이 되든지 아니면 요즘 민주노동당과 참여연대 등에서 벌이고 있는 1인2표 정당명부제 실현을 위한 운동(나는 소선거구제의 폐지와 대선거구제의 실시를 요구 사항에 포함하지 않아서 불만이지만)에라도 참여해야 한다. 왜냐하면 전후 50년 동안 내려오는 우리나라의 정치문화를 바꾸기 위해서는 여러 가지 노력이 필요하지만 선거 제도를 바꾸는 것이 큰 도움이 되기 때문이다.

대선거구제와 아울러 정당명부 비례대표제를 실시하면 우리나라 정치문화는 커다란 변화의 계기를 맞이할 것이다. 일찍이 1998년 1월 24일 중앙선거관리위원회는 선거법, 공식 명칭으로는 '공직 선거 및 선거부정 방지법'에 대한 개정 의견을 국회의장에게 제출하면서 국회의원 선거에 대해 현행 소선거구제를 폐지하고 시도 단위 정당별 비례 대표제를 도입하자는 의견을 내놓았다. 이러한 중앙선관위의 개정안에 대해 당시의 국민회의 원내총무 박상천 의원은 즉시 '국민들로부터 구체적인 인물 선택권을 빼앗는다'는 이유로 반대했다(『한겨레』, 1998. 1. 27) 국민회의가 왜 선관위의 개정안을 반대하는지 우리 민주노동당 당원들은 잘 알고 있다. 그런데 강준만은 이 문제에 대한 이해가 없는 것 같다. 그래서 민주노동당이 진보정당이기 이전에 진정한 정당으로서 한국의 정치문화와는 이질적이며 완전히 다른 정치문화를 만들어나가고 있는 이 일의 중대한 의미를 이해하지 못하고 있다. 그가 보는 것은 선거 결과, 득표수뿐이다.

아직도 극우 헤게모니가 존재하는가?

강준만은 아직 극우 헤게모니가 존재하며 극복해야 할 당면의 장애라고 생각한다. 그러나 우리는 극우 파시스트와의 싸움은 이미 판가름이 났다고 본다. 1987년 이후 이미 우리나라의 국가적, 국민적 문제는 정치 체제와 사회경제 체제를 포함하여 총체적인 나라의 발전 방향으로서 미국을 목표로 해서 나아갈 것인가, 아니면 유럽을 목표로 해서 나아갈 것인가였다. 우리는 1987년을 전후하여 우리나라가 아직도 식민지 반봉건 사회니, 식민지 반자본주의 사회니, 신식민지 국가독점자본주의 사회니 하는 논란이 한창일 때부터 이미 우리나라는 충분히 발전한 자본주의 사회이며 다만 세계 자본주의 체제 내에서 중진국적인 위치를 점하고 있을 따름이라고 주장했다. 군사독재를 벗어난 우리나라의 새로운 국가 이데올로기로서 신자유주의를 택할 것인가, 아니면 현대적 사회민주주의를 택할 것인가는 문제를 제기한 것이다.

물론 우리나라에는 전근대적, 봉건적 요소도 남아 있고 파쇼의 잔재도 남아 있다. 더욱이 커다란 내전을 치른지 얼마 되지 않는 분단국의 특수성으로서 극우 파시스트들은 냉전적인 반공주의라는 갑옷을 하나 더 걸치고 있다. 그러나 중요한 것은 미래이다. 심지어 반동적인 파시스트들과의 투쟁 속에서도 중요한 것은 앞으로 나라를 어떤 방향으로 발전시켜나갈 것인가라는 비전이라고 우리는 생각했다. 그리고 과연 김영삼 정권은 세계화를 부르짖으며 본격적으로 신자유주의를 도입하기 시작했다. 그리고 김대중 정권은 그 충실한 계승자로서 IMF의 무리한 요구를 너무나 흔쾌히, 아니 자발적으로 받아들이고 한국의 미국화를 추진하고 있다. 그리고 그들은 민주주의 혁명의 주도권을 쥐고 나라의 정치적, 문화적 헤게모니를 잡았다.

나는 얼마 전 민주노동당 사이트에서 오랜만에 과학의 신선한 바람을 쐬었다. 최장집이 9월 25일 경실련 시민강좌에서 햇볕 정책은 남북관계의 유일한 활로를 모색하는 방법이기 때문에 설령 야당이 집권한다고 해도 햇볕 정책 이외의 다른 대안이 없다고 말했다는 기사를 읽었다. 나는 너무나 반가워서 쪽글을 달았다. 모처럼 깊이 있는 이야기를 듣고 기분이 상쾌합니다. 최 교수는 역시 사회과학자입니다 라고 썼다. 사회과학자라고 썼지만 원래는 과학자라고 말하고 싶었다.

과학, 그것은 무엇인가? 그것은 현상의 이면에 있는 사물의 본질을 밝히는 것이다. 고래의 다리가 물고기의 지느러미와 비슷하게 생긴 것은 현상이지만 그것이 지느러미가 아니라 다리인 것은 본질이다. 그리고 나아가서 다리라는 본질에도 불구하고 왜 지느러미처럼 되었는가를, 현상을 설명해야 한다.

그런데 우리가 보는 강준만에게는 그러한 과학이 없다. 과학의 있음과 없음, 그것이 우리가 최장집을 들으면서 상쾌함을 느끼고 강준만을 읽으면서 짜증을 느끼는 이유인 것이다. 보수 정치가들이 서로 매우 심각하게 다투는 것 같지만 사실은 철천지 원수가 아니며, 대의나 정치 철학을 크게 달리 하는 것은 더욱 아니다. 그들이 서로 다투는 사기극이라는 현상의 이면에 그들의 본질이 같음을 밝혀주는 것이 과학이다. 그런데 김세균은 본질이 같다고만 주장할 뿐 현상을 분석하여 현상을 통해서 본질을 보여주지 못한다. 그래서 우리는 김세균도 과학자가 아니라고 생각한다. 거꾸로 강준만은 다만 현상을 말할 뿐이다. 잡다한 현상을 보여준다. 그러나 과학적 분석을 해서 본질을 보여주지는 않는다.

대신에 그는 노무현이나 김대중의 사기에 놀아난다. 그래서 최장집은 과학자이지만 강준만은 과학자가 아니다. 그리고 우리는 그를 비판할 수가 없다. 무엇을 비판할 것인가? "너는 왜 김대중을 지지하는가? 너는 왜 노무현을 지지하는가?"라고 멱살잡이를 하고 따질 것인가? 그러면 거꾸로 강준만이 우리에게 "너는 왜 예전에는 백기완을 지지하고 이제 와서는 권영길을 지지하는가, 왜 안 되는 사람만 골라서 지지 하는가"라고 따진다면 어쩔 것인가? 결국 목소리 큰 놈이 이기는 수밖에 없다. 그것은 과학적 토론이 아니다. 서로가 볼 때 서로가 미친놈이다. 미친놈끼리 무슨 토론이 될 것인가?

강준만은 아직도 극우 헤게모니가 존재한다고 생각하며 그것을 무너뜨리기 위한 성스러운 전쟁에 커다란 사명감으로 참여하고 있다. 우리는 강준만의 그런 전쟁을 높이 평가하고 지지하지만, 그 전쟁은 1987년 6월 민주주의 혁명의 연장이고 굳이 말한다면 정치혁명에 뒤이은 문화혁명일 뿐이라고 생각한다. 그런데 최장집은 냉전 헤게모니 유지를 위해 분단과 전쟁을 경험한 구세대, 공격적이고 파괴적인 인성 형성을 부추기는 냉전반공주의를 흡인한 그룹, 한반도의 평화보다 기득권 유지에 더 관심이 큰 사회그룹들이 분투하고 있지만 결국은 탈냉전을 추동해낸 사회적인 힘과 현실에 굴복할 수밖에 없다고 말하고 있다. 최장집은 한나라당 이회창이 집권하더라도 그것이 곧 냉전 헤게모니의 복귀로 귀결되지 않는다고 말하고 있는 것이다. 그렇다면 최장집은 한나라당을 도와주기 위해서 그런 말을 하는 것인가? 아니다. 그는 다만 과학자로서 연구의 결론을 말하고 있을 뿐이다.

강준만이 이회창이 당선되어서는 안 된다고 외칠 때 최장집은 이회창이 당선되어도 괜찮다는 이야기를 하는 셈이니 강준만의 처절한 외침과 지루한 장광설과 다급한 주장에 찬물을 끼얹어 김을 빼는 것이 아닐 수 없다. 강준만의 과장과 엄살을 최장집이 폭로하고 있는 꼴이다. 강준만의『조선일보』에 대한 비판과 언론개혁에 대한 주장은 매우 좋다. 우리는 그의 주장을 적극 지지한다. 지역감정과 연고주의에 대한 비판도 좋다. 그러나 강준만의 그러한 활약, 문화전선 곳곳에 숨어 있는 파쇼 잔당을 찾아내 총을 쏘아대는 그의 모습이야말로 우리 눈에는 자유주의자의 헤게모니가 이미 확립되었다는 사실을 말해주는 하나의 현상으로 보인다.

이회창은 누구인가? 그를 극우 파시스트라고 볼 수 있는가? 그는 아마 자유주의자이지만 몰락하는 소부르주아지의 반동적 심리와 영남의 반김대중 정서를 이용하기로 마음먹었다. 물론 그의 주위에는 민정계가 가득하니 그가 극우로 기울고 있다고 볼 근거도 전혀 없지 않다. 그러나 강준만이 유시민의 비판으로부터 김대중의 DJP 연합을 옹호하기 위하여 김종필이 온건하고 합리적이며 유신체제를 겪은 사람들이 일반적으로 말하듯이 그렇게 반동적이고 파쇼적이지도 않다고 주장하고, 조순이야말로 김종필보다 더 반동적이라고 말하는 식으로 한다면 김영삼계, 민주계가 오히려 더 전근대적, 반동적이고 사실은 민정계가 더 합리적이라고 강변할 수도 있을 것이다. 그러나 우리는 그렇게까지는 하지 않을 것이다. 김영삼과 김대중이 그러했듯이 이회창과 민주당도 근본적으로 자유주의 내부의 분파 투쟁일 뿐이고 그래서 분열의 명분이 없다보니 지역 대결 구도로 가는 것이다.

생각해보자. 북한의 문을 연 사람은 누구인가? 김우중이고 정주영이었다. 남한의 자본이 북한이라는 새로운 시장과 생산기지를 필요로 느끼고 있다. 남한의 부르주아지는 계급적 본능으로 김대중 정권의 대북 정책을 지지하고 있다. 그러므로 남한의 보수의 주류는 이미 합리화, 미국화, 세계화, 대북 화해 정책을 지지하고 있다. 다만 부르주아지의 낙오자들, 몰락하는 소부르주아지들이 바로 반동적인 경향을 보이고 있는 것이다. 박정희의 망령이 서성거리는 곳도 바로 그곳이다. 이회창이 그들을 안기 위해 노력하는 것은 그의 전략이다. 그러나 이회창은 원래부터 한국 자본주의 주류의 대변자이다. 그가 한국 자본주의가 살기 위해 가야 할 길을 아니 갈 리가 없다.

이 나라가 나아갈 길에 대해서 김대중과 이회창이 다른 주장을 하고 있는가? 다른 비전을 제시하고 있는가? 아니다. 김대중과 이회창이 본질적인 문제에 대해 다른 견해를 가지고 있는가? 금융시장 개방에 대하여, 공기업의 사기업화와 해외매각에 대하여, 정리해고에 대하여 다른 생각을 가지고 있는가? 우리나라가 나아갈 길에 대하여 미국이냐 유럽이냐를 묻는다면 결국 김대중이나 이회창이나 모두 미국으로 가자고 한다. 그러나 권영길은 유럽으로 가자고 한다. 비전이 다른 것이다. 나라가 나아갈 길에 대하여 다른 견해를 가지고 있는 것이다. 내가 지금까지 미국이니 유럽이니 한 것은 큰 방향을 알기 쉽게 말한 것이고 우리 나라가 곧 미국이나 유럽이 될 수 있다고 생각하는 것은 아니니 동지들은 안심하시기 바란다.

그래도 파시스트들과의 투쟁에서
사회주의자는 자유주의자와 손을 잡을 필요가 있다

그러나 그것은 정확하게 이야기한다면, "이미 헤게모니를 잡은 자유주의자와 아직 존재를 인정받지 못한 사회주의자가 손을 잡고 사회권력 중심으로부터 밀려나서 악을 쓰는 파시스트들을 잠재우기 위해서 어떻게 할 것인가?"라는 문제이다. 그리고 그 뒤를 따르는 문제는 "자유주의 진영 내부 분파들의 투쟁에 대하여 사회주의자는 어떤 정책을 취할 것인가?" 이런 것들이다. 강준만은 사회주의자와 자유주의자의 반파쇼 연합전선을 제안한다. 그것은 매우 좋고 필요한 일이다. 프랑스나 독일에서도 파시스트들, 신나치주의자들, 인종차별주의자들의 득세를 막기 위해 사회주의자들은 자유주의자들과 손을 잡고 있는 것으로 알고 있다. 다만 거기에는 두 가지 전제가 있다.

먼저 자유주의자들이 사회주의자들의 존재를 인정하는 것이다. 물론 그것은 우리 스스로 정체성을 확립하고 조선로동당이나 한나라당이나 새천년민주당, 그 어느 정당에도 정신적, 물질적으로 종속되거나 의지하지 않는 독립적 존재로서 우리 스스로를 세워나가야 하겠지만, 다른 정당들도 우리를 인정해야 한다. 파시스트와의 투쟁을 사회주의자가 독립하고 진보정당을 만들 권리를 부정하는 평계로 삼아서는 안 된다. 그것은 바로 박용진이 경계한 비판적 지지의 망령이 될 것이다. 그러나 벌써부터 일각에서는 2002년 대선에 진보정당이 후보를 낼 필요가 있느냐는 이야기를 하고 있다. 그러나 다행스럽게도 강준만은 그런 이야기를 하지 않고 있다.

실제로 상대에 대해 비타협적인 것은 사회주의자보다는 자유주의자다. 그들이 사회주의자들의 존재를 인정이라도 한 적이 있는가? 민주노동당의 대표가 출마한 창원을 선거구에 민주당이 후보를 꼭 내야 했는가? 거기서 얻은 1만2천 표 득표로 전국구 의원을 몇 명이나 더 배정 받게 되었는가? 민주당이 지난 총선 직전에 내놓은 선거법 개정안을 보면 민주당의 안중에 민주노동당은 없다. 1인2표 정당명부제를 도입한다고 하면서도 전국 득표율 5퍼센트 이상 되는 정당에게만 비례대표 의석을 배정한다고 하는 것은 민주노동당은 원내 진입하지 말라는 것이다.

두 번째 전제는 정계개편이 이루어져 자유주의자들이 파시스트들과 결별하고 지역 정당의 한계를 벗어나 전국적 정책정당으로 다시 태어나야 한다는 것이다. 강준만은 민주당이 자유주의 정당이라고 믿고 싶고 한나라당을 파시스트 정당이라고 믿고 싶겠지만 그렇게 말하기는 힘들다. 양당의 구성이나 지지 기반은 어디까지나 지역이다. 한국의 한나라당과 민주당은 미국의 공화당과 민주당이 아니다. 강준만이 뜻밖에도 지난 대선에서의 미국의 녹색당 지지자들의 행동을 너그럽게 이해하면서 잠시 혼돈하지 않았나 싶어서 하는 말이다. 아직 한국의 정당은 보수양당 체제로 정착을 하지 못하고 있다. 일정한 정책적 차이를 가진 보수 양당 체제가 아니라 여전히 전근대적 지역정당일 따름이다. 그래서 지난 대선에서 김대중이 당선된 것이 이회창이 당선된 것보다 백 번 잘 된 일이라면, 그것은 정책에서 큰 차이가 나서가 아니라 호남 사람들도 권력을 한번 잡아서 호남 사람에 대한 차별, 영호남간의 지역적 불평등이 다소라도 해소될 수 있다고 보았기 때문이다.

비판적 지지는 없다

비판적 지지의 망령이 있다면 우리 민주노동당으로서는 관심을 가지지 않을 수 없다. 그러나 나는 비판적 지지의 망령이 있다기보다는 노무현 캠프의 진보진영, 또는 민주노동당 주변, 민주노총이나 시민단체들에 대한 공작이 있을 수는 있다고 생각한다. 민주노동당이 그러한 공작에 대해 과민하고 피해의식을 가지는 것은 어쩌면 자신감의 부족이고 우리 당의 정체성, 우리 당의 철학적 빈곤을 고백하는 것이니 한편으로 부끄러운 일이기는 하다. 그러나 그것이 불러일으키는 비판적 지지의 망령에 대해 피해의식을 가지는 것은 당연하다. 오랫동안 비판적 지지라는 말은 곧 진보정당의 존재를 부인하는 말이었기 때문이다.

그럼에도 불구하고 박용진의 비판적 지지의 망령에 대한 우려는 과하다. 사실을 말하면 이미 비판적 지지는 없다. 굳이 민주당의 대통령 후보를 비판적으로 지지할 필요를 느끼는 사람들은 없다. 비판적 지지라는 이상한 단어와 정치적 태도는 1987년에 있었으며, 오늘 그런 것은 없다.

비판적 지지는 어디서 왔던가? 15년이나 계속되었던 군사독재 시절 사회주의자와 자유주의자는 반파쇼 투쟁을 오랜 동안 함께 해왔다. 아니 서로 구분이 안될 정도로 한 덩어리로 뭉쳐서 투쟁했다. 그 한 덩어리를 '운동권'이라는 이상한 용어로 표현했다. 말하자면 반파쇼 운동을 같이하는 사람들의 문화권이라는 뜻일 터인데 군사독재가 길어지면서 상당히 붉은 빛깔로 물들어가기도 했다.

그러나 실제로는 여전히 자유주의자들이, 아니 혁명적 민주주의자들과 혁명적 민족주의자들이 다수를 이루었다. 즉 운동권은 원래 겉만 붉은 사과가 많은 과일 바구니였던 것이다. 사과들, 자유주의자들이 사회주의자들과 결별하고 지금까지 정치권에 있던 자기 동지들과 합류하면서 명분을 세울 수 없으니까 궁색하게도 비판적 지지라고 했던 것이다. 대표적 비판적 지지론자였던 김근태와 이해찬의 언행을 보면 잘 알 수 있다.

또한 운동권이 민주화 운동을 주도하면서 보수 정치인들을 아주 우습게 보는 경향이 생겨났다. 그 이유는 있지만 근거는 없는 집단적 자존심이 김대중이든 김영삼이든 보수 정치인에 대한 절대적, 무조건적 지지는 용납할 수 없었다. 그래서 차선을 선택한다는 논리가 등장했다. 세상에 차선을 선택하는 바보가 어디 있나? 사람은 누구나 그 시점, 그 상황, 그 조건에서 최선을 선택한다. 그런데 자기가 최선이라고 생각한 것을 최선이라고 표현하지 못하고 차선이라고 부를 수밖에 없었던 것이다. 사람은 분위기에 맞추어 생각하고 이야기하는 것이다.

또 하나 역사적 사실을 있었던 그대로 이야기한다면 비판적 지지의 원천이 하나 더 있다. 역사적 사실로서 북한의 대남 정책이라는 것이 있었고 그들의 시대착오적 50년대식 정세 인식이 있었고 그들의 소박한 반제 반파쇼 연합전선 전략이 있었다. 그리고 북한의 김대중에 대한 과대평가, 또는 과대 기대가 있었다. 장차 등장할 김대중 정부를 '자주적 민주정부'라고 칭하고 김대중 정권이 서면 그와 더불어 남북한 평화 공존 체제, 국가연합 정도는 만들 수 있을 것이라고 본 것이다. 김대중이 70년대 초반에 들고 나온 '공화국 연방제'라는 통일 방안을 북한에서는 60년대 그들의 통일 방안인 '고려연방제'나 1980년에 발표한 '고려민주연방공화국 창설 방안'과 근접할 수 있는 것으로 오해한 것이다. 북한의 오해는 다시 남한 극우반공 세력의 오해가 되었다. 즉 남한의 극우 반공주의자들은 북한이 사랑한 김대중을 필요 이상으로 미워하고 적대시했던 것이다. 김대중은 분단국의 비극의 주인공이 되었다.

　실제로 북한은 남한 내의 조선로동당 지지자들로 하여금 김대중을 지지하도록 지시하였다. 그렇다면 조선로동당이나 남한의 조선로동당 지지 세력들이야말로 어떻게 보면 진정한 김대중에 대한 비판적 지지자들이다. 왜냐하면 자기의 진정한 정치 사상적 소속은 조선로동당이면서 전략적으로 김대중을 지지하는 것이었으니 범(汎) 김대중당의 일원이 김대중을 지지한 것과는 사정이 다른 것이다.

문제는 노무현의 사기극이다

2000년 4월 총선에서 노무현은 낙선했지만 인기는 더 올라갔다. 아니 그는 집권 여당의 대통령 후보군에 들어갔다. 그는 망국적 지역감정에 저항하여 장렬히 싸운 의병장으로 커다란 명예와 명분을 얻은 듯이 보인다. 그런데 지난 총선을 차분히 다시 생각해보자. 선거의 과정이나 결과를 잘 보자. 노무현이 정면 대결한 것으로 되어 있는 지역감정이라는 문제에 대해서 보더라도 노무현이 문제제기일 수는 있지만 답은 아니다. 권영길이야말로 답이다. 지난 총선에서 노무현이 낙선한 데 대해 애석해하는 사람들이 조금 깊이 생각해보았다면 실제로 한국 정치의 근본적인 개혁을 위해서는 권영길의 낙선이 훨씬 더 애석한 일이라는 사실을 알 수 있었을 것이다. 노무현은 만 표 이상 차이로 낙선했다. 아니 노무현은 처음부터 당선될 수 없다는 것을 알고 출마했다. 그것은 해결책이 없는 문제제기와도 같은 것이다. 노무현의 투기, 계산된 행동, 영남에 출마해서 낙선해도 본전이라는 계산에 근거한 정치 쇼, 즉 사기극이었던 것이다. 반면에 권영길은 당선될 수 있었다. 왜? 그것은 권영길이 진지한 답이었기 때문이다. 그 다람쥐 쳇바퀴 같은 지역감정의 대결구도로부터 벗어나 새로운 길을 제시했기 때문이다.

내용으로 깊이 들어가 보면 노무현의 선거운동은 보수 정치인의 선거운동 그 자체였다. 그것은 새로운 시도가 아니었다. 그것은 개인 사업이었다. 후보 개인이 선거자금을 다 내거나 만들어내고 투기를 했다. 그러나 권영길의 선거운동은 수천 명이 한 푼 두 푼을 내고 자발적으로 선거운동을 벌인, 한국 정치에는 없던, 전혀 새로운 것이었다. 권영길 후보는 정말 한 푼도 내지 않았으며 권영길의 선거운동에 활동비를 받은 사람은 한 사람도 없었다. 그것은 하나의 아름다운 작품이었으며 우리가 책에서 보았던 영국노동당 선거운동과 같았다. 그러나 노무현의 선거운동은 전혀 달랐다. 마찬가지로 모든 점에서 노무현에게 근본적 차원으로 깊이 들어가 보면 아무 것도 새로운 것은 없다.

그래서 노무현이 언론과의 전쟁을 선포하였을 때 우리는 커다란 의문을 가지지 않을 수 없었다. 노무현만큼 언론의 혜택을 받았던 사람도 또 있을까? 물론 그래도 언론과 전쟁을 할 수도 있다. 아이들은 때때로 부모와 전쟁을 벌이기도 한다. 그래서 우리는 노무현이 사기극을 벌이고 있으며 강준만은 거기에 넘어갔다고 보는 것이다. 강준만은 언론개혁의 든든한 동지를 만나 너무나 기쁜 나머지 자기도 모르게 국민을 상대로 한 사기극을 벌이게 되었다고 본다. 그리고 다시 강준만은 노무현에게 큰 힘을 주고 있다. 노무현 캠프에서는 강준만의 책을 수천 권 사다가 홍보물로 돌리고 있다. 그거야 우리도 흔히 하는 일이니 큰 허물도 아니다. 다만 나는 노무현 캠프와는 아무 관련이 없다는 강준만의 주장이 문제인 것이다. 너무나 피상적인, 그래서 사기적인 발언인 것이다.

노무현이 정치에 입문할 즈음, 그는 김대중 지지자가 아니었다. 그런데 지금은 김대중 지지자를 넘어서 후계자를 자처하고 있다. 그래서 나는 그가 정치가로서 변화 발전했다고 본다. 그리고 사상적으로도 박용진이 지적한대로 자유주의자로 발전했다. 그는 1987년 당시에 백기완 편에 서서 이해찬과 논쟁했다. 그는 당시에 매우 소박하게 독자적 정치세력화를 지지했다. 물론 당시에는 그만 그랬던 것이 아니고 많은 사람들이 그랬다. 이부영도 제정구도 그랬다.

강준만이 결코 이해하지 못하는 것, 1987년 대선

내가 강준만의 글을 처음 읽은 것은 『김대중 죽이기』였다. 좀 오래되어서 내용은 잊어버렸지만 나의 느낌은 남아 있다. 나는 그 책을 읽고 나서 두 가지를 추측하고 틀림없을 것이라고 생각했던 것 같다. 우선 강준만은 1987년에 미국에 있었을 것이다. 그리고 아마도 70년대와 80년대 민주화운동에 참여한 적은 없었을 것이다. 아니 보다 정확하게 말한다면 내가 추측한 처음 한 가지는 즉시 그의 약력을 보고 확인할 수 있었으며, 나머지 한 가지는 최근에 어느 글에서 그가 스스로 이야기하는 것을 통해 사실임을 확인할 수 있었다.

그리고 나는 이렇게 생각한다. 그가 70년대 또는 80년대 민주화운동에 참여하지 않은 것은 큰 결함이 아니다. 오히려 민주화운동에 참여하지 않았기 때문에 운동권 이데올로기에 감염되지 않고 고정 관념이 없이 자유로운 사고를 할 수 있었을 것이다. 그러나 1987년에 미국에 있었다는 문제는 심각하다. 왜, 1987년 대선을 모르고서는 한국 정치를 말하는 것이 불가능하기 때문이다. 그가 1987년의 대선에 대해서 국민 정서나 상식과 먼 소리를 하는 것은 그가 직접 경험하지 못했기 때문이다. 그에게는 15년간의 헌정 중단, 군사 독재 후에 치뤄진 대선, 15년간의 민주화 투쟁으로 쟁취한 1987년 대선이 여느 대선과 다를 바 없는 하나의 대선일 뿐이다. 사람은 자기가 경험하지 못한 것을 알기는 어렵다.

비판적 지지론의 잘못은 단순히 노태우를 당선시킨 데 있는 것이 아니다. 민주화의 속도와 철저성과 주도 세력과 방향을 모두 뒤바꾸어 놓은 데 있었으며, 민주주의 혁명의 타락에 있었다. 1987년 대선에서 저지른 김대중의 과오가 예사로운 과오인가? 아니다. 그것은 역사적인 과오였다. 앞으로 두고두고 씻지 못할 과오로 남을 것이다. 그러나 그들은 장사에는 성공했다. 그들의 목적의 반은 달성한 것이다. 1988년 봄의 총선에서 김대중은 드디어 저 한민당의 원류에서 나온 이 나라 보수 야당의 한 줄기를 떼어내 하나의 정당을 만들고 지긋지긋한 김영삼과의 동거를 끝장내고 이 나라 제2당의 당수가 되었다.

강준만은 정치 장사를 모른다. 잘못을 인정하면서도, 아니 몰매를 맞을 각오를 하고서도 장사를 해야만 하는 그들의 입장을 모른다. 그러니 그들에 대한 사람들의 비난이 뜻하는 바가 무엇인지도 모른다. 그것은 하나의 투기에 대한, 한 정파의 장사를 위해 나라의 일을 그르친 자들에 대한 비난이다. 다시 강조하지만 1987년은 그저 예사로운 대통령 선거가 아니었다. 15년 동안의 군부독재에 대한 고난의 투쟁이 결실을 맺는 것이었다. 국민정신이 고양되는 혁명적인 변화의 순간이었다. 잘하면 누적된 많은 문제들을 해결할 수 있는 기회였다. 강준만이 그토록 통탄해하는 지역감정도 해결의 길로 갈 수 있었다. 이제 그 지역감정은 보수 정당은 해결할 수 없는 문제, 진보정당만이 해결할 수 있는 문제로 남아 있다.

강준만은 그 당시 비판적 지지론자들이, 4파전 필승론자들이 무엇을 망쳤는지 모른다. 노태우의 당선이라니, 도대체 말이나 되는가? 그로 인해 민주화는 불철저하게 추진되고, 지지부진하고 과거는 청산되지 아니하고 지역감정은 심화되었다. 그런데 왜 김대중이 책임을 지느냐고? 그 이유는 비판적 지지론자였던 유시민이 이미 잘 설명하고 있으니 덧붙일 말이 없다. 다만 유시민처럼 그런 이론적 분석을 하지 않고서도 대다수 국민들은 알고 있었다는 것이다. 그것을 황광우가 지적했는데 그에 대한 반론을 펼치면서 대학교수라는 편안한 직업을 가지고 글이나 쓰는 주제에 감히 풍찬노숙하며 의병을 일으킨 사람에게 자기는 결코 해서는 안 될 말까지 하고, 선거에서의 득표수까지 들먹거리면서 인신공격을 하는 것을 보고서는 "말로 상대할 놈이 아니구나"라고 생각했다.

물론 그 후에 그가 좋은 일을 많이 하는 것을 보고서 생각이 많이 바뀌었다. 그리고 나는 그의 글에서 좋은 이야기도 많이 발견하였다. 내가 잘 모르는 것을 그가 쓴 글을 통해 알게 된 것도 많다. 결국 나는 강준만의 부지런함을 존경하게 되었다. 그리고 부지런한 그의 노력으로『조선일보』의 영향력이 약화되거나 대한민국의 언론들이 개선된다면 그 득을 우리도 볼 것이라고 생각하고 있다. 미리 감사하고 있는 것이다. 언론개혁에 대한 그의 열정과 집념은 분명 찬탄할 만하다. 그러나 정치에 대한 그의 글은 아무래도 피상적이다. 그 이유는 그가 정치, 특히 한국 정치를 잘 모르는데 있다.

다시 문제는 2002년 대선이다.

이제 문제는 다가오는 2002년 대선이다. 1987년 대선에 대해서는, 비판적 지지니, 독자적 정치세력화니 하는 논란들도, 그 참담한 결과에 대해서도 이제 잊어도 될 때가 왔다. 고난의 반독재 투쟁, 열심히 '죽쑤어서 개 준' 혁명적 민주주의자들, 혁명적 민족주의자들, 사회주의자들로 이루어진 '운동권'도 이제는 해체되어 흩어졌다. 그리고 3김 씨도 이제는 무대에서 사라질 때가 되었으며 그들이 내걸었던 민주화니 개혁이니 역사바로세우기니 세계화니 인권이니 지역감정 해소니 남북긴장완화니 하는 여러 역사적 과제들이 지루하게, 불철저하게, 또 부분적으로, 왜곡되어 이루어졌다.

다가오는 2002년 대선의 역사적 지위는 1987년 대선과 같다. 1987년 대선에서 한국 사회의 민주화의 속도와 방향과 주도 세력이 결정되었다. 물론 민주화의 내용, 깊이와 철저성도, 아니 그 계급적 성격도 결정되었다. 군부독재 국가로부터 정상적인 민주주의 국민국가로 나아가는 과도기를 이끌어갈 세력과 그 대표자들이 결정되었던 것이다. 그렇기 때문에 저 뼈저린 1987년 대선의 결과는 15년 동안이나 유효했다. 1등을 한 노태우가 제일 먼저 대통령을 하고 2등을 한 김영삼이 두 번째로 대통령을 하고 3등을 한 김대중이 세 번째로 대통령을 하였다. 그리고 4등을 한 김종필도 그 나름으로 권력의 지분을 찾아먹었다. 한국 사회는 아직도 1987년 대선의 그림자에서 벗어나지 못하고 있다.

그러나 2002년 대선에 이르러 한국 정치는 비로소 1987년 대선을 넘어설 것이다. 다시 말해서 내년 2002년 대선은 그 이전의 15년간이라는 민주화 과도기를 마무리하고 사회진보와 통일로 나아가는 새로운 역사적 단계의 한국 정치의 기본 구도를 만들어 낼 것이다.

그러므로 다시 한번 우리는 장기적으로, 또는 통일 이후까지도 염두에 두고 우리나라의 바람직한 정치 구도가 무엇인지를 먼저 생각해야 한다. 그것을 미국식의 보수 양당 체제로 생각한다면 문제는 보다 쉽고 단순해질 것이다. 그러나 좌파와 우파, 진보와 보수의 정당 정치를 이상적인 정치 구도로 생각하는 사람은 2002년 대선에서 최소한 두 개의 보수정당에 하나의 진보정당이라는 2+1의 구도라도 만들어야 한다고 생각할 것이다. 다행스럽게도, 그리고 의외로 강준만은 민주당이 보수정당, 민주노동당이 진보정당으로서 한국의 대표적인 양대 정당이 되는 그런 날을 꿈 꾼다고 한다. 자유주의자들 중에서 이렇게 생각하는 사람들이 늘어나야 한다.

민주당은 한나라당의 대통령 후보 이회창이 반동적이고 극우적인 정책으로 기울고 있기 때문에 그에게 정권을 넘겨주면 안 된다고 외치고 있다. 그 이야기는 매우 건전하고 좋은 이야기다. 그러나 그 이야기를 정치철학과 세계관을 달리하는 진보정당에 대고 하지는 말아야 한다. 그보다는 많은 부동층, 지지하는 정당이 없다는 무당파층을 설득하는 것이 나을 것이다. 그들에게 이회창은 극우라고 외치고 극우파의 위험성을 선전하라. 그러면 충분히 정권을 지킬 수 있을 것이다. 그리고 금상첨화, 더 좋기는 정책 이념을 기준으로 보수 정당 전체가 헤쳐 모여를 하라. 아니 먼저 현 집권 여당 자체에 있는 극우파들부터 추방하든지 손을 끊든지 하라. 그러면 그 이야기가 사기로 들리지 아니하고 진지하게 들려서 아마 상당한 지지를 얻을 것이다.

민주당 일각의 '신민주대연합론'이 가치와 설득력을 가지려면 진보정당이 우리나라 현실에 뿌리를 내리려는 어려운 노력을 저지하고 흡수하려는 논리로서가 아니라 보수정당의 재편의 논리로서, 다시 말해서 보수 정당들의 혼란스럽고 복잡한 구조를 정책적 차이를 기준으로 완전히 재편하는 것을 목적으로 해야 할 것이다. 그것이 먼저 이루어진 후라면, 아마 당연히 상대적 진보성을 가진 민주적 후보가 극우파에 둘러싸인 반동적 성향의 후보를 이길 것이다. 그리고 많은 지지 세력을 확보한 진보정당의 후보는 민주적 후보가 이기지 못하는 만약의 상황에서 그야말로 정정당당한 연합의 상대, 승리를 보장하는 우군이 될 수도 있을 것이다.

『이론과 실천』(2001년 11월)

2002년을 바라보며, 희망을 말하고 싶다

NL도 PD도 없다.

오늘 우리가 눈앞에 두고 있으며 그를 통해 천하삼분지계(天下三分之計)를 실현시키고 현실적 정치세력으로 비약하고자 하는 한판의 대회전(大會戰)은 1987년 대선이 아니라 2002년 대선이다. 그러므로 1987년 대선과 관련된 모든 기억들, 비판적 지지니, 독자적 정치세력화니 하는 논란들이나 그 참담한 결과에 대해서도 완전하게 잊어야만 한다. 잊기 위해서는 이해해야 한다.

1987년을 이해하고 오늘의 상황을 이해해야 한다. 15년간의 청춘을 바친 고난의 반독재 투쟁, 열심히 '죽쑤어서 개준' 혁명적 민주주의자들, 혁명적 민족주의자들, 사회주의자들로 이루어진 '운동권'도 이제는 해체되어 흩어졌다. 그리고 3김 씨도 무대에서 사라질 때가 되었으며 그들이 내걸었던 민주화니 개혁이니 역사바로세우기니 세계화니 인권이니 지역감정 해소니 남북긴장완화니 하는 여러 역사적 과제들이 지루하게, 불철저하게, 또 부분적으로, 왜곡되어 이루어졌다. 아, 오늘에야 NL도 PD도 없다. DJ도 YS도 없다. 그 모든 지겨운 암호는 없다.

다가오는 2002년 대선의 역사적 지위는 1987년 대선과 같다. 1987

년 대선에서 한국 사회의 민주화의 속도와 방향과 주도 세력이 결정되었다. 물론 민주화의 내용, 깊이와 철저성도, 아니 그 계급적 성격도 결정되었다. 군부독재 국가로부터 정상적인 민주주의 국민국가로 나아가는 과도기를 이끌어갈 세력과 그 대표자들이 결정되었던 것이다. 그렇기 때문에 저 뼈저린 1987년 대선의 결과는 15년 동안이나 유효했다. 1등을 한 노태우가 제일 먼저 대통령을 하고 2등을 한 김영삼이 두 번째로 대통령을 하고 3등을 한 김대중이 세 번째로 대통령을 하였다. 그리고 4등을 한 김종필도 그 나름으로 권력의 지분을 찾아먹었다. 한국 사회는 아직도 1987년 대선의 그림자에서 벗어나지 못하고 있다.

그러나 2002년 대선에 이르러 한국 정치는 비로소 1987년 대선을 넘어설 것이다. 다시 말해서 내년 2002년 대선은 그 이전의 15년간이라는 민주화 과도기를 마무리하고 사회진보와 통일로 나아가는 새로운 역사적 단계의 한국 정치의 기본 구도를 만들어 낼 것이다.

그러므로 다시 한번 우리는 장기적으로, 또는 통일 이후까지도 염두에 두고 우리나라의 바람직한 정치 구도가 무엇인지를 먼저 생각해야 한다. 그것을 미국식의 보수 양당 체제로 생각한다면 문제는 보다 쉽고 단순해질 것이다. 그러나 좌파와 우파, 진보와 보수의 정당 정치를 이상적인 정치 구도로 생각하는 사람은 2002년 대선에서 최소한 두 개의 보수 정당에 하나의 진보정당이라는 2+1의 구도라도 만들어야 한다고 생각할 것이다.

민주당의 일부 분파들은 한나라당의 대통령 후보 이회창이 반동적이고 극우적인 정책으로 기울고 있기 때문에 그에게 정권을 넘겨주면 안 된다고 외치고 있다. 그 이야기는 매우 건전하고 좋은 이야기다. 그러나 그 이야기를 정치철학과 세계관을 달리하는 진보정당에 대고 하지는 말아야 한다. 그보다는 많은 부동층, 지지하는 정당이 없다는 이른바 무당파층을 설득하는 것이 나을 것이다. 그들에게 이회창은 극우라고 외치고 극우파의 위험성을 선전하라. 그러면 충분히 정권을 지킬 수 있을 것이다. 그리고 금상첨화, 더 좋기는 정책 이념을 기준으로 보수 정당 전체가 헤쳐 모여를 하라. 아니 먼저 현 집권 여당 자체에 있는 극우파들부터 추방하든지 손을 끊든지 하라. 그러면 그 이야기가 사기로 들리지 아니하고 진지하게 들려서 아마 상당한 지지를 얻을 것이다.

민주당 주변의 신민주대연합론이 가치와 설득력을 가지려면 진보정당이 우리나라 현실에 뿌리를 내리려는 고군분투, 힘겨운 노력을 저지하고 흡수하려는 논리로서가 아니라 보수정당의 재편의 논리로서, 다시 말해서 보수 정당들의 혼란스럽고 복잡한 구조를 정책적 차이를 기준으로 완전히 재편하는 것을 목적으로 해야 할 것이다. 그것이 먼저 이루어진 후라면, 아마 당연히 상대적 진보성을 가진 민주적 후보가 극우파에 둘러싸인 반동적 성향의 후보를 이길 것이다. 그리고 독자적으로 많은 지지 세력을 확보한 진보정당의 후보는 민주적 후보가 이기지 못하는 만약의 상황에서 그야말로 정정당당한 연합의 상대, 승리를 보장하는 우군이 될 수도 있을 것이다. 그러나 보수 지역 정당의 정책 정당으로의 재편은 당장 이루어질 것 같지 않다.

백척간두(百尺竿頭)에 서면
오직 넓고 넓은 세상이 있을 뿐이다.

나는 두 달전에 주제넘게도 감히 강준만과 박용진의 수준높은 토론에

끼어들어 몇 마디 했다. 그리고 나의 몇 마디에 대해 강준만이 대꾸를 하지 않겠다는 대꾸를 하였다. 그는 오래된 나의 중얼거림을 하나의 증거로 들면서 나와 그 사이에는 지금 차분한 대화가 거의 불가능하다고 단정한다. 그러나 나는 지금이야말로 강준만이든 그 누구든, 상식이 있는 누구라도 소매를 붙잡고 대화하고 싶다. 차분하게 대화가 안 되면 열을 올리며 큰 소리로라도 대화를 하고 싶다. 우리가 살 나라, 우리 자식들이 살 나라를 위해 토론하고 싶다. 상대를 인정하는 사람이라면 누구와도 대화하고 싶다.

길가에서 서로 싸우는 사람들을 본 적이 있는가? 한편에서 자극적인 말이 나가면 반드시 상대편에서도 험한 말이 나가는 것이다. 그런데 방금 내가 했던 자극적인 말은 생각하지 않고 상대의 험한 말에 대해서만 무어라고 한다면 길가에서 싸우는 취객과 무엇이 다르겠는가? 내가 아무리 교수 알기를 우습게 안다고 할지라도 시도 때도 없이 교수들의 면전에 대놓고 "교수 나부랭이가 무얼 안다고"라고 말하겠는가? 평소에는 예의를 지키기 위해서 노력할 것이다. 그러나 상대가 나보고 "국민의 지지도 못 받는 소수 빨갱이 주제에"라고 할 때는 내 입에서도 험한 말이 튀어나오는 것이다.

솔직하게 말해서 나에게 또는 한때 혁명가연(革命家然)하던 맑스주의자들에게 무언가가 있었다면 그것은 도덕적 우월감이 아니라 지적 우월감이었을 것이다. 왜냐하면 우리는 우리나라의 대학교수들에게 학자적 기본 소양이 없는 경우를 너무 많이 봐왔기 때문이다. 학자는 보통 사람과 달리 어떤 명제에 대해서든지 가설로 생각하고 끊임없이 그 근거를 물어야 할 것이다. 그런데 우리나라의 교수들은, 아니 물론 대학교수들이 다 학자는 아니겠지만, 도대체 모든 명제의 근거가 되는 현실, 구체적 사실에 대한 관심이나 애정이 없었다. 그래서 솔직히 고백하건대 나는 대학교수들에 대해서 상당한 지적 우월감을 가지고 있었다. 우리나라에서 사회과학을 하는 대학교수들이 한국 사회에 대해서 쓴 글을 읽다보면 나도 모르게 웃음이 나오고 그들을 경멸하게 되었던 것이다.

물론 맑스주의자의 지적 우월감이라는 것이 뿌리가 깊은 것이다. 역사적으로 맑스주의야말로 이론의 우월함으로 지식인들을 설득하고 다른 급진파들을 누르고 사회주의운동과 노동운동, 또는 민족해방운동의 헤게모니를 잡았기 때문이다. 그러나 그건 옛날이야기다. 소련 공산당이 무너졌을 때, 아니 루마니아의 차우세스쿠가 봉기한 인민에 의해 총살을 당했을 때 우리는 그러한 사태를 예견하지 못했던 우리의 세계에 대한 인식의 부족, 한계, 아니 어떤 근원적인 한계를 인정할 수밖에 없었다. 아직까지 진리를 독점했다는 가당찮은 지적 우월감을 가진 자칭 맑스주의자가 있다면 그는 진정한 맑스주의자가 아니다.

1987년인가 88년인가 당시 내가 속했던 지하조직의 사무실 하나가 여의도 어느 오피스텔에 있었다. 그래서 나는 자주 버스를 타고 여의도에서 대방동으로 넘어가는 다리를 건너갔다. 나는 여러 차례 다리 위를 지나가면서 샛강의 풀밭을 관찰하였다. 대방동 전철역으로 걸어가면서 관찰한 적도 있다. 그리고는 풀밭의 색이 참으로 여러 가지라는 사실을, 거의 수천 가지라는 사실을 알게 되었다. 관찰을 하기 전에는 미처 몰랐다. 그저 풀밭이라면 파랗다라고 알았는데 자세히 관찰해 보니 수 백 가지, 아니 수천 가지 색이었다. 그 뿐이 아니었다. 철따라 날마다 아니 시시각각으로 그 색은 변하는 것을 보았다. 그리고 레닌의 진리는 구체적이라는 말을 생각했다. 레닌은 아마도 불과 며칠 전에는 봉기를 일으켜서는 안 된다고 말해 놓고 오늘은 봉기를 일으켜야 한다고 주장하면서 어리둥절해하는 동지들에게 그 말을 했을 것이다.

여의도 샛강의 풀밭을 관찰한 후에 나는 풀밭의 색에 대하여 감히 말하거나 글을 쓰거나 할 엄두를 내지 못하였다. 나는 한국 사회나 내가 본 사람에 대해서 말하거나 글을 쓸 수 없었다. 나는 지나치게 많이 관찰을 한 것일까? 아무 것도 쓰지 못하고 아무 것도 말하지 못하는 고통 속에서 비로소 신앙의 가치를 알게 되었다. 믿음이란 참으로 훌륭한 것이며 인간 생활에 필요한 것이다. 무언가를 믿어야 한다. 그리고 관찰은 되도록 하지 말아야 한다. 보지 않고도 믿는 자에게 복이 있다는 말이 기독교의 성경에 있었던 것 같은데 사실은 보지 않아야 믿을 수 있는 것이다. 아니 보더라도 대충 봐야 한다. 너무 자세히 관찰하지는 말아야 한다. 절대로 자기의 선입견과 편견이라는 안경을 벗지 말고 적당히 봐야 한다. 그러지 않으면 레닌처럼 자주 신경쇠약에 걸리거나 오래 살지 못한다.

옛날이야기 나온 김에 하나 더 하자. 1987년 우리는 백기완의 사퇴 후에 얼마 되지 않는 비밀결사의 조직원들에게 대통령 선거 투표를 어떻게 하라고 지시를 내릴 것인가를 두고 토론했다. 그리고 결론은 김대중에게 찍으라는 것이었다. 그런데 한 사람의 동지는 자기는 조직의 명을 거부하고 사퇴한 백기완에게 투표하겠다고 공언했다. 우리는 그 동지에 대해 조직의 지시를 어긴다고 징계하지는 않았다. 조직은 그 사람의 심정을 이해했기 때문이다. 그 사람은 우리의 지하조직에서 가장 연장자였고 호남 출신이었다. 어린아이도 아니었고 영남 출신이었던 것도 아니다. 단순한 사고 때문도 아니었고 반호남, 반김대중 정서 때문은 더욱 아니었다. 현실이란, 그리고 그 속에서 살아가는 인간의 올바른 판단이란 이렇게 복잡하고 어려운 것이다.

그래서 말하고 싶다. 과거의 비판적 지지론자나 오늘의 자유주의자들은 선입견과 편견을 버리고 과거의 백기완 캠프, 민중당 계열이나 오늘의 사회주의자들을 바라보라. 아니 서로 서로 마음을 열고 나라를 위해 차분하게 대화를 해보자.

2002년 대선에서
우리는 현실적인 정치세력이 되고 싶다.

사회주의자와 전투적 자유주의자가 공통적으로 원하는 바가 있다면 내년에는, 특히 대통령 선거에서 이 땅의 모든 정치 세력들이 자기의 정치 철학을 있는 그대로 드러내는 것이 아닐까? 아니 좀더 원대한 비전과 정책으로 여러 정치 세력들이 대결하는 그런 대통령 선거가 되기를 바라는 것이다. 그런 희망대로 된다면 파시스트든, 자유주의자든, 사회주의자든, 생태주의자든 자기의 뚜렷한 철학과 비전, 색깔을 가진 세력들이 경쟁을 하고 우리나라 정치는 크게 현대화될 것이다. 그렇기 때문에 노무현을 지지하는 사람들이든 이인제를 지지하는 사람들이든, 이회창이나 박근혜를 지지하는 사람들이든 자기의 생각과 사고방식을 있는 대로 드러내는 것이 좋다. 그들의 노력은 한걸음 한걸음 우리나라 정치의 수준을 높이고 있다.

그런 의미에서 강준만이든 문성근이든 노무현을 지지하고 나선 것은 좋은 일이다. 우리는 도덕적으로 그들을 비난해서는 안 된다. 이미 그들은 도덕적 열등감을 가지고 있는 것이 아니기 때문에 아무런 효과도 없다. 오로지 우리는 그들과 공공연하게 정치 철학의 대결을 펼쳐야 한다. 통일로 만들어갈 새로운 나라에 대한 구상으로 대결해야 한다. 앞으로 우리나라를 어떤 사회 경제 체제와 어떤 정치제도를 가진 나라로 만들어 갈 것인가를 두고 논쟁해야 한다.

2002년 대선이 그렇게 우리가 바라는 대로 정치철학과 비전의 대결이 된다면 권영길이나 노무현이 가장 부각되지 않겠는가? 그러나 2002년 대통령 선거가 우리가 바라는 그런 모습으로 이루어질 것 같지는 않다. 우리의 그런 바램은 아마 충분히 실현되지는 못할 것이다. 이미 민주당내 경선에서부터 그렇게 되지 않을 것이다. 그래서 우리는 묻고 싶다. 민주당내 경선에서 노무현이 대통령 후보로 당선되지 않고 이인제가 당선된다면 강준만 같은 사람들은 어떻게 할 것인가? 그것이 궁금하다. 이인제 후보를 비판적으로 지지할 것인가? 아마도 현실 정치가로서 노무현은 그렇게 할 것 같은데?

나는 노무현을 진정으로 순수하게 지지한 사람들은 이인제를 지지하면 안 된다고 생각한다. 물론 민주당원이라면 당의 규율을 따라야 할지도 모르지만 당원이 아닌 사람은 더욱 그렇다. 이인제는 박정희를 흉내내는 사람이 아닌가? 이회창과 이인제가 거기에 박근혜 또는 정몽준과 권영길이 출마한다면 누구를 지지하는 것이 옳은가? 노무현을 지지한 사람 중에서 상당한 사람들, 특히 나는 상당히 진보적인 입장이지만 현실적으로 대통령 될 가능성이 그나마 약간이라도 노무현에게 있기 때문에 그를 지지한다고 생각하는 사람들은 모두 권영길을 지지해야 옳다. 그렇지 아니한가?

사실을 본다면 노무현을 지지하는 사람들이나 권영길을 지지하는 사람들이나 별로 현실적일 것 같지 않은 대안을 선택했다는 의미에서, 이상주의자라는 점에서 비슷한 점도 있다. 그래서 우리는 전술적으로도 노무현을 지지하는 순수한 사람들에 대해서 이해하고 우호적일 필요가 있다. 그리고 우리는 혹시 우리 당원 가운데, 혹은 지지자 가운데 있을 수 있는 비판적 지지파에 대해서는 무언가 다른 방법을 동원하여 억압을 하려고 하거나 단속을 하려고 하지 말자. 모든 생각들이 충분히 드러나도록 하자. 미리 어떤 선을 긋고 이야기를 하지 말자.

우리는 2002년 대선을 대비하면서 조직이나 재정의 부족을 걱정하지만 사실은 철학과 정책의 빈곤을 더욱 걱정해야 할 것이다. 한국적 진보정당의 고유한 정치 철학과 색깔을 이제는 충분히 드러내야 한다. 이제 그 정체성을 분명하게 해야 한다. 더 이상 어정쩡한 변명을 대지 말고 진보정당의 이념이 무엇이 되어야 할지를 말해보자. 2002년 대통령 선거에는 재야 운동권의 대통령 후보나 민주노총의 대통령 후보가 아니라 진보정당의 대통령 후보가 처음으로 나가는 것이다. 진보정당이라면 이념이 무엇인가를 사람들은 물을 것이다. 그러므로 대통령 선거에 앞서 먼저 우리 당의 정체성을 분명하게 해야 한다. 의병을 일으킬 때 가장 중요한 것은 봉기의 대의명분이다.

사람들은 이 땅의 진보정당에 대해서 가장 먼저 조선로동당과는 어떻게 다른지를 물을 것이다. 우리는 50년 전의 진보정당인 조선로동당의 이념과 오늘 우리의 진보정당의 이념은 이렇게 다르다고 설명할 수 있어야 한다. 50년 전의 진보정당이었던 조선로동당이 오늘은 보수 또는 반동적인 정당이 되었기 때문에 우리가 새로이 진보정당을 창당했다는 사실, 창당의 역사적 당위성을 당당하게 설파해야 한다. 여러 정치 세력들 가운데서 특별한 우리의 정치철학과 우리의 비전을 선전하고 진보정당의 존재를 널리 알려야 한다. 그래서 우리는 마음을 가다듬고 새해를 맞이해야 한다.

우리에게 조직도 재정도 필요하지만
철학이 더욱 필요하다.

아, 그래서 우리는 기도하는 마음으로 새해를 맞이할 것이다. 우리의 진보정당이라는 아이가 세 살이 되는 해, 이제 엄마 젖을 떼고 이유식을 해야 할 해, 그러나 홍역을 잘 치러내야 하는 해이니 만큼 기도를 하지 않을 수 없다. 민주노동당은 민주노총이라는 엄마의 모유를 지금 마지막으로 먹고 있는 중이다. 민주노총의 아이인 우리 민주노동당이 이유식을 하면서부터는 이름을 갈아야 한다는 주장이 있다. 이런 주장에 대해서 엄마는 섭섭함을 느낄지도 모른다. 그러나 노심초사 유아사망을 염려하던 엄마의 마음이라면 이제 아이가 제 발로 걸으려고 애를 쓰는 모습을 대견하게 바라 볼 것이 분명하다.

물론 우선 아이의 몸집이 좀 커져야 하겠다. 아니 어린아이가 어느 정도 체중을 가지는 것은 건강하게 자라기 위한 조건이니 매우 중요한 것이다. 그래서 우선은 지금 민주노총이라는 엄마로부터 마지막으로 받아먹고 있는 모유를 잘 먹어야 한다. 모유의 부족을 메우기 위해서 먹고 있었던 분유란 게 사실은 그것을 너무 많이 먹으면 아이가 건강하게 자랄 수 없다는 것을 우리는 잘 안다. 모두들 걱정하듯이 분유만 너무 많이 먹으면 당장 내년에 치를 홍역을 치러낼 수 없다. 분유는 적당히 먹어야 한다. 아니 분명하게 말한다면 분유는 우선은 배가 부를지 모르고 우선은 살을 찌울지 모르지만 병에 대한 저항력을 떨어뜨리고 머리도 나쁘게 하는 것이라 이만 먹는 것이 낫다.

더욱 중요한 것은 이념 정당답게 이제는 이념과 노선을 정립하고 분명하게 세워야 한다. 순수한 이념의 푯대를 세워야 당의 미래가 있는 것이다. 순수한 이념의 푯대가 없으면 사회당과 녹색당이 따로 가더라도 나무랄 수 없다. 민족주의, 민주주의는 원래부터 진보정당의 이념이 아니다. 그것은 보수정당이나 진보정당이나 오늘의 한국에서 근대적 정당의 공통분모라고 할 수 있는 이념이니 민족주의와 민주주의를 깃발에 새기고서 진보정당 행세를 할 수는 없는 것이다.

현대적인 좌파 이념들, 생태주의와 사회주의를, 그리고 페미니즘을 잘 조화시켜 한국 진보정당의 이념을 세워야 할 것이다. 깃발을 세워야 할 것이다. 그것이 재창당이어야 할 것이다. 몸집도 불리고 이념의 푯대도 세우는 과정이 재창당이어야 할 것이다. 그리고 그 시기는 지방선거 후 대통령 선거 전이 적절하다. 왜냐하면 지방선거는 지방선거의 논리가 있고 대통령 선거는 대통령 선거의 논리가 있기 때문이다. 지방 선거에서는 진보세력들을 하나의 당으로 모을 수가 없다. 그러나 대통령 선거에서는 그것이 가능하다. 그것이 사물의 이치다. 사물이 운동하는 법칙을 따르지 않고 일을 추진한다면 실패할 수밖에 없다. 그러므로 지방선거 전이 아닌 후에 이른바 재창당을 추진해야 한다.

적벽대전을 앞두고 유비가 몸을 낮춘 것은 천성이 겸손해서가 아니라 그의 처지가 어려웠기 때문이고 천하를 삼키려는 큰 뜻이 있었기 때문이다. 그가 다만 뒷골목의 패권에 만족하는 건달이나 고개 하나를 지배하는데 만족하는 산적이었다면 그럴 필요가 없었을 것이다. 운명의 한판을 앞두고 강호(江湖)의 잡다한 세력을 끌어모을 필요가 있었기 때문이다. 지방선거는 적벽대전이 아니라 강호의 잡다한 세력을 모으는 과정이다. 그러므로 지방선거에서 반드시 우리 당의 후보를 많이 내야 한다는 우리 당 일부 동지들의 강박관념과 그러한 강박관념에 현실적 근거를 준 광역단체장 후보를 많이 내서 2퍼센트 이상을 득표하여 25억 원의 국고보조금을 받아야 한다는 비현실적 아이디어는 깨끗이 정리되어야 한다(이런 아이디어가 당의 전략으로 채택된 건지 안 된 건지도 분명하지 않은 채 돌아다니면서 당에 여러 가지 어려움을 초래하였는데도 그에 대해 책임지는 사람이 없다는 점도 큰 일이다. 어떤 전략이든지 실명제가 이루어져야 한다. 당의 간부 중에서 누군가가 어떤 전략을 책임지고 추진하여 그 전략의 성패에 대한 공과를 그에게 묻고 그의 정치적 판단력을 심판받도록 해야 한다).

거듭 말하지만 재창당은 단순한 세 불리기가 아니다. 새로운 창당이 아닌가? 재창당을 두 번, 세 번 할 수 있는 것이 아니다. 오늘 우리가 논할 수 있는 필연적인 재창당은 단 한 번밖에 없다. 재창당은 2000년의 민주노동당 창당에서 분명하지 않았던 당의 이념과 노선과 정체성을 분명하게 하는 것이어야 한다. 대통령 선거에 앞선 재창당, 아니 재창당에 이은 대통령 선거, 그것은 한국 사회주의운동, 한국 노동운동의 새로운 단계를 여는 것이어야 하고, 그것은 종합이어야 하고, 그것은 단절이어야 하고, 창조여야 한다. 그럼에도 예사로 1단계 재창당, 2단계 재창당을 논하는, 도대체 진지함이란 없는 우리 당 일부 동지들의 태도는 우려스럽기 짝이 없다.

통합 진보정당의 이념과 강령은 충분히 현대적이고 미래지향적이어야 한다. 통일된 나라의 사회 경제 체제에 대한 구상을 충분히 드러내는, 통일된 나라의 모습을 미리 보여주는 강령을 내놓아야 한다. 그래서 현대적 생태주의와 민주적 사회주의를 바탕에 두어야 한다. 그러면 이 땅에서 녹색당과 사회당과 노동당이 하나가 될 것이다. 다만 민족민주당, 진보당이라는 전통적 요소는 거부하지 않고 이어받되 새로운 당이 그 내부에서 잘 소화해야 할 자양분이라 할 것이다. 여기서 녹색당이니 사회당이니 민족민주당이니 하는 말들은 고유명사가 아니다. 그저 일반명사인 것이고 특정한 세력이 아니라 그러한 경향이나 정치철학을 가리키는 말이다.

한국에서 프랑스나 독일, 유럽의 민주주의 선진국 나라들처럼 공산당, 사회당(또는 사회민주당 또는 노동당), 그리고 녹색당이 따로따로 만들어지고 거기에다 트로츠키주의자의 당까지 독자적으로 만들어 그 당들이 현실적인 정치 세력으로 발전할 수 있겠는가? 한국에서는 모든 진보적 정치세력이 하나의 진보정당을 만들어야 진보정당이 현실적 정치세력이 될 수 있는 그나마 작은 가능성이라도 있다. 그리고 그러할 때 내년을 희망으로 바라 볼 수가 있다,

『이론과 실천』(2002년 1월)

조선로동당을 넘어
조선로동당 문제를 넘어서

1. 개인이든 집단이든 정면 대결하기 싫어하는 문제가 있다. 아니 문제
의 해결을 뒤로 미루다보니 그것이 습관이 되거나, 그렇게 뒤로 미루
는 것이 신중한 태도인 양 생각하게 되어버린 그런 문제가 있다. 우리
민주노동당에게는 조선로동당 문제 또는 조선로동당과의 관계라는
문제가 아마 그러할 것이다. 우리 마음속에 언젠가는 해결해야 할 고
민거리로 자리 잡고 있기는 하지만, 그래서 술자리에서는 간혹 화제가
되지만, 당의 공식회의에서 말해서는 안 되는 금기로 되어 있다. 어릴
적 친구들과 부모형제들을 민주노동당 지지자로 만들기 위해서 애쓰
고 설득하다 보면 반드시 만나게 되는 문제지만 각자 개인적으로 알아
서 적당히 해결하고 당에 돌아와 공개적으로 말하지는 않는다.

　우리 당의 이런 분위기가 바뀌기 전에 누군가 조선로동당 문제를
들고 나온다면 그 사람은 당원 동지들로부터 칭찬을 받지 못할 것이
다. 덮어두어야 할 문제를 꺼내 쓸데없는 논란을 불러일으키는 사람
으로 치부될 것이다. 지금 당의 분위기는 어떤가? 아무도 쓰지 않으려
한다는 이유만으로 나에게 맡겨진 글을 쓰기에 걱정이 앞선다. 물론
사회당에서 워낙 강경하게 조선로동당에 대한 우리 당의 입장과 태
도를 밝히라고, 그것만 분명하게 하면 통합을 할 수 있다고 하니, 이

문제에 대해 지금 글을 쓰더라도 최소한 뜬금없는 논란거리를 들고 나오는 사람으로 치부되지는 않을 것이라는 생각은 들지만 그래도 고민스럽다.

무엇보다도 인간적, 정치적 이유로 솔직하게 쓸 수가 없다는 애로가 있다. 무자비한 사냥꾼에게 쫓기고 있는 사슴을 사슴이라 하지 못하고 노루라고 해야 한다면, 물론 사슴을 말이라고 하는 것보다는 낫겠지만, 그 또한 글쟁이로서는 괴로운 일이 아닐 수 없다. 사슴이라고 써버리면 진실을 말하기는 하지만 잔인한 사냥꾼들을 도와주는 행위가 될 수도 있다. 그래서 우리는 지금까지 진실을 말하지 말아야 한다고 생각해왔다. 우리는 누구보다도 진실을 잘 알면서도 "그건 조작이야!"라고 외쳐왔다. 그러나 이제는 사슴을 사슴이라고 말하면서, 사냥꾼들이 사슴을 함부로 사냥하지 못하도록 두 팔을 벌리고 막아서야 하는 것이 아닌가? 그것이 올바른 태도가 아닌가? 이런저런 고민이 줄을 잇는다.

그럼에도 불구하고 다시 한번 "정직만이 힘이다!"라는 믿음으로 돌아가서 감히 마음속에 있는 말을 하기로, 글을 쓰기로 결심한다. 우리 당이 상식이 상식으로 통하는 당이 되기를 바라는 일념으로, 우리 당이 대중의 상식에 보다 가까이 다가가 이 땅에 대중정당으로 뿌리 내리기를 바라는 염원으로 쓰기를 다짐한다. 이 글의 논지에 찬성하지 않는 동지들도 나의 충정만은 이해해줄 것으로 믿는다.

2. 아무리 고민하고 아무리 생각해도 인정하지 않을 수 없는 것은 오늘날 조선로동당은 진보세력, 진보정당이 아니라는 사실이다. 조선로동당이 1945년 창당될 때에는 아마도 진보정당이었을 것이다. 아니 당시

의 조선로동당은 확실히 진보정당이었다. 그러나 57년이 지난 오늘날 만물은 변한다는 철리(哲理)를 따라 또 하나의 보수정당이 되었다. 조선로동당이 여러가지 좋은 말을 하고 있지만 그 말을 다 믿을 수는 없다. 남한의 보수정당들도 조선로동당 못지 않게 좋은 말들을 많이 하고 있지만 우리는 그 말을 액면 그대로 믿지 않는다. 조선로동당이든 남한의 보수정당이든 그들의 말을 믿기보다는 실제로 어떤 행동을 하는지 어떤 정책을 취하는지 봐야 한다. 굶어 죽는 수십만의 인민을 살리기 위해서 어떤 대책을 마련하는지, 어떤 노력을 하고 있는지, 수십만 실업자를 구제하기 위하여 어떤 정책을 세우는지를 봐야 한다.

아무리 좋게 봐주려고 애를 써도 좋게 봐줄 수 없는 것이 꽃제비가 장바닥을 헤매는 북한 현실이다. 수십만이 굶어죽었다는 북한 현실이다. 그리고 아무리 이해하려고 해도 이해할 수 없는 것은 조선로동당의 무책임하고 뻔뻔스러운 태도이다. 수십만의 백성을 굶겨 죽인 통치자에게 무슨 할 말이 있다는 말인가? 옛날 왕들이었다면 부덕함을 인정하고 스스로 물러났을지도 모른다. 이런 문제에 대해서 거짓을 전할 리 없는 『한겨레』가 연재한 <아! 굶주리는 북녘>이라는 기사 한 대목을 보자. 한승동 기자가 쓴 이 기사의 제목은 「북정권 배부른 홍정만 — 참상은 가린 채 도움 받을 조건 앞세워」라고 붙어 있다.

"참 답답한 일이에요. 북한에 가보았거나 연변 또는 일본, 중국 같은 데에서 북한 사람들을 만난 사람들을 이야기해볼까요? 사석에선 북한의 참상에 눈물을 흘리면서 이야기하다가도 일단 공식 석상에선 이를 제대로 말하려 하지 않아요. 왜 그러는지 아십니까?" 대북 식량 지원에 헌신하고 있는 한 민간단체 회원의 하소연이다. 간단하다. "제대로 말했다가는요, 북한을 자극해 그나마 어렵게 뚫은 지원 통로마저 막혀

버릴 겁니다."

아무리 북한 인민을 도우려 하는 사람도 이 장벽에 가로막혀 진실의 입을 다물어야 하는 것이다. 한쪽에서는 숱한 사람들이 굶주려 죽어가고 있는 것이 분명한데도 다른 한쪽에서는 많은 사람들이 여전히 북쪽의 식량난이 지나치게 과장된 것은 아닌지, 또 하나의 정치선전전은 아닌지 의심하곤 하는 판이 만들어지고 있는 것이다.

이런데다가 북한이 정치선전 목적이라고 밖에 볼 수 없는 대규모 행사나 토목사업을 벌이기까지 한다면 북의 인민을 위해 식량을 지원하려는 사람의 맥은 더더욱 쭉 빠져버린다.

북한이 식량난의 민생과 상관없이 벌이는 대규모 전시사업을 보자. 지난해 7월 완공되고 올해 진입로 확장공사를 했다는 금수산궁전 개조에는 지난해에만 8천3백만 달러가 투입됐다고 한다. 당 창건 기념탑, 금수산궁전 등 체제선전용 조형물 건설에 20억 달러 가까이 소모했다는 확인되지 않은 보고도 있다. 올해 4·15 김일성 전 주석 생일행사 때는 30개 국에서 5백 명의 대표단과 예술공연단을 초청하는 데만 2천3백만 달러 이상을 소비했다는 이야기도 나온다. 지난 2월에도 김정일의 왜곡된 이미지를 바로잡는다며 『뉴욕타임스』에 대대적인 광고까지 했다. 그 내용은 놀랍게도 김정일의 빼어난 사격 솜씨 등 이른바 그의 향도성 선전에 할애돼 있었다(『한겨레』, 1997년 5월 13일).

자, 이 정도 되면 도대체 어떻게 이해해야 하는가? 과연 우리가 이런 현실의 북한에 살고 있었다면 어떤 태도를 취했을 것인가? 솔직하게 우리 자신의 양심에 물어보자.

3. 아무리 얼버무리고 덮어두려고 해도 인정하지 않을 수 없는 것은 남한 내에 조선로동당 지지자들, 이른바 주사파가 다수 있었다는 사실이다. 특히 주사파는 학생운동에서 세력을 떨쳤다. 학생운동이 조선로동당 지지자들에 의해 좌지우지되는 상황은 많은 문제를 낳았다. 특히 진보적 사회운동을 파탄지경에 이르게 하였다. 그래서 좀체 이 문제를 다루지 않던 『한겨레』가 마침내 1994년 9월 초 <주체사상, 주사파 어떻게 볼 것인가?>라는 제목으로 여러 필자들의 글을 연재하여 이 문제를 공론화했다. 나도 당시에 여러 필자들과 함께 글을 썼다. 그 일부를 인용해 보자. 신문에 글을 쓰면서 부드럽게 표현하려고 친북 이미지라고 말했지만 사실은 조선로동당의 지시에 따라 움직인다는 인상이라고 해야 정확할 것이다.

1987년 이후 노동운동이 활성화되었다고 하지만 정치적인 행동에서는 역시 학생운동이 노동운동보다 앞섰다. 그러다보니 학생운동의 정치적 실천이 진보적 사회운동의 정치적 실천을 대표하는 상황이 계속되었다. 지난 7년 동안 학생운동을 주사파가 주도한 결과 진보적 사회운동 전체가 친북적이라는 대중적 이미지를 얻게 되었다.

한국전쟁이라는 역사의 빚과 우리식 사회주의 또는 국가 사회주의 일반의 파탄이라는 고집스러운 사실이 있는 한, 친북 이미지라는 문제를 해결하지 않고서 아무리 좋은 이야기를 해도 국민의 신뢰를 얻기는 어렵다. 따라서 학생운동의 혁신, 이른바 주사파 문제의 해결 없이는 진보적 사회운동의 새로운 출발 역시 불가능하다. … 주사파 문제를 해결하려면 학생들의 민족주의적 정서와 통일 열망을 합리적이고 진보적인 방향으로 이끌어야 한다. 그러기 위해서는 진보적 사회운동의 이념으로서 민족주의가 크게 현대화되고 진화해야 한다. 또한 이 과정을 통해 민족주의자들이 주사파와의 관계를 정리해야 한다.

물론 민주주의, 그 연장으로서 사회주의도 진화돼야 한다. 국가사회주의에 대한 견해를 분명하게 하고, 진화된 사회주의 즉 세계적 신좌파의 노선으로 거듭나야 한다. 그리고 마음을 열고 생태주의와 페미니즘을 받아들여야 한다. 이러한 사상적 혁신과 현대화는 기존의 운동권과는 완전히 다른 새로운 진보적 사회운동을 탄생시킬 것이다 (『한겨레』, 1994년 9월 6일).

십 수년 주사파가 학생운동을 지배하면서 조선로동당에 심정적으로 지지를 보내거나 아니면 최소한 조선로동당의 입장을 이해하려고 애를 쓰는 사람들이 한국 사회 전반에, 특히 진보적 사회운동에 다수 쏟아져 들어왔다. 그리고 그들 중에는 사회에 나와서도 한 번 더 자기부정을 하지 못하고 계속 조선로동당 지지자로 살고 있는 사람들도 더러 있는 것이 사실이다. 물론 『월간조선』의 조갑제가 과장하는 만큼 조선로동당 지지자가 남한 사회 각계각층에 침투하여 다 말아먹고 있는 것은 아니다.

그러나 최소한 이 땅의 진보적 사회운동은 조선로동당 지지자들이 망쳐 먹었다. 북한전문가 이종석의 표현대로 그들은 조선로동당의 대남 정책의 지렛대 노릇이나 했다. 군사독재에 저항하는 투쟁을 통해 얻은 국민적 신뢰와 권위는 이른바 주사파의 시대착오적 인식과 실천에 의해 실추하고 말았다. 아니 보다 정확하게 말한다면 군부독재에 저항한 민주화운동, 그 후의 사회운동에 바친 그 엄청난 고통과 고생으로 모은 정치적 자산을 북한의 김씨와 남한의 김씨에게 다 털어 보태주고 말았다. 그것이 주사파의 이른바 통일운동이었고 비판적 지지였다. 남북 노동자, 서민과는 무관한 자들에게 갖다 바칠 만큼 갖다 바쳤다.

4. 아무리 참고 이겨내려고 해도 조선로동당은 우리가 가는 길에 너무나 무거운 짐이 되고 있다. 역사의 전통은 때로 짐이 되고 새로운 길을 개척하기 위해 버려야 할 때도 있는 것이다. 선전을 해보고 조직을 해본 사람이라면, 그리고 선거운동을 해본 사람이라면 민주노동당이 남한 사회에 뿌리내리기 위해서는 길게 드리운 조선로동당의 그림자를 벗어나야만 한다는 것을 충분히 느끼고 있을 것이다. 기실 민주노동당이라는 당명이 좋지 못하다는 의견도 바로 그러한 이야기, 즉 민주노동당이라는 이름이 상대적으로 이 사회의 소수인 의식화된 노동자들에게는 노동자의 당이라는 뜻으로 받아들여지지만 일반 시민들에게는 조선로동당과 가까운 사이 또는 조선로동당 남한 지부 같은 인상을 준다는 말이 아닌가?

유럽의 좌파 정당들이 내세운 민주적 사회주의라는 깃발은 스탈린주의와 스스로를 구분 짓기 위한 깃발이 아니었던가? 독재적 사회주의가 아니라 민주적 사회주의라는 말이 아니었던가? 사회민주주의 정당들의 그런 비겁한 태도를 비난하던 프랑스 공산당 마저 이미 1973년에 프롤레타리아 독재라는 개념을 강령에서 완전히 삭제하자는 안을 중앙위원회에서 만장일치로 통과시키지 않았던가? 왜 그렇게 할 수밖에 없었던가? 소련이 프롤레타리아 독재라는 이름으로 레닌의 장담처럼 부르주아 민주주의보다 천 배 만 배 더 민주주의적인 정치를 실현했다면 그렇게 할 필요가 전혀 없었을 것이다.

같은 이유로 남한의 진보정당이 대중에게 자신의 주장과 이념을 있는 그대로 알리고 자기의 정체성을 정확하게 드러내기 위해서는 먼저 조선로동당에 대해서 분명한 입장을 천명할 필요가 있다는 것은 재론의 여지가 없다. 너희들 진보정당이 북한의 조선로동당과 어떤 관계를 가지고 있는지를 묻는 사람들은 오히려 진보정당을 지지할 마음의 자세가 되어 있는 사람들이다. 그런 사람들, 마음속 깊이 관심과 애정을 가지고 물어오는 많은 사람들의 질문에 명쾌한 답을 주지 못하고서 어떻게 진보정당이 대중정당으로 발전할 것인가?

우리는 이 땅에서 자본주의의 모순으로부터 대중을 구하고 자본주의를 넘어서는 대안 사회를 지향하는 진보정당을 뿌리내리려 하고 있다. 그런데 우리나라는 불과 50년 전에 6·25 전쟁이라는 좌우파간의 격렬한 계급투쟁으로부터 촉발된 커다란 내전을 치른 분단국이다. 그래서 자본주의를 반대하는 모든 이념과 그것을 실천하려는 일체의 노력은 그 지향하는 바가 조선로동당의 주체사상 및 조선로동당이 북한에 만들어 놓은 우리식 사회주의 나라와 같은지, 다른지, 다르면 어떻게 다른지를 분명하게 해야 한다.

남한의 진보정당은 사회진보뿐만 아니라 통일된 국민 국가의 건설이라는 또 하나의 과제를 가지고 있다. 아니 우리가 만들려고 하는 평등한 사회와 자유롭고 인간적인 나라는 통일이 되어야만 온전하게 이루어질 수 있다. 또한 궁극적으로 통합 진보정당은 남한의 민중에게 뿐만 아니라 북한의 인민에게도 희망을 주는 존재여야 한다. 그러므로 우리는 보다 적극적으로 조선로동당 남한 지부가 아닌 독립된 진보정당 창당의 당위성을 한반도적 차원에서 주장할 필요가 있다.

이러한 정황들로 볼 때 사회당의 요구는 그 취지를 선의로 받아들일 만하다. 즉 통합 진보정당이 조선로동당에 대하여 정신적으로나 물질적으로나 완전히 독립적이라는 사실을, 통합 진보정당이 조선로동당과는 전혀 다른 길을 가고자 한다는 것을 천명하자는 제안으로 받아들인다면 문제가 없을 것이다. 통합 진보정당의 강령이나 창당 선언에서 조선로동당의 이데올로기나 북한의 현실에 대하여 철저하고 근본적인 비판을 아끼지 말자는 제안으로 받아들인다면 건전하고 옳은 제안이라고 할 만하다.

그러나 사회당의 요구가 무조건 그대로 받아들여야 할만큼 완전히 옳지는 않다. 왜냐하면 조선로동당에 대한 입장과 태도의 천명은 진지하고 깊이 있는 비판으로 나타났을 때 그 정치적 가치를 더할 것이기 때문이다. 다시 말해서 그러한 입장이 조선로동당 반대라는 선정적이고 조야한 방식으로 표현되어서는 안 된다. 무엇이 다른지를 말하지 못하면서 오로지 반대를 외치고 다른 길을 제시하지 아니 하면서 내용 없는 반대를 외쳐서는 안 될 것이다.

5. 아무리 부정하고 싶지만 어떤 의미에서 사회당의 존립 근거는 우리 민주노동당이 주고 있다. 사회당과의 통합을 추진하기에 앞서 우리는 사회당이라는 존재 그 자체, 사회당의 존립 근거를 생각해볼 필요가 있다. 민주노총이 창당에 참여하고 대중조직이 만든 진보정당, 민주노동당이 있는데, 감히 사회당이라는 존재가 나타나는 것이 어떻게 가능하였다는 말인가? 그것은 민주노동당의 노선이 분명하지 않음으로부터 비롯된 바도 있지 않은가?

우리 당 강령에는 이런 구절이 있다. "궁극적인 통일체제는 남한 자본주의의 천민성과 북한 사회주의의 경직성이 극복되면서 …." 너무나 피상적인 말이라고 하지 않을 수 없다. 남한 자본주의는 천민성만 없으면 된다는 말인가? 마찬가지로 북한 사회주의는 경직성만 없으면 된다는 말인가? 경직하지 않은 국가사회주의가 있을 수 있다는 말인가? 이러한 피상적이고 애매한 표현은 강령이 분파들 간의 타협, 절충으로 만들어졌기 때문에 나타난 현상이다.

모택동은 일찍이 "혁명은 수놓기가 아니다"라고 말했다. 정치는 한가한 신선놀음이 아니다. 불과 100년 전까지도 권력 투쟁에 지면 바로 역적으로 몰렸다. 이 시대에도 권력 투쟁에 지면 심한 천대를 받고, 바로 우리가 지금 겪고 있는 것과 같은 모진 고생을 하게 되어 있다. 그러므로 정당의 이념, 노선이나 강령은 대중의 눈길을 끌고 마음을 사로잡을 만큼 특색이 뚜렷하고 문제의 핵심을 찌르고 시대의 대의명분을 선명하게 내세워야 한다. 그리고 그 깃발로 승부를 걸어야 한다. 그러므로 우리는 무엇으로 승부를 걸 것인가를 치열하게 고민해야 한다. 그런데 우리 민주노동당의 노선은 분명하지 못하다.

사회당은 정확하게 그러나 아마도 무의식적으로 그 허점을 파고들고 있다. 여러 가지 정파를 아우르기 위하여 절충과 타협을 거듭한 결과 흐리멍텅해진 노선, 색깔이 우중충해진 깃발, 도대체 대중적으로 어필할만한 선명성이 없는, 벤처정당다운 면모가 없는 정당이 민주노동당이 아니었던가? 여기에 녹색당과 사회당이라는 조직적 근거는 없지만 선명한 깃발 하나뿐인, 지나치게 벤처스런 벤처정당이 등장하고 있다. 벤처여야 할 민주노동당이 재벌 같은 모습과 행동 방식을 보이고 있는 가운데 이들 벤처정당이 나타나고 있는 것이다.

그러므로 재창당을 추진하면서 현대적 좌파 이념과 정치철학들을 받아들이고 당의 노선을 분명하게 세워 운동권의 한계를 넘어서고 당의 사회정치적 존립 근거를 넓히는 일은 도외시하고 단순한 머리수 늘리기에 몰두하고 있는 일부의 움직임은 잘못된 것이다.

사회당이 요구해서가 아니라 제대로 된 진보정당이 되기 위해서 통합 진보정당의 이념과 노선은 분명해야 한다. 그리고 대중의 상식에 기초해야 하며 현실적이어야 하고 미래지향적이어야 한다. 재창당과 통합의 과정은 바로 이념과 노선이 분명한 진보정당을 만드는 과정이 되어야 한다. 그렇게 우리 당이 정도(正道)를 간다면 설령 나중에 사회

당이나 녹색당이 어떤 우리가 모르는, 순수하지 못한 이유로 통합에
참여하지 않더라도 그들은 다만 종파주의자가 될 뿐이다.

『이론과 실천』(2002년 2월)